国家示范性高等职业院校课程改革教材

Daolu Gongcheng Kance

道路工程勘测

（道路桥梁工程技术专业用）

才西月　主编
才　南　主审

人民交通出版社

内 容 提 要

本书是国家示范性高等职业院校课程改革教材。全书共设置四个相对独立的学习情境，以典型工作任务驱动的方式，学习工作过程、技术实践知识和技术理论知识，实现工作与学习的整合，理论与实践的整合，专业能力、方法能力和社会能力的整合。这四个学习情境是：选线，道路平面设计，道路纵断面设计，道路横断面设计。

本书是高职高专院校道路桥梁工程技术专业教学用书，也可作为职业技能培训教材使用，或供从事路桥工程设计、施工、管理的技术人员参考使用。

图书在版编目(CIP)数据

道路工程勘测/才西月主编. —北京：人民交通出版社，2010.1

ISBN 978-7-114-08059-3

I.道… II.才… III.道路测量-高等学校：技术学校-教材 IV.U412

中国版本图书馆CIP数据核字(2009)第239426号

国家示范性高等职业院校课程改革教材

书　　名：道路工程勘测（道路桥梁工程技术专业用）

著 作 者：才西月

责任编辑：周往莲

出版发行：人民交通出版社

地　　址：(100011)北京市朝阳区安定门外外馆斜街3号

网　　址：http://www.ccpress.com.cn

销售电话：(010)59757969,59757973

总 经 销：人民交通出版社发行部

经　　销：各地新华书店

印　　刷：北京盈盛恒通印刷有限公司

开　　本：787×1092　1/16

印　　张：10.25

字　　数：243千

版　　次：2010年1月第1版

印　　次：2010年8月第2次印刷

书　　号：ISBN 978-7-114-08059-3

定　　价：27.00元

道路桥梁工程技术专业课程改革教材
编审委员会

序　言

教育部《关于全面提高高等职业教育教学质量的若干意见》(教高[2006]16号)明确指出:“高等职业教育作为高等教育发展中的一个类型,肩负着培养面向生产、建设、服务和管理第一线需要的高技能人才的使命”。探索类型发展道路、构建高技能人才培养模式、开发特色教学资源,是高职院校的历史责任。

2006年,辽宁省交通高等专科学校进入国家首批高等职业教育示范院校建设行列,道路桥梁工程技术专业是重点建设专业之一。几年来,该专业团队积极在“类型”概念下探索高等职业教育教学资源建设模式和“高技能人才”培养规格及培养模式。通过对公路建设工程整个过程各阶段的职业岗位和典型工作任务的调研、分析、论证,确定了面向施工一线的道路桥梁工程技术专业高技能人才的专业能力规格,即工程勘察与初步道桥设计、工程概算与招投标、材料试验与检测、道桥工程施工与组织、质量验收与评定“五项能力”规格,并结合北方地域气候特点,构建了教学安排与施工季节相结合,教学内容与施工过程相结合,校内实训与企业顶岗实习相结合的“三个结合”人才培养模式。针对“五项能力”,按照“三个结合”,着眼于实际操作、技术跟踪和综合素质的提高,系统开展课程体系、课程内容改革,并进行相应的教学资源建设,力图通过“在学习中工作,在工作中学习”的教学过程,实现高技能人才的培养目标。

本次出版的系列教材,是专业课程改革和教学资源建设的阶段性成果,是国家示范性建设成果的组成部分,也是全体专业教师、一线工程技术人员共同的智慧结晶和劳动成果。

在教材的开发过程中,得到教育部、国家示范性高等职业院校建设工作协作委员会、辽宁省教育厅等各级领导和诸多专家的关心指导,得到众多企业、行业及兄弟院校的大力支持,在此一并致以崇高的谢意!

由于开发时间短,教学检验尚不充分,错误和不当之处难免,敬请专家、同行指教!

道路桥梁工程技术专业教材开发组

二〇〇九年四月

前　言

《道路工程勘测》是以职业能力培养为核心，基于行动导向的职业教育理念，以道路工程的勘测设计过程为主线编写的适应道路桥梁工程技术专业高等职业教育的教材。本教材以国家和交通运输部颁发的最新技术标准、规范为依据，以职业岗位工作目标为切入点，紧紧围绕道路工程勘测设计过程编写。在编写过程中，注重理论联系实际，强化实用性和可操作性，重点突出行业岗位对从业人员知识结构和职业能力的要求，充分体现高等职业教育的特点。

本套教材具有以下特点：

1. 教材以行动为导向，以工学结合人才培养模式的改革与实践为基础，按照典型性、对知识和能力的覆盖性、可行性原则，遵循认知规律与能力形成规律，设计教学载体，梳理理论知识，明确学习内容，使学生在职业情境中“学中做、做中学”。

2. 打破传统教材按章节划分理论知识的方法，将理论知识按照道路工程勘测设计过程进行重构，通过任务的完成使学生学有所用，学以致用，与传统的理论灌输有着本质的区别。

3. 教材以学生为主，老师为辅。通过专业教室与多媒体教学设备的运用，引导学生进行自学、资料查阅和相互交流，老师只起引导和指导作用。

4. 教材内容充分体现新知识、新技术、新工艺和新方法，突出工艺要领和操作技能的培养，具有超前性和先进性。

本书由辽宁省交通高等专科学校才西月制订编写大纲并担任主编，辽宁省交通高等专科学校张美娜、于国锋、高宏新等参与了本书的编写。具体分工如下：于国锋编写学习情境1；才西月编写学习情境2、学习情境3；高宏新编写引言、学习情境4的任务6～任务8；张美娜编写学习情境4的任务1～任务5。全书由才西月进行统稿。沈阳市市政工程设计研究院才南担任本书的主审。

在编写过程中，参考和引用了大量有关文献资料，在此对原作者顺致谢意。

由于时间仓促，水平有限，书中内容难免存在缺点和错误，敬请读者批评指正。

编　者

2009年5月

目　　录

引 言

本课程研究的内容

道路是一种带状的三维空间结构物，包括路面、路基、桥涵、隧道等工程实体。道路设计是从几何和结构两大方面进行研究的。

在结构方面，对上述路面、路基、桥涵、隧道这些工程设计总的要求是：用最小的投资，尽可能少的外来材料以及合理的养护力量，使它们能在自然破坏力和汽车行驶所产生的各种力的作用下，在设计年限内保证使用质量。

路基、路面、桥涵、隧道这些工程都分别开设有各种课程以进行学习研究。

道路设计的几何方面，则属于本课程研究的范围，主要研究汽车行驶与道路各个几何元素的关系，以保证在设计速度、预计交通量以及地形和其他自然条件下，行驶安全、经济，旅客舒适以及路容美观。因此，实际上涉及的是人、车、路、环境的相互关系。驾驶者的心理、汽车运行的轨迹、动力性能以及交通流量和交通特性都和道路的几何设计有着直接关系，要做好道路设计也必须研究这些问题。但因篇幅所限，书中只略加论述或直接引用已有的研究结论。此外，道路修建和汽车交通对于环境的影响也必须加以注意。

对于三维空间体的道路，设计时既要作为整体来考虑，也要把它解剖为路线的平面、纵断面和许多横断面来分别研究处理。本书先把平、纵、横这三个基本几何组成分别讨论，以明确各自的需要，然后再在各章节结合地形以及其他自然条件作综合考虑。

本课程除了阐明几何设计理论和实践之外，还把几何设计和前面所述的结构设计及其有关的调查勘测结合起来，所以本课程是具有综合性的一门课程。为了使学生初步掌握综合设计和勘测的方法，加深对理论的理解，纸上定线的课程作业和野外测设的实践环节是必不可少的。

公路勘测设计程序

公路勘测设计是指具体完成一条公路所进行的外业勘测和内业设计工作。外业勘测包括对路线的视察、踏勘测量和详细测量工作。内业设计包括路线设计和结构设计以及概、预算编制等工作。

公路勘测设计应根据公路的性质和要求分阶段进行，其具体做法有一阶段设计、两阶段设计和三阶段设计三种。

(1)一阶段设计　对于技术简单、方案明确的小型建筑项目，可采用一阶段设计。即直接根据批准的设计任务书的要求，一次作详细测量并编制施工图设计。

(2)两阶段设计　公路工程基本建设项目，一般应采用两阶段设计。即按初步设计和施工图设计两阶段进行。

第一阶段，根据批准的设计任务书，进行踏勘测量，并编制初步设计文件。

第二阶段，根据批准的初步设计和审批意见，进行详细测量，并编制施工图设计文件。

初步设计的主要任务是：拟订设计原则；选定设计方案；计算主要工程数量；提出施工方案意见；编制设计概算并提供文字说明和图表资料。

施工图设计的主要任务是：进一步对审定的设计原则、设计方案、技术决定加以具体和深化，最终确定各项工程数量和尺寸，提出文字说明和满足施工需要的图表资料及施工组织计划并编制施工图预算。

(3)三阶段设计　对于技术上复杂而又缺乏经验的建设项目或建设项目中的个别路段、特殊大桥、互通式立体交叉、隧道等，必要时应采取三阶段设计。即初步设计、技术设计和施工图设计三个阶段。

技术设计阶段主要是对重大、复杂的技术问题，通过科学试验，专题研究，加深勘探调查及分析比较，解决初步设计中未能解决的问题，落实技术方案，计算工程数量，提出修正的施工方案，修正设计概算。其深度和要求介于初步设计和施工图设计之间。

道路勘测设计的依据

1. 设计车辆

道路上行驶的车辆主要是汽车。对于混合交通的道路还有一部分非机动车。汽车的物理特性及行驶于路上的各种大小车辆的组成对于道路几何设计有决定意义，因此，选择有代表性的车辆作为设计依据（即设计车辆）是必要的。

行驶在公路上的车辆，其几何尺寸、质量、性能等，直接关系到行车道宽度、弯道加宽、公路纵坡、行车视距、公路净空、路面及桥涵荷载等，因此，设计车辆的规定及采用对确定公路几何尺寸和结构具有重要意义。

汽车的种类很多，《公路工程技术标准》（JTG B01—2003）（以下简称《标准》）规定：作为公路设计依据的汽车分为三类，即小客车、载货汽车和鞍式列车，基本外廓尺寸如表 0-1 或图 0-1。

设计车辆外廓尺寸表（单位：m）　　表 0-1

车辆类型	总长(m)	总宽(m)	总高(m)	前悬(m)	轴距(m)	后悬(m)
小客车	6	1.8	2	0.8	3.8	1.4
载货汽车	12	2.5	4	1.5	6.5	4
鞍式列车	16	2.5	4	1.2	4 + 8.8	2

注：①前悬指车体前面到前轮车轴中心的距离；

②轴距指前轮车轴中心到后轮车轴中心的距离；

③后悬指后轮车轴中心到车体后面的距离；

④自行车的外廓尺寸采用宽 0.75m，高 2.0m。

汽车的最小转弯半径：

小汽车，6m；

普通汽车（载货汽车和鞍式列车）12m。

汽车的输出功率与其自重力之比：

小汽车 3.75kW/kN；

载货汽车 0.75kW/kN；

鞍式列车 0.525kW/kN。

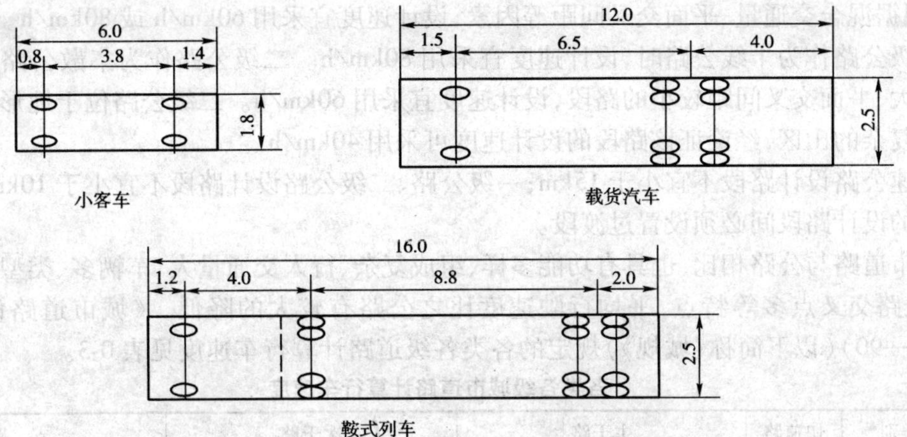

图 0-1 设计车辆各项指标(尺寸单位：m)

设计时，在一般公路上确定纵坡和坡长时应以载货汽车 0.75kW/kN 作为主要控制依据，但受鞍式列车影响大的特殊公路或路段，计算纵坡长度和设置爬坡车道时应适当考虑鞍式列车。

2. 设计速度

设计速度是指气候正常、交通密度较小、汽车运行只受道路本身条件(几何要素、路面、附属设施等)的影响时，具有中等水平的驾驶员保持安全舒适地行驶的最大安全速度。设计速度是道路几何设计，如曲线半径、超高、视距等设计的基本依据，同时也影响道路的重要性和经济性，是用以体现道路等级的一项重要的指标。

影响道路设计速度的因素较多，主要有地形、地区特征、设计交通量、汽车的技术性能、驾驶员的适应性、行车的安全性和工程的经济性等。在规定设计速度时，主要考虑汽车的以下几种速度：

(1)汽车行驶的最高速度 即受汽车的动力性能及汽车构造的限制所能达到的最高车速，如解放 CA—140 型载货汽车，最高车速为 88km/h；红旗 CA—773 型小轿车，最高车速为 160km/h。显然制定设计速度时必须考虑汽车所能行驶的最高速度和公路上行驶的多数车辆的要求。

(2)汽车的经济速度 即新出厂的汽车，在一般公路上行驶时所测定的最经济(油耗少、轮耗小)车速。一般解放 CA—140 型载货汽车的经济车速为 35～40km/h。

(3)平均技术速度 即汽车在公路上行驶的平均速度。汽车行驶在公路上，驾驶员按地形和沿线条件选择各自适应公路线形的驾驶速度即技术速度。各路段技术速度的平均值即为公路实际行驶的车速。

《标准》规定了各级公路的设计速度，如表 0-2 所示。

各级公路设计速度 表 0-2

公路等级	高速公路			一级公路			二级公路		三级公路		四级公路
设计速度(km/h)	120	100	80	100	80	60	80	60	40	30	20

高速公路特殊困难的局部路段，因新建工程可能诱发工程地质病害时，经论证，该局部路段的设计速度可采用60km/h，但长度不宜大于15km，或仅限于相邻两互通式立体交叉之间，与其相邻路段的设计速度不应大于80km/h。

一级公路作为干线公路时，设计速度宜采用100km/h或80km/h。一级公路作为集散公路时，根据混合交通量、平面交叉间距等因素，设计速度宜采用60km/h或80km/h。

二级公路作为干线公路时，设计速度宜采用80km/h。二级公路作为集散公路时，混合交通量较大、平面交叉间距较小的路段，设计速度宜采用60km/h。二级公路位于地形、地质等自然条件复杂的山区，经论证该路段的设计速度可采用40km/h。

高速公路设计路段不宜小于15km；一级公路、二级公路设计路段不宜小于10km。不同设计速度的设计路段间必须设置过渡段。

城市道路与公路相比，也具有功能多样、组成复杂、行人交通量大、车辆多、类型杂、车速差异大、道路交叉点多等特点，平均行驶速度比之公路有较大的降低。《城市道路设计规范》(CJJ 37—90)(以下简称《城规》)规定的各类各级道路计算行车速度见表0-3。

各类各级城市道路计算行车速度

表0-3

道路类别	快速路	主干路			次干路			支　路		
道路级别		I	II	III	I	II	III	I	II	III
计算行车速度(km/h)	80,60	60,50	50,40	40,30	50,40	40,30	30,20	40,30	30,20	20

注：条件许可时，宜采用大值。

3. 设计交通量

交通量系指单位时间内通过公路某一横断面的往返车辆总和。一条公路交通量的大小由交通调查和交通预测来确定。

设计交通量是指待建公路到达远景设计年限末年时能达到的交通量。有设计年平均日交通量和设计小时交通量。

1)设计年平均日交通量

公路设计不能以现有的交通量为依据，应考虑将来经济发展和路况改善所引起的交通量变化的需要，即应以远景设计年限交通量变化的需要为准。远景设计年平均日交通量是指根据交通量预测资料得到的远景年限末的年平均日交通量(年平均日交通量简写为AADT，即一年365d交通量总和除以365)。它是确定公路等级、论证公路的计划费用或各项结构设计的重要依据，但直接用于公路几何设计却不适宜，因为交通量具有随时间和空间变化的特征。远景设计年平均日交通量依公路使用任务、性质，按现行的年平均交通量，据设计年限以一定增长率推算而来。其计算公式为：

$$N_d = N_0(1+\gamma)^{T-1}$$

式中：N_d——远景设计年平均日交通量(辆/d)；

N_0——起始年平均日交通量(辆/d)；

γ——年平均交通量增长率(%)；

T——远景设计年限。

2)设计小时交通量

设计小时交通量即根据交通量预测所选定的以小时为计算时段作为公路设计标准的交通量，它是确定车道数和车道宽度、评价服务水平的依据。一年中每个小时的交通量都在变化，且幅度较大。将一年8 760h交通量从大到小顺序排列，取第30位小时交通量作为设计小时交通量认为是比较合理的。根据调查分析，第30位小时交通量与年平均日交通量的比值K比较稳定，约为15%。由此设计小时交通量为：

$$N_h = N_d \times KD$$

式中：N_h——主要方向高峰小时设计交通量（辆/h）；

D——方向系数，即高峰小时期间主要方向交通量与两个方向总交通量之比，一般取0.6；

K——设计小时交通量系数。K值可参照表0-4、表0-5取值。

设计小时交通量系数表 表0-4

远景设计年限的年平均日交通量（辆/d）	气候分区					
	一	二	三	四	五	六
	设计小时交通量系数					
≤1 500	13.61	14.16	13.61	13.61	12.79	14.43
3 000	13.31	13.86	13.31	13.31	12.49	14.13
5 000	12.91	13.46	12.91	12.91	12.09	13.73
7 000	12.51	13.06	12.51	12.51	11.69	13.33
9 000	12.11	12.66	12.11	12.11	11.29	12.93
≥10 000	11.91	12.46	11.91	11.91	11.09	12.73

表0-4中的气候分区由表0-5确定。

我国气候分区表 表0-5

区 号	省、自治区、直辖市	区 号	省、自治区、直辖市
一	北京、天津、河北、山西、内蒙古	四	河南、湖北、湖南、广东、广西、海南
二	辽宁、吉林、黑龙江	五	重庆、四川、贵州、云南、西藏
三	上海、江苏、山东、安徽、浙江、江西、福建	六	陕西、宁夏、甘肃、青海、新疆

注：台湾省的气候分区待定。

3）交通量折算

我国《标准》规定，各级公路交通量以小汽车为标准，因此，应将公路上行驶的各种车辆折合成标准车的数量。交通量的折算可参照表0-6进行。

各汽车代表车型与车辆折算系数 表0-6

汽车代表车型	车辆折算系数	说 明
小客车	1.0	≤19座的客车和载质量≤2t的客车
中型车	1.5	>19座的客车和载质量>2t、≤7t的货车
大型车	2.0	载质量>7t、≤14t的货车
拖挂车	3.0	载质量>14t的货车

4. 服务水平

道路服务水平是指在规定的道路与交通条件下，根据交通量、车速、舒适、方便、经济和安全等指标，道路可向使用者(主要是汽车驾驶人)所能提供的综合效果。不同的效果反映不同的服务水平。服务水平的高低可以反映出一定条件下，道路上的不同车流状态和与之相应的通行能力以及驾驶人驾车的自由程度。

我国《标准》规定，公路服务水平分为四级。各级公路设计采用的服务水平规定如表0-7。

各级公路设计采用的服务水平　　表0-7

公路等级	高速公路	一级公路	二级公路	三级公路	四级公路
服务水平	二级	二级	三级	三级	—

一级公路作为集散公路时，可采用三级服务水平设计。互通式立体交叉的分合流区段、匝道以及交织区段，可采用三级服务水平设计。

服务水平划分为四级，是为了说明公路交通负荷状况，以交通流状态为划分条件，定性地描述交通流从自由流、稳定流到饱和流和强制流的变化阶段。因此，采用四级服务水平，可以方便地评价公路交通的运行质量。

一级服务水平：交通量小、驾驶者能自由或较自由地选择行车速度并以设计速度行驶，行驶车辆不受或基本不受交通流中其他车辆的影响，交通流处于自由流状态，超车需求远小于超车能力，被动延误少，为驾驶者和乘客提供的舒适便利程度高。

二级服务水平：随着交通量的增大，速度逐渐减小，行驶车辆受别的车辆或行人的干扰较大，驾驶者选择行车速度的自由度受到一定限制，交通流状态处于稳定流的中间范围，有拥挤感。到二级下限时，车辆间的相互干扰较大，开始出现车队，被动延误增加，为驾驶者提供的舒适便利程度下降，超车需求与超车能力相当。

三级服务水平：当交通需求超过二级服务水平对应的服务交通量后，驾驶者选择车辆运行速度的自由度受到很大限制，行驶车辆受别的车辆或行人的干扰很大，交通流处于稳定流的下半部分，并已接近不稳定流范围，流量稍有增长就会出现交通拥挤，服务水平显著下降。到三级下限时行车延误的车辆达到80%，所受的限制已达到驾驶者所允许的最低限度，超车需求超过了超车能力，但可通行的交通量尚未达到最大值。

四级服务水平：交通需求继续增大，行驶车辆受别的车辆或行人的干扰更加严重，交通流处于不稳定流状态。靠近下限时每小时可通行的交通量达到最大值，驾驶者已无自由选择速度的余地，交通流变成强制状态。所有车辆都以通行能力对应的、但相对均匀的速度行驶。一旦上游交通需求和来车强度稍有增加，或交通流出现小的扰动，车流就会出现走走停停的状态，此时能通过的交通量很不稳定，其变化范围从基本通行能力到零，时常发生交通阻塞。

公路规划、设计时，既要保证必要的车辆运行质量，同时又要兼顾公路建设的投资成本。考虑到设计交通量是第30位小时的交通量，因此，设计采用的服务水平不必过高，但也不能以四级服务水平作为设计标准，因为这样在设计年限内就有30个小时的交通需求大于能通行的最大交通量，交通流处于不稳定的强制运行状态，并由此导致更多的时段内发生经常性拥堵。因此，原则上高速公路和一级公路采用二级服务水平进行设计，而二、三级公路和无控制交叉采用稳定流的下半部分，即按三级服务水平设计。四级公路主要服务于地方经济，因此，服务水平不作规定。

道路的分类、分级与技术标准

1. 道路的分类

道路是供各种车辆(无轨)和行人等通行的工程设施。按其使用特点分为公路、城市道路、厂矿道路、林区道路及乡村道路等。

1)公路

公路是指连接城市、乡村和工矿基地等,主要供汽车行驶,具备一定技术和设施的道路。公路按其重要性和使用性质又可划分为国家干线公路(简称国道)、省干线公路(简称省道)、县公路(简称县道)以及专用公路等。

国道是指在国家干线网中,具有全国性的政治、经济、国防意义,并经确定为国家干线的公路。

省道是指在省公路网中,具有全省性的政治、经济、国防意义,并经确定为省级干线的公路。

县道是指具有全县性的政治、经济意义,并经确定为县级的公路。

专用公路是指由工矿、农林等部门投资修建,主要供部门使用的公路。

在城市、厂矿、林区、港口等内部的道路,都不属于公路范畴,但穿过小城镇的路段仍属公路。

2)城市道路

城市范围内,供车辆及行人通行的,具备一定技术条件和设施的道路叫城市道路。

城市道路的功能除了把城市各部分联系起来为城市各种交通服务外,还是城市结构布局的骨架。提供通风、采光,保持城市生活环境空间以及为防火、绿化提供场地的作用。

3)厂矿道路

厂矿道路指主要为工厂、矿山运输车辆通行的道路。通常分为厂内道路和厂外道路及露天矿山道路。厂外道路为厂矿企业与国家公路、城市道路、车站、港口相衔接的道路或厂矿企业分散的车间、居住区之间连接的道路。

4)林区道路

林区道路指修建在林区,主要供各种林业运输工具通行的道路。由于林区地形及运输木材的特征,其技术要求应按专门制定的林区道路工程技术标准执行。

5)乡村道路

乡村道路是指修建在乡村、农场,主要供行人及各种农业运输工具通行的道路。由于乡村道路主要为农业生产服务,一般不列入国家公路等级标准。

各类道路由于其位置、交通性质及功能均不相同,在设计时其依据、标准及具体要求也不相同,要特别注意。

2. 公路的分级和技术标准

1)公路等级的划分

2004 年 3 月 1 日实施的《标准》中,公路根据功能和适应的交通量分为高速公路、一级公路、二级公路、三级公路、四级公路五个等级。

(1)高速公路为专供汽车分向、分车道行驶并应全部控制出入的多车道公路。

四车道高速公路应能适应将各种汽车折合成小客车的年平均日交通量 25 000 ~ 55 000 辆;

六车道高速公路应能适应将各种汽车折合成小客车的年平均日交通量 45 000 ~ 80 000 辆;

八车道高速公路应能适应将各种汽车折合成小客车的年平均日交通量60 000～100 000辆。

(2)一级公路为供汽车分向、分车道行驶,并可根据需要控制出入的多车道公路。

四车道一级公路应能适应将各种汽车折合成小客车的年平均日交通量15 000～30 000辆;

六车道一级公路应能适应将各种汽车折合成小客车的年平均日交通量25 000～55 000辆。

(3)二级公路为供汽车行驶的双车道公路。

双车道二级公路应能适应将各种汽车折合成小客车的年平均日交通量5 000～15 000辆。

(4)三级公路为主要供汽车行驶的双车道公路。

双车道三级公路应能适应将各种车辆折合成小客车的年平均日交通量2 000～6 000辆。

(5)四级公路为主要供汽车行驶的双车道或单车道公路。

双车道四级公路应能适应将各种车辆折合成小客车的年平均日交通量2 000辆以下。

单车道四级公路应能适应将各种车辆折合成小客车的年平均日交通量400辆以下。

2)公路等级的选用

公路等级的选用应根据公路功能、路网规划、交通量,并充分考虑项目所在地区的综合运输体系、远期发展等,经论证后确定。

各级公路设计交通量的预测应符合下列规定:

高速公路和具干线功能的一级公路的设计交通量应按20年预测;具集散功能的一级公路、二级公路、三级公路的设计交通量应按15年预测;四级公路可根据实际情况确定。设计交通量预测的起算年应为该项目可行性研究报告中的计划通车年。设计交通量的预测应充分考虑走廊带范围内远期社会、经济的发展和综合运输体系的影响。

一条公路,可分段选用不同的公路等级或同一公路等级不同的设计速度、路基宽度,但不同公路等级、设计速度、路基宽度间的衔接应协调,过渡应顺适。

预测的设计交通量介于一级公路与高速公路之间时,拟建公路为干线公路,宜选用高速公路;拟建公路为集散公路,宜选用一级公路。

干线公路宜选用二级及二级以上公路。

3)公路的技术标准

公路的技术标准是指公路路线和构造物的设计和施工在技术性能、几何形状和尺寸、结构组成上的具体尺寸和要求,将这些要求用指标和条文的形式确定下来即形成公路工程的技术标准。它反映了我国公路建设的技术方针,是公路设计和施工的基本依据和必须遵守的准则。各级公路的主要技术指标汇总如表0-8所示。

在公路设计中,掌握和运用标准应注意以下几点:

(1)运用《标准》要合理。采用标准要避免走极端,既不要轻易采用极限指标,影响公路的服务性能,也不能不顾工程数量,片面追求高指标,使投资过大,占地增加。

(2)确定指标要慎重。在确定指标时,要深入实际进行踏勘调查,征求各方意见,掌握第一手资料,然后根据任务书的规定,结合日前和远景的使用要求,反复比较,慎重确定,力求达到功能与效益两全其美。

(3)在可能的情况下尽量采用较高的指标,这样可以创造较好的营运条件,缩短里程,降低运输成本。

3. 城市道路分类与技术分级

按照道路在城市道路网中的地位、交通功能以及对沿线建筑物的服务功能,城市道路分为以下四类。

各级公路主要技术指标汇总简表 表0-8

公路等级		高速公路								一级公路					二级公路		三级公路		四级公路
设计速度(km/h)		120			100			80		100		80		60	80	60	40	30	20
车道数		8	6	4	8	6	4	6	4	6	4	6	4	4	2	2	2	2	2或1
车道宽度(m)		3.75			3.75			3.75		3.75		3.75		3.50	3.75	3.50	3.50	3.25	3.00(双车道) 3.50(单车道)
路基宽度(m)	一般值	45.00	34.80	28.00	44.00	33.50	26.00	32.00	24.50	33.50	26.00	32.00	24.50	23.00	12.00	10.00	8.50	7.50	6.50(双车道) 4.50(单车道)
	最小值	42.00	—	26.00	41.00	—	24.50	—	21.50	—	24.50	—	21.50	20.00	10.00	8.50	—	—	—
极限最小半径(m)		650			400			250		400		250		125	250	125	60	30	15
停车视距(m)		210			160			110		160		110		75	110	75	40	30	20
最大纵坡(%)		3			4			5		4		5		6	5	6	7	8	9
汽车荷载		公路—I级													公路—II级				

注:本表仅为简单汇总,所列各项指标应按《标准》中有关条文规定选用。

1)快速路

快速路为城市中大量、长距离、快速交通服务。快速路对向行车道之间应设中间分车带，其进出口应采用全控制或部分控制。

快速路两侧不应设置吸引大量车流、人流的公共建筑物的进出口。两侧一般建筑物的进出口应加以控制。在进出口较多时，宜在两侧另建辅道。

2)主干路

主干路为连接城市各主要分区的干路，以交通功能为主。自行车交通量大时，宜采用机动车与非机动车分隔形式，如三幅路或四幅路。

主干路两侧不应设置吸引大量车流、人流的公共建筑物的进出口。

3)次干路

次干路与主干路结合组成城市道路网，起集散交通的作用，兼有服务功能。

4)支路

支路为次干路与街坊路的连接线，解决局部地区交通，以服务功能为主。

除快速路外，各类道路按照所在城市的规模、设计交通量、地形等分为Ⅰ级、Ⅱ级、Ⅲ级。大城市应采用各类道路中的Ⅰ级标准；中等城市应采用Ⅱ级标准；小城市应采用Ⅲ级标准，见表0-9。

各类各级城市道路主要技术指标表 表0-9

项目 类别	级别	计算行车速度(km/h)	双向机动车道数(条)	机动车道宽度(m)	分隔带设置	横断面采用形式
快速路		80,60	≥4	3.75	必须设	双、四幅
主干路	Ⅰ	60,50	≥4	3.75	应设	单、双、三、四
	Ⅱ	50,40	3~4	3.75	应设	单、双、三
	Ⅲ	40.30	2~4	3.75~3.5	可设	单、双、三
次干路	Ⅰ	50,40	2~4	3.75	可设	单、双、三
	Ⅱ	40,30	2~4	3.75~3.5	不设	单
	Ⅲ	30,20	2	3.5	不设	单
支路	Ⅰ	40,30	2	3.5	不设	单
	Ⅱ	30,20	2	3.5	不设	单
	Ⅲ	20	2	3.5	不设	单

《城规》规定：城市道路交通量达到饱和状态时的设计年限，快速路为20年；次干路为15年；支路为10~15年。

城市可按照其市区和近郊区(不包括所属县)的非农业人口总数划分为：

大城市，指人口50万以上的城市。

中等城市，指人口在20万~50万的城市。

小城市，指人口不足20万的城市。

学习情境1

选线

情境导入

公路从宏观上看是一条空间曲线，我们对它无论在形状、尺寸、位置还是在经济、技术、环保上都有特定的要求。如何根据上述要求结合实际地形、地质条件把它有机地布设在地面上，这个过程就是选线。

学习目标

【知识目标】 完成本学习情境的学习，学生能够全面了解各种条件下公路选线的方法，根据实际地形选定路线。

【能力目标】 学生能够看懂地形图，并根据条件合理确定路线走向，并最终定出道路中线。

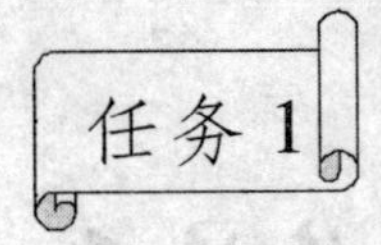

选线及路线方案

一、对选线的认识

选线是公路线形设计的重要环节。选线的质量直接关系到整条公路的质量、工程造价及公路今后使用的适用性、安全性、可靠性和寿命。另外,在两点之间,可能的线路很多。地面因素又复杂多变,加之路线本身平、纵、横三方面的相互影响和制约以及路线位置对公路构造物和其他公路设施影响很大等因素,使得选线工作变得十分复杂。因此,选线是一项具有很强技术性、综合性和政策性的工作。

道路的选线就是根据道路的性质、任务、等级和标准,结合地形、地质、地物及其沿线条件,综合平、纵、横三方面因素,在实地或纸上选定道路中线的平面位置。

道路选线的主要任务是:确定道路的走向和总体布局;具体确定道路的交点位置并选定道路的曲线要素,通过纸上或实地选线,把路线的平面位置确定下来。

二、选线的步骤与方法

一条道路路线的选定是经过由浅入深、由轮廓到局部、由总体到具体、由面到带进而到线的过程来实现的,一般要经过以下三个步骤。

1. 全面布局

全面布局是解决路线基本走向的全局性工作。就是在起讫点及中间必须通过的据点间寻找可能通行的"路线带",并确定一些大的控制点,连接起来即形成路线的基本走向。例如,在起讫点及据点间可能沿某条河,越某座岭;可能走这一岸,也可能走另一岸。这些都属于路线的布局问题。

路线布局,是关系到公路"命运"的根本问题。总体布局如果不当,即使局部路线选得再好,技术指标确定得再恰当,仍然是一条质量很差的路线。因此,在选线中,首先应着眼于总体布局工作,解决好基本走向问题。全面布局是通过路线视察,经过方案比较来解决的。

2. 逐段安排

这是在路线基本走向已经确定的基础上,进一步加密控制点,解决路线局部方案的工作。即在大控制点间,结合地形、地质、水文、气候等条件,逐段定出小控制点。例如,翻越同一山岭垭口后是从左侧展线下山,还是从右侧展线下山,沿一条河是仅走一岸还是多次跨河两岸布线等都属于局部方案问题。逐段安排路线是通过踏勘测量或详测前的察看路线来解决的。

3. 具体定线

这是在逐段安排的小控制点间,根据技术标准结合自然条件,综合考虑平、纵、横三方面因素,反复穿线插点,具体定出路线位置的工作。这一步更深入、更细致、更具体。具体定线由详测时的选线组来完成。

三、选线的一般原则

1. 路线的基本走向必须与道路的主客观条件相适应

限制和影响道路基本走向的因素很多，但归纳起来有主观条件、客观条件两类。主观条件是指设计任务书(或其他文件)规定的路线总方向、等级及其在道路网中的地位和作用。客观条件是指道路所经地区原有交通的布局(如铁路、公路、航道、航空、管道等)、城镇、工矿企业、资源状况、土地开发利用和规划的情况以及地形、地质、气象、水文等自然条件。上述主观条件是道路选线的基本依据，而客观条件则是道路选线必须考虑的因素。选线人员要从各种可能的方案中选择出一条最优的路线方案，就要充分考虑上述条件对道路的影响，使之相适应。

2. 正确掌握和运用技术标准

在工程数量增加不大时，应尽量采用较高的技术标准。不要轻易采用较低指标或极限指标，也不应不顾工程数量增加，片面追求高指标。路线布设，应在保证行车安全、舒适、快捷的前提下，做到工程数量小、造价低、运营费用少、效益好，并有利于施工和养护。

3. 选线时要处理好道路与农业的关系

注意与农业基本建设的配合，做到少占田地，并应尽量不占高产田、经济作物田，避免穿过经济林园(如橡胶、茶林、果园等)，并注意与修路造田、农田水利灌溉、土地规划等相结合。

4. 选线应重视水文、地质问题

不良地质和地貌对道路的稳定影响极大，选线时应对工程地质和水文地质进行深入勘测调查，了解清楚它们对道路的影响。

对于滑坡、崩塌、岩堆、泥石流、岩溶、泥沼等严重地质不良地段和沙漠、多年冻土等特殊地区的路线，应慎重处理，一般情况下应尽量绕避，必须穿过时，应选择合适的位置，缩小穿越范围，并采取必要的工程措施。

5. 重视环境保护工作

加强环保工作，重视生态平衡，为人类创造良好的生活环境，是我国的基本国策。在选线时应综合考虑由道路修建、汽车交通运行所引起的环境保护问题。主要应注意以下几点：

(1)通过名胜、风景、古迹地区的道路，应注意保护原有自然状态，并注意与周围环境、景观相协调，严禁损坏重要历史文物。

(2)路线对自然景观与资源可能产生的影响。

(3)占地、拆迁房屋对环境带来的影响。

(4)路线布局对城镇布局、行政区划、农业耕作区、水利排灌体系等现有设施造成分割而引起的影响。

(5)噪声以及对大气、水源、农田污染所造成的影响。

(6)充分考虑对破坏自然景观、资源和污染环境的防治措施及其实施的可能性。

6. 选线应综合考虑路与桥的关系

在选线中，个别特殊大桥桥位，一般作为路线总方向的控制点。大、中桥位原则上应服从路线的总方向，一般作为路线走向的主要控制点。小桥涵位置应服从路线走向。

四、路线方案的比较

方案比较是选线中确定路线总体布局的有效方法。在可能布局的多种方案中，通过方案比较决定取舍,选择出技术合理、费用经济、切实可行的最优方案。路线方案的取舍是路线设计中的重要问题。方案是否合理,不仅直接关系到道路本身的工程投资和运输效率,更重要的是影响到路线在道路网中的作用,直接关系到是否满足国家政治、经济及国防的要求和长远利益。

按方案比较的深度不同可划分为原则性的方案比较和详细的方案比较两种。

1. 原则性的方案比较

从形式上看,方案比较可分为质和量的比较。对于原则性的方案比较,主要是质的比较,多采用综合评价的方法,这种方法不是通过详细计算经济和技术指标进行比较,而是综合各方面因素进行评比,主要综合因素有:

(1)路线在政治、经济、国防上的意义,国家或地方建设对路线使用任务、性质的要求,以及战备、支农、综合利用等重要方针的贯彻和体现程度。

(2)路线在铁路、公路、航道等网系中的作用,与沿线工矿、城镇等规划关系以及与沿线农田水利建设的配合及用地情况。

(3)沿线地形、地质、水文、气象、地震等自然条件对道路的影响,要求的路线等级与实际可能达到的技术标准及其对路线使用任务、性质的影响,路线长度、筑路材料来源、施工条件以及工程量、三材(钢材、木材、水泥)用量、造价、工期、劳动力等情况及其对运营、施工、养护的影响,以及施工期限长短等。

(4)工程费用和技术标准情况。

(5)其他如与沿线历史文物、革命史迹、旅游风景区的联系。

影响路线方案选择的因素是多方面的,而各种因素又多是互相联系和互相影响的,比选时应在满足使用任务和性质要求的前提下,综合考虑自然条件、技术标准和技术指标、工程投资、施工期限和施工设备等因素,精心选择,反复比较,才能提出合理的推荐方案。

2. 详细的方案比较

详细的方案比较是在原则性方案比较之后进行的量的比较,它包括技术和经济指标的详细计算,一般多用于作局部方案的分析比较。

1)技术指标的比选

(1)路线长度及其延长系数。

$$路线延长系数=\frac{路线方案实际长度}{路线方案起终点间的直线距离}$$

有时在初步比选时,可计算路线方案各大控制点间直线距离之和,可不计算路线方案实际长度。这时计算的系数称为路线技术延长系数,其值一般为1.05~1.20,视地形条件而异。

(2)转角数,包括全线的转角数和每公里的转角数。

(3)转角总和和转角平均度数。转角是体现路线顺直的一种技术指标。转角平均数按下式计算:

$$\theta=\frac{\sum_{i=1}^{n}\theta_i}{n} \tag{1-1}$$

式中:θ——转角平均度数(°);

θ_i——任一转角的度数(°)。

(4)曲线最小半径。

(5)回头曲线数。

(6)与既有道路及铁路的交叉数目(包括平面交叉和立体交叉)。

(7)限制车速的路段长度(指居住区、小半径转弯处、交叉点、陡坡路段等)。

2)经济指标的比选

(1)土石方工程数量;

(2)桥涵工程数量(大桥、中桥、小桥涵的座数、类型及长度);

(3)隧道工程数量;

(4)挡土墙工程数量;

(5)征地数量及费用;

(6)拆迁建筑物及管线设施的数量;

(7)主要材料数量;

(8)主要机械、劳动力数量;

(9)工程总造价;

(10)投资成本—效益比;

(11)投资利润率;

(12)投资回收期。

3)方案比较步骤

一条较长的路线,可能的方案很多,不可能对每一方案都进行实地视察和比选。只能事先尽可能收集已有资料,在室内进行筛选,然后就较佳的、而且优劣难辨的有限方案进行实地视察和比选。一般步骤为:

(1)收集资料;

(2)在小比例地形图上布设路线,初拟方案;

(3)室内初步比选,确定可比方案;

(4)实地视察、踏勘测量(或在地形图上进行);

(5)进一步比选,确定推荐方案。

3. 路线方案比较实例

图 1-1 为某省干线道路,根据道路网规划要求确定为三级道路,视察后拟定了四个路线方案进行比较,各方案的主要指标汇总于表 1-1。

某道路各方案主要指标比较表 表 1-1

指　　标	单　位	第一方案	第二方案	第三方案	第四方案
通过县(市)	km	29	29	32	31
路线长度	km	1 360	1 347	1 510	1 476
其中:新建	km	133	200	187	193
改建	km	1 227	1 147	1 323	1 283
地形:平原、微丘	km	567	677	512	615
山岭、重丘	km	793	670	998	861
用地	市亩	2 287	2 869	3 136	2 890

续上表

指标		单位	第一方案	第二方案	第三方案	第四方案
工程数量	土方	万 m^3	382	492	528	547
	石方	万 m^3	123	75	82	121
	次高级路面	千 m^3	5 303	5 582	4 440	5 645
	大、中桥	m/座	1 542/16	1 802/20	10 557/13	1 207/15
	小桥	m/座	1 084/57	846/54	980/52	1 586/82
	涵洞	道	977	959	1 091	1 278
	挡墙	m^3	73 530	53 330	99 770	111 960
	隧道	m/处	300/1		290/1	
三材	钢材	t	1 539	1 963	1 341	1 469
	木材	m^3	18 237	19 052	18 226	19 710
	水泥	t	30 609	39 159	31 288	33 638
劳动力		万工日	1 617	1 773	1 750	1 920
总造价		万元	5 401	5 674	5 189	5 966
比较结果			推荐			

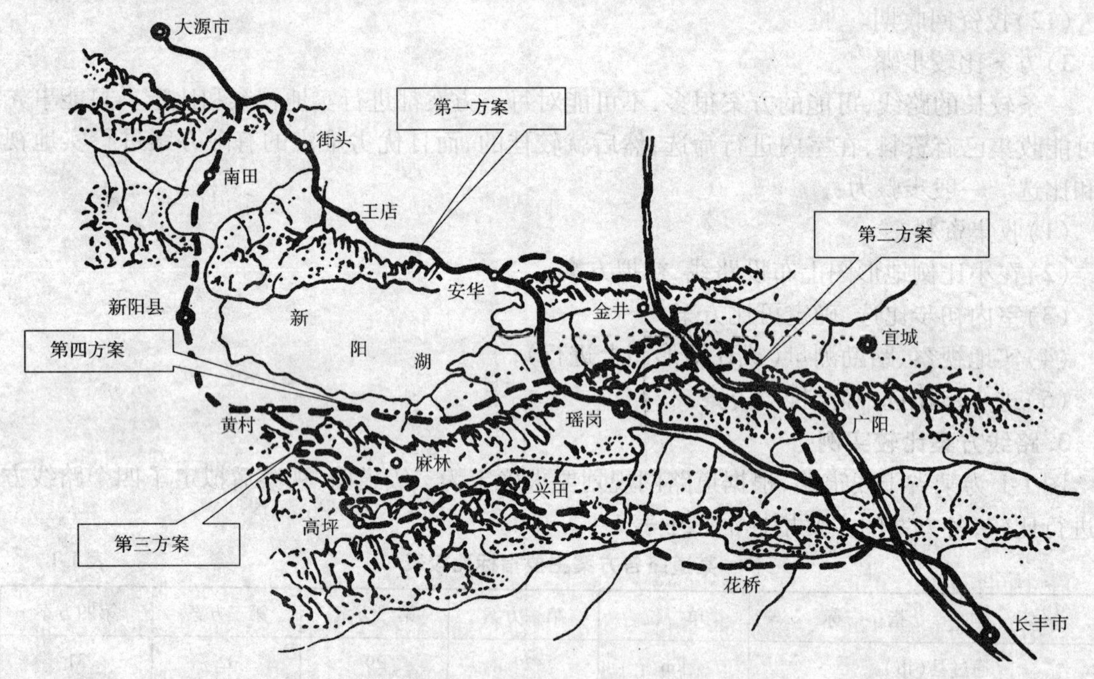

图 1-1　某公路路线方案比选示意图

单从表 1-1 所列主要技术经济指标，难于分出优劣，必须结合其他指标进行综合评价。

比选结果，第三、四方案路线过于偏离总方向，较第一、二方案长 100 ~150km，虽能多联系两、三个县、市，但对发展地区经济所起的作用不大。而且第三方案线形指标较低，将来改建时难以提高；第四方案又与现有高压电缆线连续干扰，不易解决，因而第三、四方案的综合指标较低；第二方案中路线最短，但与铁路严重干扰，于战备和施工都不利，且用地较多，最后选择推荐了路线基本走向合理、线形标准较高、用地省、投资也较经济的第一方案。

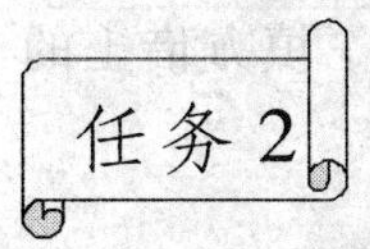

平原区公路选线

一、平原地区的基本特征

1. 自然特征

平原主要是指一般平原、山间盆地、高原等地形平坦地区，其地形特征是地面起伏不大，一般自然坡度都在3°以下。其地形、地物特征是：除泥沼、盐渍土、河谷漫滩、草原、戈壁、沙漠等外，一般多为耕地，且分布有较多的各种建筑设施，居民点较密，交通网系较密。在农业区农田水系渠网纵横交错；在城镇区则建筑、电信管网密布；在天然河网或湖区，还密布有湖泊、水塘和河岔。

从地质和水文条件来看，平原区一般不良地质现象较少，但有时会遇到软土和沼泽地段。另外，平原区地面平坦，往往排水较困难，地面积水较多，地下水位较高；平原区河流较宽阔，比降平缓，泥沙淤积，河床低浅，洪水泛滥较宽。

2. 路线特征

平原地区地形对路线的约束限制不大，路线平、纵、横三方面的几何条件很容易达到标准，路线布置主要考虑地物障碍问题，其路线特征是：平面线形顺直，以直线为主体线形，弯道转角一般较小，平曲线半径较大，在纵面上，坡度平缓，以低路堤为主。路线布设除考虑地物障碍外，一般没有太大困难。

二、平原地区布线要点

综合平原区自然和路线特征，布线时应着重考虑以下几点。

1. 以平面为主安排路线

选线时，首先在起、讫点间把经过的城镇、厂矿、农场及风景文物点作为大的控制点，在控制点间通过实地勘察进一步根据地形条件和水文条件选择中间控制点，除一般较大的建筑群、水电设施、跨河桥位、洪水泛滥线范围以外以及其他必须绕过的障碍物外均可作为中间控制点。在中间控制点之间，无充分理由一般不设转角点。在安排平面线形时，既要使路线短捷顺直，又要注意避免过长的直线，可能条件下多采用转角小、半径大的长缓平曲线线形。纵面线形应综合考虑桥涵、通道，交叉等结构物的要求，合理确定路基设计高度。注意避免纵坡起伏过于频繁，但也不应过于平缓，以至造成排水不良。

2. 正确处理路线与农业的关系

处理好公路与农田规划、农业灌溉、水利设施的关系，是平原区选线的重要问题。主要注意以下几点：

(1) 占用田地要与路线的作用、对支农运输的效果、工程数量及造价、运营费用等方面因素全面分析比较确定。既不能片面求直占用大量良田，也不能片面不占某块田，使路线绕行，造成行车条件差。如图1-2所示，公路通过某河附近时，如按虚线方案走田中间穿过，路线短，线形好，但多占好田，填筑路基取土困难；如将路线移向坡脚（实线），里程虽略有增加，但避开了大片高产田，而且沿坡脚布线，路基可为半填半挖，既节省了土方，又避免了填方借土的远运。

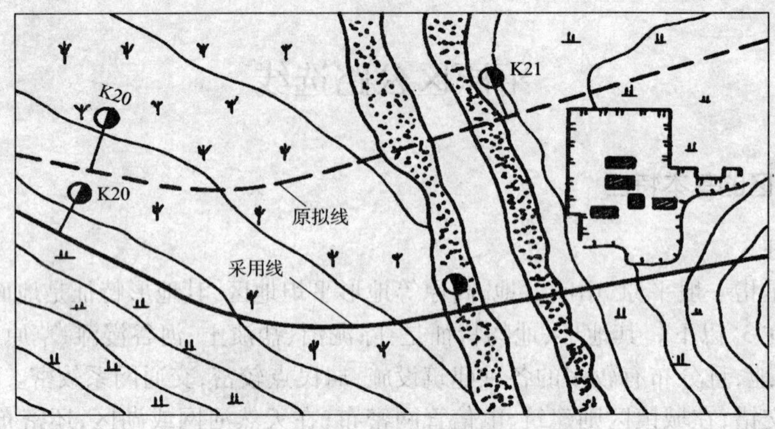

图 1-2 选线与占用田地关系实例

（2）注意处理好路线与农田水利的关系。线路布置要尽可能与农业灌溉系统配合，除特殊情况外，一般不要破坏灌溉系统。布线要注意尽量与干渠平行，减少路线与渠道相交，最好把路线布置在渠道的非灌溉区一侧或渠道的尾部。

当路线与渠道方向基本一致时，应考虑沿渠道布线，注意堤路结合、桥闸结合，以减少占田和便利灌溉。图 1-3 为豫东平原某公路的一段，利用人工运河河堤与路堤结合，且使路线布设在南岸河堤上，跨越支渠少，减少了桥涵数量及农田的占用数，线路又很平直。如果因路基占用水塘，影响农田给水，可考虑将水塘另一边拓宽取土筑路，扩大水塘使之得到补偿。

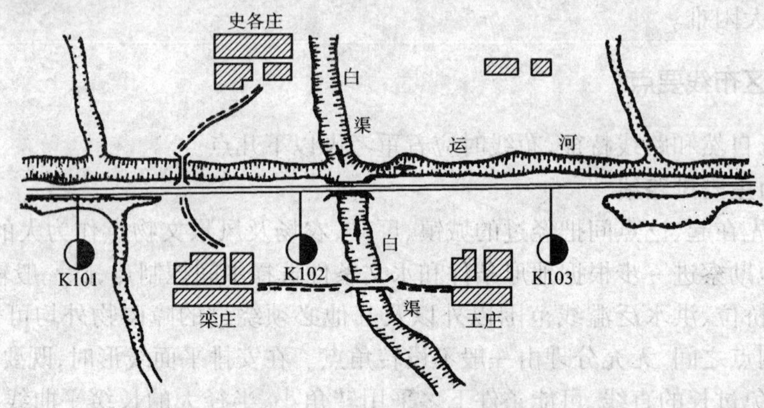

图 1-3 河堤与路堤结合的条件

（3）注意筑路与造田、护田结合。可能条件下，布线要有利于造田、护田。路线通过河曲地带，当水文条件许可时，可考虑路线直穿，裁弯取直，改河造田，缩短路线里程（或减少桥涵数量），如图 1-4 的布线方式。

当路线靠近河边低洼村庄或从农田通过时，可考虑靠河岸布线，围滩造田、护村，如图 1-5 为某公路采用沿河布置路线，借石填筑路堤，使一百多亩河滩地变为良田，并保护了村庄。

（4）路线布置要尽可能考虑为农业服务。布线时要注意与农村公路和机耕道的连接以及与土地规划相结合。较多地靠近一些居民点，并考虑地方交通工具的行驶，以方便群众，支援农业。

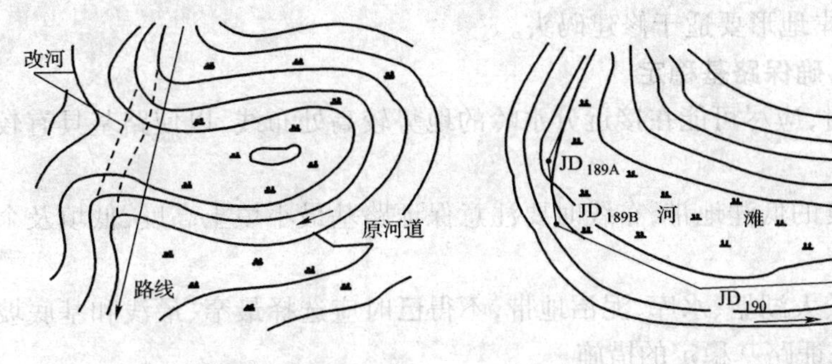

图 1-4　河曲地带改河造田　　　　图 1-5　围滩筑路造田实例

3. 处理好公路与城镇的关系

平原区有较多的城镇、村庄、工业区及其他公用设施，路线布置应正确处理好服务与干扰、穿越与绕避、拆迁与保留的关系问题。

(1) 国防与高等级干线公路，应尽量避免直穿城镇、工矿区和居民密集区，以减少相互干扰。但考虑到公路对这些地区的服务性能，路线又不宜相离太远，必要时还应考虑支线联系。做到靠城而不进城，利民不扰民，既方便运输，又保证安全，布线时注意与地区规划相结合。

(2) 一般沟通县、区、村直接为农业运输服务的公路，经地方同意可穿越城镇，但要注意有足够的视距和行车道宽度（应考虑行人的需要）及必要的交通设施，以保证行人和行车的安全。

(3) 路线布设应尽量避开重要的电力、电信及其他重要的管线设施。当必须靠近或交叉时，应遵守有关净空和安全距离的规定，尽量少拆或不拆各种电力、电信和建筑设施。

(4) 注意与铁路、航道、机场、港口、已有公路等交通运输配合，以发挥交通运输的综合效益。

4. 处理好路线和桥位的关系

(1) 大、中桥位往往是路线的控制点，应在服从路线总方向的原则下，路、桥综合考虑，选择有利桥位，布设路线。既要防止只顾路线顺直，不管桥位条件，使桥跨困难；又要防止片面强调桥位，使路线绕线过长，标准过低。一般情况下，桥位中线应尽可能与洪水主流流向正交，桥梁和引道都在直线上。桥位应选在水文、地质及跨河条件较好的河段。如图 1-6 为某路跨河的三个桥位方案，II 方案为正交桥位，跨河条件好，但路线线形弯曲，不利行车；III 方案路线顺直，但桥位正处于河曲地段，对桥梁不利；综合比较 I 方案，桥位虽略呈斜交，桥长稍大于 II 方案，但路线比较顺适，为可取的方案。

(2) 小桥涵位置原则上应服从路线走向，但遇到斜交过大（夹角小于 45°时）或河沟过于弯曲时，可考虑采取改沟或改移路线的办法，调整交角，布线时应通过比选确定，如图 1-7 所示。

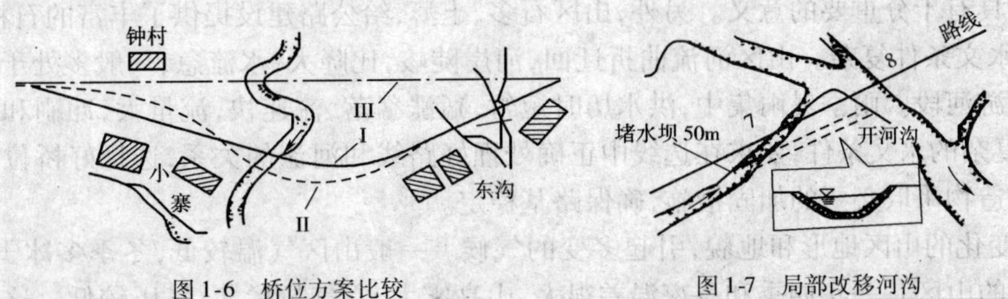

图 1-6　桥位方案比较　　　　图 1-7　局部改移河沟

(3)路线采用渡口跨河时,应在路线基本走向确定后选定渡口位置,渡口位置要注意避开浅滩、暗礁等不良河段,两岸地形要适于修建码头。

5. 注意土壤水文条件,确保路基稳定

(1)在低洼地区布线时,应尽可能在接近分水岭的地势较高处布线,以使路基具有较好的水文条件。

(2)路线通过排水不良的低洼地带;布线时要注意保证路基最小填土高度,低填及个别挖方地段要注意排水处理。

(3)路线要避免穿过较大湖塘、水库、泥沼地带,不得已时应选择最窄、最浅和基底坡面较平缓的地方通过,并采取保证路基稳定的措施。

(4)沿河布线时,应注意洪水泛滥对路线的影响,一般应布线于洪水泛滥线以外,必须通过泛滥区时,桥梁、路基应有足够的高度,以免洪水淹没,并应对路基边坡进行防护加固,避免冲毁。

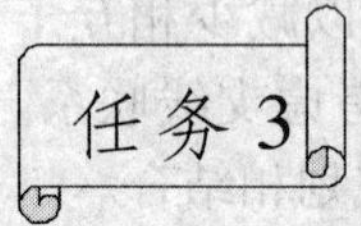

山岭区公路选线

一、山岭区的基本特征

1. 自然特征

山岭地区包括分水岭、起伏较大的山、陡峻的山坡,一般地面自然坡度20°以上。其主要自然特征是:

(1)山高谷深,地形复杂,山脉水系分明。由于山区高差大,加之陡峻的山坡和曲折幽深的河谷,形成了错综复杂的地形,这就使得公路路线弯急、坡陡,线形很差,给工程施工带来困难。但另一方面,清晰的山脉水系也给山区公路走向提供了依据。因此,在选线中摸清山脉水系的走向和变化规律,对于正确确定路线的基本走向,选择大的控制点是十分重要的。

(2)石多、土薄、地质复杂。由于山区的地质层理和地壳性质在短距离内变化很大,地质构造复杂,加之气候、水文及其他大气候因素变化急剧,引起强烈的风化、侵蚀和分割作用,不良地质现象(如岩堆、滑坡、碎落、泥石流等)较多,这些直接影响着路线的位置和路基的稳定。因此,在山区选线工作中,认真作好地质调查,掌握区域地貌和地质情况,摸清不良地质现象的规律,处理好路线与地质的关系,并在选线设计中采取必要的防护措施,对于确保路线质量和路基稳定具有十分重要的意义。另外,山区石多、土薄,给公路建设提供了丰富的石料料场。

(3)水文条件复杂。山区河流曲折迂回,河岸陡峻,比降大,水流急,一般多处于河流的发源地和上游河段。雨季暴雨集中,洪水历时短暂,猛涨猛落,流速快,流量大,冲刷和破坏力很大,这样复杂的水文条件,要求在选线中正确处理好路线和河流的关系,选择好桥位并对路基和排水构造物采取必要的加固措施,确保路基稳定。

(4)变化的山区地形和地貌,引起多变的气候。一般山区气温较低,冬季多冰雪(特别是海拔较高的山区),一年四季和昼夜温差很大,山高雾大,空气较稀薄,气压较低。这些气象特征对于汽车行驶的效率、安全和通行性能都有很大的影响，这些在选线时应充分考虑。

2. 路线特征

由于自然条件复杂，地形变化很大，使得路线在平、纵、横三方面受到很大限制，因而技术指标一般多采用低限。在所有自然因素中，高差急变是主导因素，因此，在路线布设时，一般多以纵面线形为主安排路线，其次是横面和平面。在选线时要注意分析平、纵、横三方面因素，结合影响路线的主要自然因素，综合考虑，求得协调合理。

山区按地形布线可有沿溪线、越岭线、山脊线等，如图1-8。

1）沿溪线路线特征

沿溪线是指公路沿一条河谷方向布设路线，如图1-8中的*AB*路段，其基本特征是路线总的走向与等高线一致。

（1）沿溪线主要有利条件是：

①路线走向明确。由于沿溪线路线遵循河流（或溪谷）方向布线，因此除个别冗长河曲外，一般无重大路线方案问题。图1-9为路线走向沿河流方向布设情况。

图1-8 山区按地形布线的方式

图1-9 沿溪线

②线形较好。除个别悬崖陡壁的峡谷地段和河曲地带外，一般的开阔河谷均可有台地利用，因而路线线形标准较易达到，线形较好。同时，由于河床纵坡一般都较路线纵坡为小（个别纵坡陡峻、跌水河段除外），因而路线纵坡不受限制，很少有展线的情况，平面受纵面线形的约束较小。

③施工、养护、运营条件较好。沿溪线海拔低，气候条件较好，对施工、养护、运营有利，特别在高寒地区更为有利。另外，沿溪线傍山临河，一般砂、石、木材都比较丰富，取水方便，为施工、养护提供了就地取材的条件。

④服务性能好。山区城镇和居民点大多傍山近水，沿河分布，特别是在河口三角地区，人口较为密集。路线走沿溪方案，能更好地为沿线居民点服务，发挥公路的社会效益。

⑤傍山隐蔽，利于国防。沿溪线线位低，比山脊线和越岭线的隐蔽性好，战时不易破坏。

（2）沿溪线也有一些不利的条件，有时不利因素突出时，往往成为否定沿溪线方案的理由，其主要不利条件是：

①受洪水威胁较大。洪水是沿溪线的主要障碍，沿溪线的线位高低、工程造价、防护工程量等直接受洪水的影响。处理好路与水的关系是沿溪线的重要问题。

②布线活动范围小。由于河谷限制(特别是峡谷河段),路线线位左右摆动的余地很小。当路线遇到河岸条件差时(如悬崖陡壁、不良地质地段等),绕过比较困难,如果冒险直穿,不是遗留后患就是防护工程很大,增加工程造价。

③陡岩河段,工程艰巨。在路线通过陡岩河段时,工程艰巨,难点很多,给公路测设和施工带来很大困难。同时,由于工程量集中,工作面狭窄,使工期加长,对于一些任务较紧的国防公路,往往因此而不得不放弃良好的沿溪线方案。

④桥涵及防护工程较多。沿溪线线位低,往往要跨过较多的支沟,使桥涵工程增加。同时,为了防御洪水的侵袭和破坏,防护工程必然很多。这些都较大地增加了工程造价。

⑤路线布置与耕地的矛盾较大。河谷两岸台地虽是布线的良好场地,但在山区这些地方多是农田耕作地,对于耕地困难的山区,这些良田尤为宝贵。因而,在这些路段与占地的矛盾比较突出。

⑥河谷工程地质情况复杂。通常河谷两岸多处于路基病害如滑坡、岩堆、坍塌、泥石流的下部,路线通过容易破坏山体平衡,带来后患。另外,在寒冷地区的峡谷段,日照少,常有积雪、雪崩和流冰现象。这些都给公路的设计、施工、养护、运营带来困难。

2)越岭线路线特征

越岭线是指公路走向与河谷及分水岭方向横交所布设的路线,如图1-8中的*BC*段,路线连续升坡,由一个河谷进入另一个河谷的布线方式。

(1)越岭线的主要有利条件是:

①布线不受河谷限制,活动余地大。越岭线无河谷限制,布线时可能的方案较多,布线时遇不良地质、艰巨工程及重要地物限制时,要避让比较容易,布线灵活性大。

②不受洪水威胁和影响。由于无洪水问题,一般路基较稳定,桥涵及防护工程较沿溪线少。

③当采用隧道方案时,路线短捷且隐蔽,有利于运营和国防。

(2)越岭线主要有下列不利条件:

①里程较长、线形差、指标低。由于路线受高差限制,升坡展线需使路线增长,纵面线形较差。特别在地形复杂时(如"鸡爪"地形、陡峻迂回的山坡等),常使路线弯急坡陡,工程数量也很大。

②施工、养护、运营条件差,服务性差。越岭线线位高,远离河谷,施工用水、砂石材料的运输等都不方便。回头展线地段,上下重叠,施工较困难。

③路线隐蔽性差,不利于国防。

3)山脊线路线特征

山脊线是指公路沿分水岭方向所布设的路线,如图1-8中的*CD*段。实际上一般连续而又平顺的山脊往往很少,所以较长的山脊线一般很少见,多与山坡线结合,作为越岭线垭口两侧路线的过渡段。若采用部分山脊线,则必须有适宜的山脊,一般应服从路线走向。分水线平顺直缓,起伏不大,岭肥厚,垭口间山坡的地形、地质情况较好的山脊是较好的布线条件。

(1)山脊线的有利条件是:

①当山脊条件好时,山脊线一般里程短,土石方工程量小。

②水文、地质条件好,路基病害少、稳定,地面排水条件好。

③山脊线河谷少且小,桥涵人工构造物少。

(2)山脊线的不利条件是:

①线位高,远离居民点,服务性能差。

②山势高、海拔高，空气稀薄，冬季云雾、积雪、结冰较大，对行车和养护都不利。

③远离河谷，砂石材料及施工用水运输不便。

二、山岭区路线布线要点

1. 沿溪线布线要点

路线布设的首要任务就是利用有利条件，防止和避让不利条件。沿溪线布局的决定因素是水的问题。由于路线自始至终都要与河流打交道，因此，解决好路线与水的关系是沿溪线布局的关键。路线与河流基本关系主要是指平面关系和纵面关系，平面关系主要是解决择岸问题，而纵面关系则主要是解决线位的高低问题。

1）河岸选择

择岸，主要是解决路线是否跨河（即一岸布线还是两岸布线）和选择走哪一岸两个问题。

任何一条沿溪线公路，除了起终两点在同一岸，且相距又很近，工程又不大，不考虑跨河外，一般情况下都有是否跨河两岸设线的问题。对于较大的河流，如果不是中间控制点的需要，一般因跨河桥梁工程过大而不宜跨河。但是，对于中小河谷，由于跨河较易，应充分利用两岸有利地形，往返跨河时有发生。

有时，起讫点虽在河流同一岸，控制点在对岸（如图 1-10），这时，可有两种布线方式：一种是两次跨河方案，如图中虚线；另一种是一次跨河方案，如图中实线，用支线与中间控制点连接。一般情况，后一方案可省一座桥，且干线直达快速，路线短捷，是应优先考虑的方案。

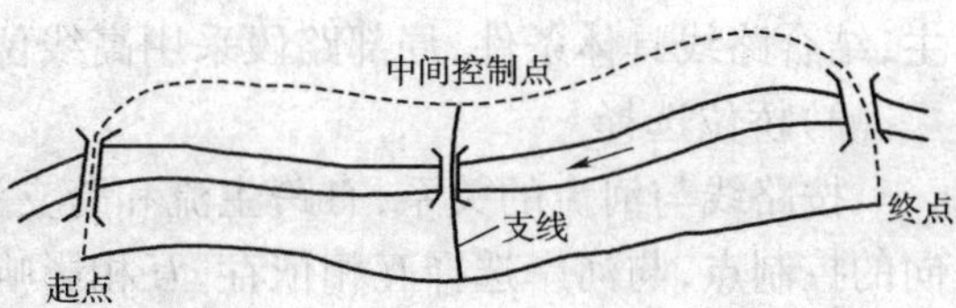

图 1-10 连接中间点的跨河方案

在地形地质条件方面，路线应选在地形宽坦、有阶地可利用、支沟较少、水文地质条件良好的一岸，这样可以减少防护工程，节约费用。但这些有利的条件往往交错出现在两岸，这时就需要深入调查，综合比较，决定取舍。如图 1-11，乙方案为避让河左岸的两处陡崖，跨河利用右岸的较好地形，但仅 3km 后又遇到了更长的悬崖，不得不再回到左岸，两次跨河，须建中桥两座。而甲方案一直走左岸，虽要开挖一段石方，但较建两座中桥经济，因此，不易跨河换岸。

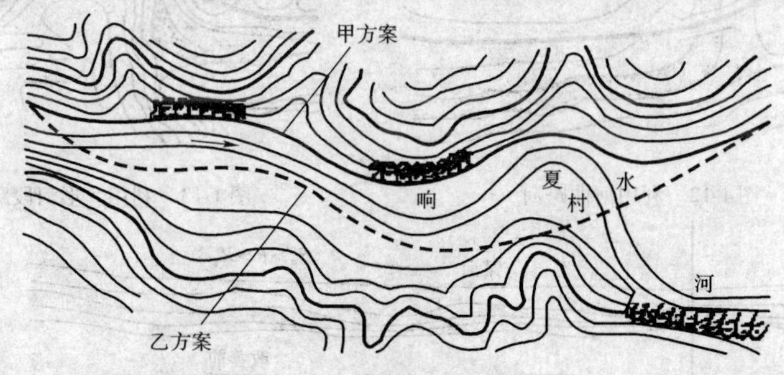

图 1-11 跨河换岸的比较线

2）线位高低的确定

线位高低是路线纵面线形布局的问题。路线沿岸走多高，首先应考虑洪水的威胁。不管是高线位还是低线位，均应在设计洪水位以上一定安全高度。因此，在选线中应认真做好洪水位调查工作，以确保路线必需的最低线位高度。

（1）低线位　是指路基高出设计洪水位不多，路基上侧临水很近的布线方案。

低线位的主要优点是：一般情况有台地可以利用；地形较好，平面线较顺适，纵面切割不大，容易达到标准；路线低，填方边坡低，土石方数量少，边坡较稳定，路线活动余地稍大，跨河利用有利条件和避让不利条件较容易，养护、施工用水、取材较方便，从国防来看，路基破坏后因线位低抢修也很快。

低线位的主要缺点是：线位低，受洪水威胁大，通常防护工程较多，低线位多在沟口附近跨越支沟，桥涵孔径较大，基础工程也较困难；路线与农田矛盾较大，处理废方比较困难。

(2)高线位　指路线高出洪水位较多，完全不受洪水威胁的布线方案。其路线特征与山坡线相近。

高线位的主要优点是：无洪水影响，防护工程较少，废方处理问题不突出。当采用台口路基时，路基比较稳定。

高线位的主要缺点是：路基多用台口路基，挖方大，废方较多，由于线位高，路线势必随山形走势绕进绕出，特别是鸡爪地形地段，线形差，土石方大，跨支沟的桥涵构造物较多，工程费用较高，路基边坡常出现"缺口"，因而挡土墙和加固工程较多，线位高需要跨河时比较困难；施工、养护取料、用水也不如低线位方便。

综上所述，高线位一般害多利少，在洪水允许的条件下，无特殊问题时，一般以低线位为主，结合路线具体条件，局部路段采用高线位。

3)桥位选择

按路线与河流的关系，有跨主流和跨支流两类桥位。跨越主河的桥位，往往是选定路线走向的控制点，与河岸选择互相依存，互相影响；跨支流的桥位选择，一般属于局部方案问题。沿溪线与河流接近平行，桥头布线一般比较困难。因此，桥位除要求河床稳定，河面较窄，水文条件和基础地质条件较好外，还要求桥头线形顺适。可利用河曲跨河、S形河段跨河和进行桥头线形的改善(图1-12～图1-14)。

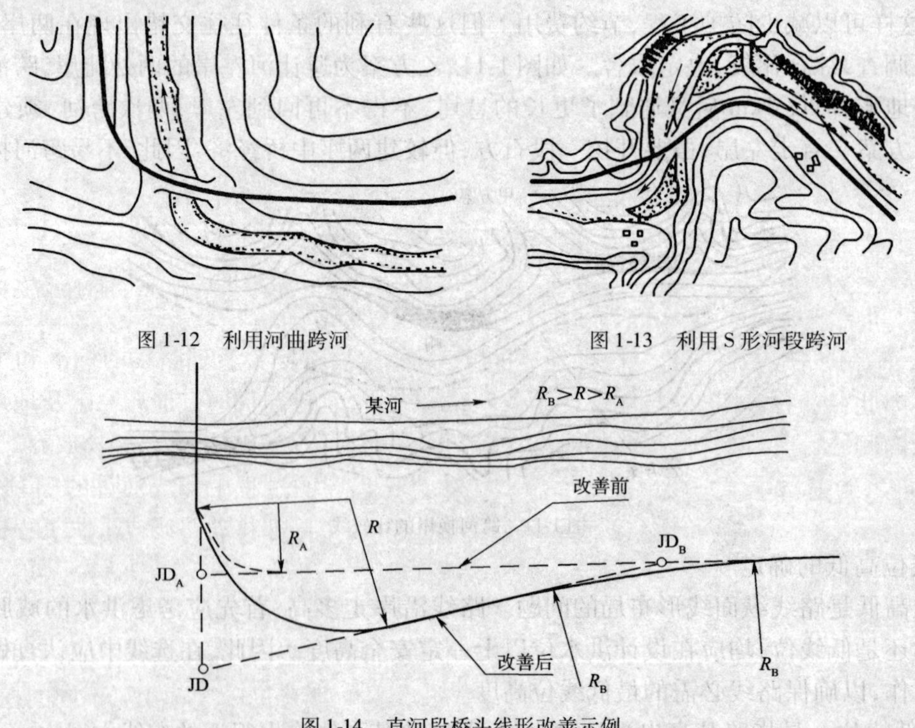

图1-12　利用河曲跨河

图1-13　利用S形河段跨河

图1-14　直河段桥头线形改善示例

一般情况下，为避让困难工程集中或不良地质地段而跨河建桥时，应进行技术经济比较。有时虽多建桥两座，但避开了病害，减少了石方工程，对施工、养护、营运有利，仍不失为可取方案。

2. 越岭线布线要点

克服高差是越岭线的关键，因此，在布线时，应以纵面为主导安排路线，结合平面线形和路基的横向布置进行。

越岭线布线要点有垭口选择、过岭高程和展线布局三个问题。

1）垭口选择

垭口是分水岭山脊上的凹形地带（又叫鞍部），由于高程低，常常是越岭线的重要控制点。

垭口选择应在符合路线总方向的前提下，综合各方面因素，从可能通过的垭口中根据其高程、位置、两侧地形、地质条件及气候条件反复比较确定。

（1）垭口的高低　垭口海拔的高低及其与山下控制点的高差，直接影响路线展线长度、工程数量大小和营运条件。在展线条件相同时，垭口降低的高度 Δh 和缩短的里程 Δl 有如下的关系：

$$\Delta l = 2\Delta h \frac{1}{i_p} \tag{1-2}$$

式中：i_p——展线的平均坡度，一般为 5% ~5.5%。

由式（1-2）可知，若垭口低 50m，可缩短里程 2km（采用 5%）。在地形困难的山区，减少 2km 公路节省的造价是可观的，同时，运营费用也得以减少。

另外，在高山地区，低垭口对于行车和养护都是有利的。

有时为了获得较好的行车和养护条件，即使路线较偏，也可能绕线从低垭口通过。

（2）垭口的位置　选择垭口不仅要低，而且垭口的位置要符合路线的基本走向，即路线通过垭口时不需要无效延长路线就能和前后控制点相接，如图 1-15 中 A、B 控制点间有 C、D 两个垭口，从平面位置看，C 垭口在 AB 直线上，D 垭口偏离直线较远，但从符合路线基本走向来看，穿 D 垭口比穿 C 垭口反而展线短些，平面线形还要好些。因此，D 垭口比 C 垭口更合乎路线走向。

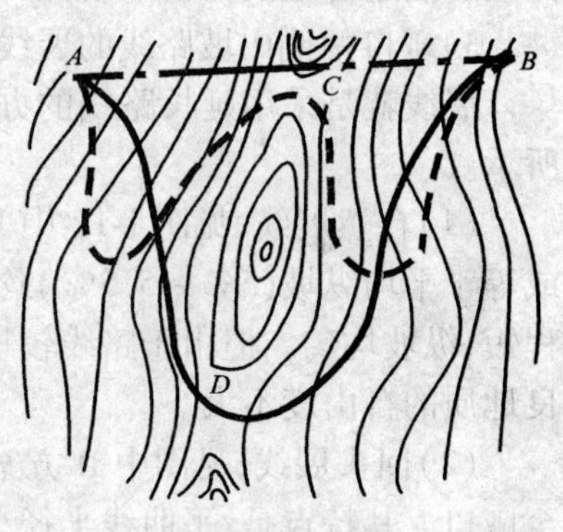

图 1-15　垭口位置选择

（3）垭口两侧地形和地质条件　山坡线是越岭线的重要组成部分，而山坡坡面的曲折与陡缓、地质的好坏等情况，直接关系到路线的标准和工程数量的大小。因此，垭口的选择要与侧坡展线条件结合考虑。选择时，遇有地质稳定及地形平缓有利于展线的侧坡，即使垭口位置略偏或垭口较高，也应进行方案比较，不要轻易放弃。

（4）垭口的地质条件　垭口的地质病害往往会在运营的过程中形成通过的“盲肠”，选择垭口时要重视垭口的地质问题，对地质条件很差的垭口，用局部移动路线或采取工程措施的办法亦不能解决，应予放弃。

2）过岭高程的选择

过岭高程是越岭线布局的重要控制因素。不同的控制高程，不仅影响工程大小、路线长短、线形标准，而且直接关系到垭口两端的展线布局，如图 1-16。由于选用了不同的挖深，出现了三个展线方案，甲方案浅挖 9m，需设两个回头弯道，乙方案挖深 13m，只需设一个回头弯道；

丙方案挖深20m，不设回头弯道，顺山势展线。丙方案线形好，路线最短，有利于行车，在地质条件许可时是较好的方案。

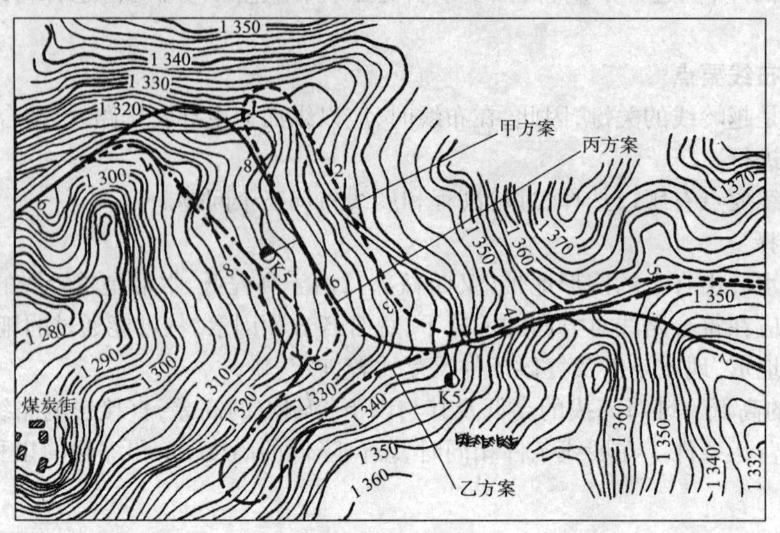

图1-16　垭口采用不同挖深的展线布局方案

过岭的方式有三种：浅挖低填垭口；深挖垭口；隧道穿过。

决定过岭高程的因素主要是垭口及两侧的地形以及垭口的地质条件。一般情况下（除宽厚垭口或地质条件很差外）常用深挖方式过岭。当挖深在20m以上时，则应与隧道方案进行比较。当过岭地段山坡平缓，垭口又宽厚时，一般宜多展线，用浅挖或低填方式。

3）垭口两侧山坡路线的展线布局

展线就是采用延长路线的办法，逐渐升坡克服高差。展线的基本形式有三种，如图1-17所示。

（1）自然展线，见图1-17中I方案。当山坡平缓、地质稳定时，路线利用有利地形以小于或等于平均纵坡（5%～5.5%）均匀升坡展线至垭口。这种方式的特点是：平面线形较好，里程短，纵坡均匀。但由于路线较早地离开河谷，对沿河居民服务性差，路线避让艰巨工程和不良地质的自由度不大。

（2）回头展线，见图中II方案。路线沿溪至岭脚，然后利用平缓山坡用回头曲线展线升坡至垭口。其特点是：平曲线半径小，同一坡面上下线重叠，对施工、行车和养护都不利。但能在短距离内克服较大的高差，并且回头曲线布线灵活，利用有利地形避让艰巨工程和地质不良地段比较容易。图1-18为利用有利地形布设回头展线的实例。

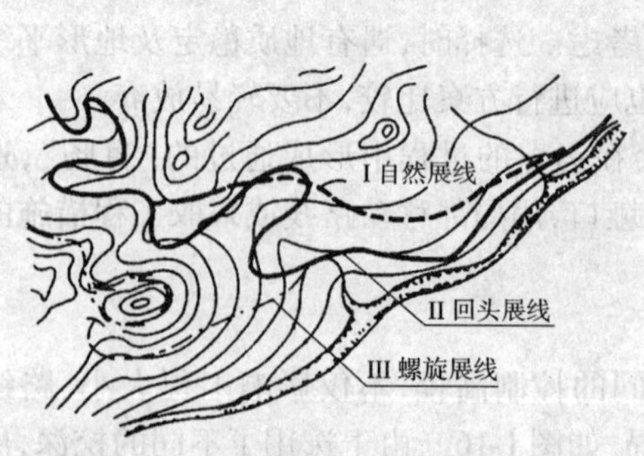

图1-17　越岭展线形式

图1-18　回头展线

(3)螺旋展线。这种展线实际就是一种路线转角大于360°的回头展线形式。其特点是：路线利用有利的山包或山谷，在很短的平面距离内就能克服较大的高差，它虽比回头曲线有较好的线形，避免了路线的重叠，但因需要建桥或隧道，将使工程造价增大。

螺旋展线可有上线桥跨和下线隧道两种方式，分别见图1-19和图1-20。

图1-19　上线桥螺旋展线　　　图1-20　下线隧道螺旋展线

以上三种展线形式中，一般应首先考虑采用自然展线，不得已时采用回头展线，当地形十分困难，又有适宜的山谷或山包时，为在短距离内克服较大的高差，可考虑螺旋展线，但需作方案比较确定。

3. 山脊线布线要点

由于分水线的引导，山脊线大的走向基本明确。布线主要解决以下三个问题。

1)控制垭口选择

在山脊上，连绵布置着很多垭口，每一组控制垭口代表着一个方案，因此，选择控制垭口是山脊布线的关键。一般当分水岭顺直，起伏不大时，几乎每个垭口均可暂作控制点。如地形复杂，山脊起伏较大且较频繁，各垭口高低悬殊时，则低垭口即为路线控制点，而凸出的高垭口可以舍去。在有支脉的情况下，相距不远的并排垭口，则选择前后与路线联系较好的、路线较短的垭口为控制点。选择垭口时，还应与两侧布线条件结合起来考虑。

2)侧坡选择

分水岭的侧坡是山脊线的主要布线地带，选择哪一侧山坡，要综合分析比较确定。一般情况下，坡面平缓、整齐、顺直、路线短捷、地质稳定、横隔支脉较少、向阳的山坡布线较为理想。

如图1-21中，A、D两垭口为前后路线走向基本确定的控制点，其间有B、E、C三个垭口，由此可有Ⅰ、Ⅱ、Ⅲ三种走法。经比较，显然C垭口比B、E垭口高35m，使Ⅲ线起伏较大，不予考虑。Ⅰ线走左侧山坡，路线短捷，平面顺直，但其横坡较陡，需穿过一陡岩和跨越一较深的山谷。Ⅱ线走右侧山坡，路线绕线较长，平面线形稍差，但纵面平缓，横坡也较平缓，工程量较小。Ⅰ、Ⅱ两线各有利弊，需进一步放坡试线，结合其他因素综合比较确定。

3)试坡布线

山脊线有时因两垭口控制点间高差较大，需要展线；有时为避免路线过于迂回要采用起伏纵坡，以缩短里程，因此，常常需要试坡布线。常见布线形式有以下三种情况：

(1)垭口间平均纵坡不超过规定　一般情况如中间无太大的障碍，应以均匀坡度沿侧坡布线。若中间遇障碍，则可以加设中间控制点，调整坡度，向两端垭口按均匀坡度布线。如图1-21中的Ⅰ方案就是以中间支脉垭口 B 为中间控制点向两端试坡布线。

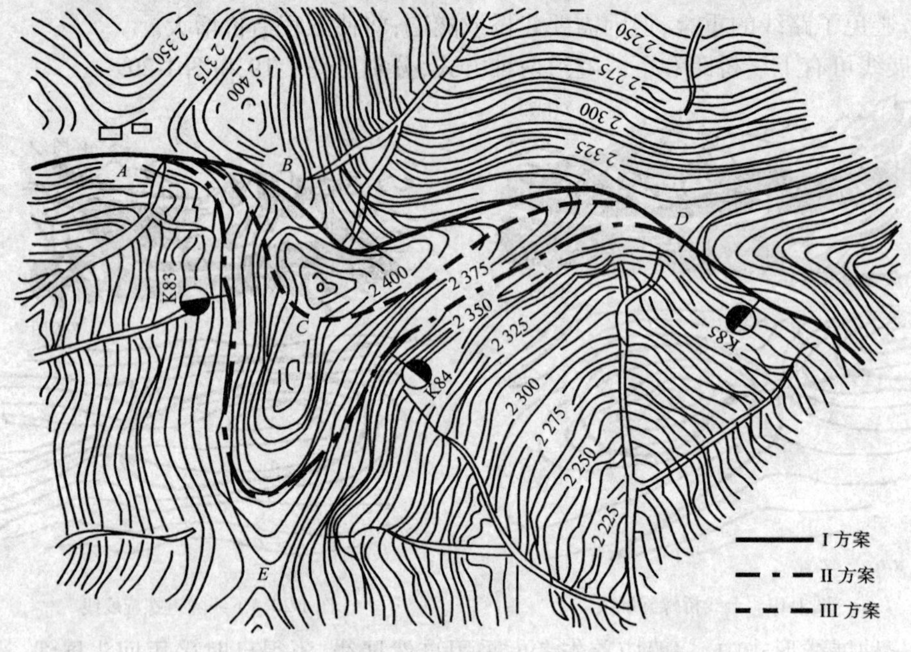

图1-21　山脊线侧坡选择

(2)垭口间有支脉相隔　这时，应在支脉上选择合适的垭口作为中间控制点。如图1-21中支脉上的 C、E 两垭口，C 垭口因过高而舍弃。为了进一步比较Ⅰ、Ⅱ两线，从低垭口 D 以5% ~5.5%的坡度向垭口 E 试坡，定出 E 控制点，其工程量小，施工较易，当交通量不大时宜采用。

(3)垭口间平均纵坡超过规定时　这种情况需进行展线，山脊展线的布线是十分灵活的，选线时，应根据地形、地质条件，采用填挖、旱桥、隧道等工程措施来提高低垭口，降低高垭口。也可利用侧坡、山脊有利地形作回头展线或螺旋展线，其具体做法见本任务越岭线。

图1-22为一山脊线布线实例。路线首先由山下采用回头展线，升坡到山脊(图中 A 段)；路线上到山脊后，循分水岭前进，遇山脊高峰，乃选择有利一侧山坡布线(如图中 B 段所示)；如线路继续前进，遇见个别低垭口(如图中 C 点)，前后路段又无法低，乃考虑用路堤或建旱桥通过；当垭口出现陡坎，按具体情况采用螺旋式展线(如图中 D 段)或回头展线升坡前进；当山脊自然坡度接近路线最大纵坡时，可寻求较缓山坡，适当展线前进(如图中 E 段)；当山脊自然坡度超过规定最大纵坡时，需选择有利地形进行展线(如图中 F 段所示)。

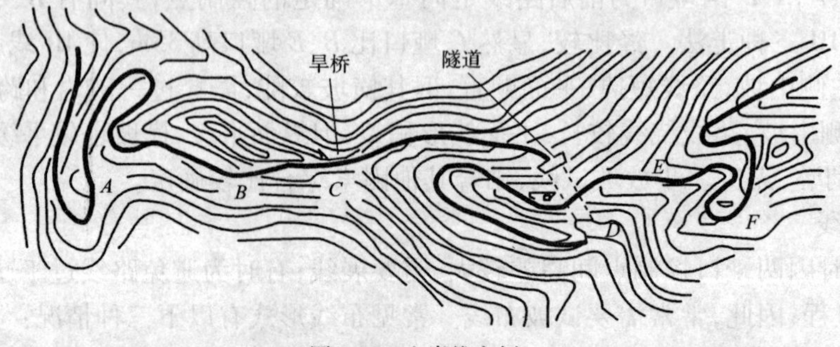

图1-22　山脊线实例

总之,山脊线难免有曲折、起伏,但不要使其过于急促、频繁,对于平、竖曲线和视距等指标要掌握得高些,以取得平、纵线形好,工程量小,路基稳定的效果。

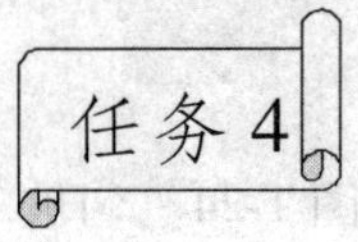

丘陵区公路选线

一、丘陵区的基本特征

1. 自然特征

丘陵是介于平原和山岭区之间的地形,它包括微丘和重丘两类地形。

微丘是指起伏不大的丘陵。地面自然坡度在20°以下,相对高差在100m以内,设线一般不受地形限制。

重丘是指连绵起伏的山丘,具有较深的沟谷和较高的分水岭,地面自然坡度在20°以上。路线平、纵面部分受地形的限制。

丘陵地区的地形特征是:山势平缓起伏。山形迂回曲折,山丘连绵,岗坳交错,高差不太大,横坡不太陡,山脉和水系不如山岭区明显,具有多变的地形、地貌特征。

丘陵区变化的地形,使地物情况变化也较大。一般丘陵区农业都比较发达,土地种植面积广,种类繁多,低地为水稻田,坡地多为旱地或经济林,小型水利设施也较多。居民点、建筑群、风景、文物点及其他设施在平坦地区时有出现。这些地点是布线应考虑的控制点。

2. 路线特征

丘陵复杂多变的地面形态,决定了通过丘陵地区的路线的基本特征是:平面以平曲线为主体,由纵面线形起伏而构成与地形相适应的空间线形,如图1-23。丘陵地区线形的主要特点是:

(1)局部方案多,布线的可能情况多样;

(2)路线平面、纵面、横断面关系密切,相互之间的约束和影响很大;

(3)丘陵地区线形指标一般较好,但线形指标运用时变化幅度较大,既不像平原区一样多用高限指标,也不像山岭区多用接近低限指标。

图1-23　丘陵地区公路

二、丘陵区布线要点

丘陵区选线主要是解决平、纵、横三方面与错综复杂的地形之间的矛盾。结合地形合理选用指标,使平面适当曲折,纵面略有起伏,横面稳定经济,达到平、纵、横三方面与地形协调一致是丘陵区选线的根本任务。

根据经验,丘陵地区布线,一般按三类地形地带分段布线,其要点如下。

1)平坦地带——走直线

在平坦地带，一般按平原区以方向为主导的方式布线。如无地物、地质障碍或应趋就的风景、文物、城镇居民点，一般应按直线布线。如有障碍等，则应加设中间控制点以小转折、长缓的曲线为主。

2)斜坡地带——走匀坡线

“匀坡线”是指两点之间沿自然地形，以均匀坡度确定的地面点的连线，如图1-24。匀坡线是通过多次试坡求得的。当两控制点之间无障碍等因素影响时，可直接按匀坡线布设；若有障碍等，则在障碍处加设中间控制点，分段按匀坡线控制。

3)起伏地带——走中间

起伏地带实际可视为斜坡地带(上坡和下坡地带)的组合，只不过是地面横坡较缓。匀坡线很迂回。所谓“走中间”就是路线在匀坡线和直线之间选择平面顺适，纵面均衡的合理路线。

路线两控制点间要通过起伏地带，意味着路线要穿过交替的丘梁塌谷。其中间可能有一组或多组起伏地带。对于多组起伏，只需在中间梁顶(或谷底)加设中间控制点即可。因此，下面着重研究两已知控制点间包括一组起伏地带的情况。如图1-25，A、B为两相邻梁顶，中间为一坳谷，构成一组起伏地带。如果路线由A至B硬拉直线，路线虽然最短，但纵面起伏大，线形差，势必出现高填深挖，增大工程量，如果沿匀坡线走，则纵面坡度平缓、均匀，但路线又增长很多，平面线形又差，也不理想。可见，“硬拉直线”和“弯曲求匀”的极端作法都是不正确的。

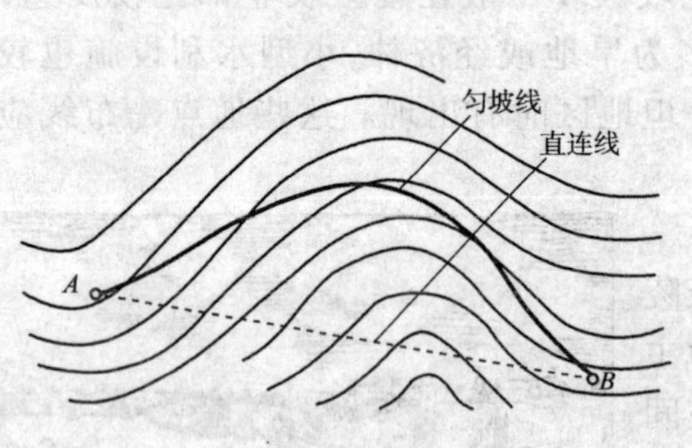

图1-24　匀坡线示意图

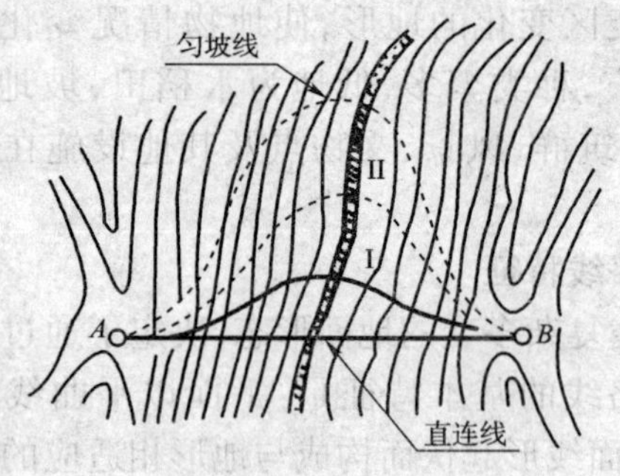

图1-25　起伏地带路线方案

如果路线布设于匀坡与直线之间，如图中的I方案或II方案，比直线的起伏小，比匀坡线的距离短，而使用质量有所提高，工程造价有所降低，是较合理的布线方案。至于路线在直线及匀坡线之间的具体位置要根据公路等级，结合地形作具体分析，从使平、纵、横协调来确定。

对于起伏较小地带，要在坡度和缓的前提下，再考虑平面和横面的关系。一般是低等级公路为减少工程造价，平面上可迂回长一些，即离直线稍远些；较高等级公路则宁可多做些工程，尽可能缩短距离，路线位置可离直线近一些。

对于较大的起伏地带，因高差大且两侧高差常不相同，高差大的一侧的坡度常常是布线的决定因素。一般以高差大的一侧为主，结合梁顶的挖探或谷底的填高来确定路线的平面位置。

总之，丘陵地区选线时，可通过方案较多，地面因素也多，方案之间差异有时不太明显，这就要求选线人员要加强踏勘调查，用分段布线，逐步渐近的办法，详细分析比较，最后选定一条合理的路线。

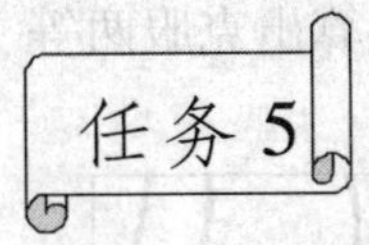

定　　线

一、定线的基本任务和方法

道路定线的基本任务是在选线布局完成后，按照既定的技术标准和选线布局阶段选定的"路线带"（或叫定线走廊）的范围内，结合地形、地质条件，综合考虑平、纵、横三方面的合理安排，具体定出路线中线的确切位置。要求在平面上定出路线的交点、转点和平曲线半径；在纵面上定出坡点及设计坡度；在横面上定出中心填挖尺寸及边坡坡率。

定线是道路设计过程中很关键的一步。它不仅要解决工程、经济方面的问题，而且对如何使道路与周围环境相配合，以及道路本身线形的美观等问题都要在定线过程中给予充分的考虑。

道路定线除受地形、地质及地物等有形的因素制约外，还受技术标准、国家政策、社会影响、美学（构成优美线形的所有规则）以及其他因素的制约，这就要求设计人员必须具有广博的知识和熟练的定线技巧。最好的设计者也不可能一次试线就能选出最好的线位，复杂条件下的定线可能需要好几个设计方案供定线组全体人员研究比选。因为每一个方案都将是众多相互制约因素的一种折中方案，理想的路线只能通过比较的方法找出。

影响定线的因素很多，涉及的知识面也很广，因而应当吸收桥梁、水文、地质等专业人员参加，也应听取有园林建筑知识的设计人员的意见，发挥各种专业人员的才能和智慧，使定线成为各专业组协作的共同目标。

道路定线质量还在很大程度上取决于采用的定线方法，常用的有直接定线和纸上定线两种方法。技术标准高的，地形、地物复杂的路线必须使用"纸上定线"，然后把纸上路线敷设在地面上；"实地定线"省去了纸上定线这一步，所以只适用于标准较低的路线。

二、纸上定线

纸上定线是利用已有的等高线地形图，或在初步测量阶段选择一条宽阔的地带，测绘出精度较高的大比例尺地形图（一般用 1∶500 ~1∶2 000），根据不同等级公路所规定的技术标准，结合地形情况，在图上敷出路线的中线。以此"试定的中线"与地形图上各等高线交叉处标定的高程，绘出纵断面的地面图，通过纵断面上坡度和土方平衡的分析，可反转来调整地形图上所定的公路中线。

这种修改可根据要求分段反复进行，当定线者认为已基本定出最佳的路线方案时，才能认为定线工作已告完成。

纸上定线的工作步骤如下。

1. 定导向线

（1）在地形图上根据路线的起始点和中间控制点，拟定路线走法的各种可能方案，经过分析比较，作好路线的整体布局。

(2)纸上放坡，标出坡度线，如图1-26所示，设A、D两点为越岭线山上和山下的两控制点。先用所选用的平均纵坡$i_{平均}$（5.0% ~5.5%，视相对高差而定），按$l=h/i_{平均}$算出克服两等高线的高差所需的平距。

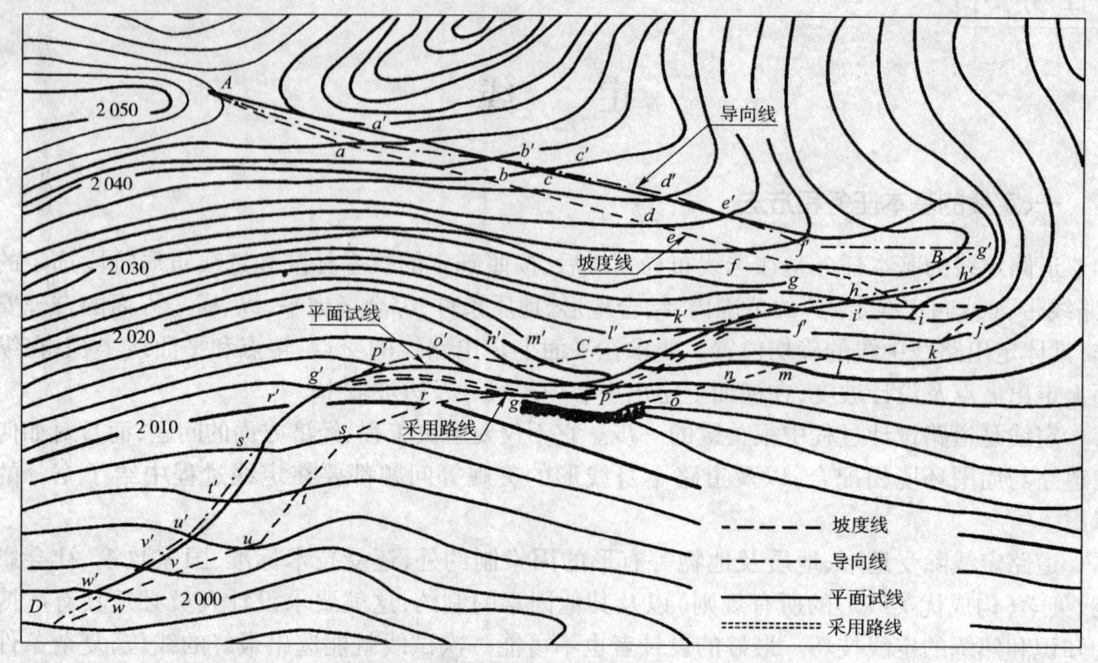

图1-26　纸上放坡实例

如图1-26，已知相邻两等高线的高差$h=2\text{m}$，$i_{平均}$采用5%，则$l=2/0.05=40\text{m}$，即用5%的坡度克服2m高差所需的平距应为40m。然后将两脚规开度到平距40m（比例尺与图同）。如图1-27所示，沿路线走向转动两脚规依次在等高线上截点前进，如图上的1、2、3各点。按此法从A点到D点（见图1-26）依次放坡。如放到D点时位置和高程均接近D点，说明按此方案布线坡度可行。如所放坡度高程达不到D点，则根据图上等高线可看出所余高差值的大小，于是采取加大平均坡度或延长路线的办法来克服此高差；相反则采用减小平均坡度或缩短路线的办法解决。连接这些点所构成的折线叫坡度线，如图1-26中的A、a、b、c、d、D各点的连线。

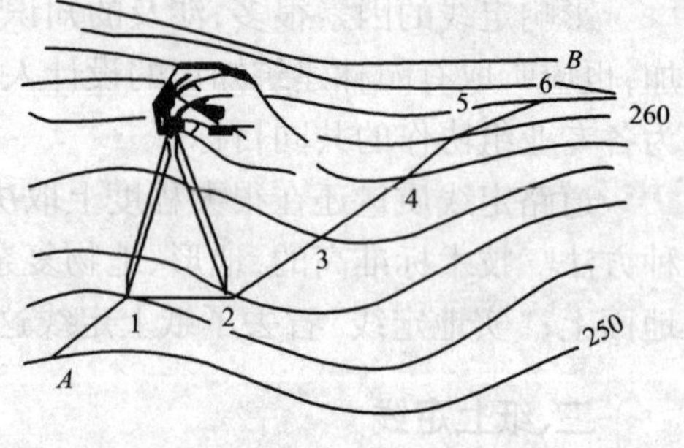

图1-27　纸上放坡示意图

(3)用上法作出的坡度线，由于涉及等高线稀密变化的影响而成为一系列短折线，如把折线转折处都布置成交点，显然不能满足平面线形的要求。同时可以看出，这条折线对利用地形、避让地物和艰巨工程并不都是经济合理的。如C点处路线刚好从陡崖中间通过，如将DC段的坡度由5.0%调整到5.2%，则可从岩上开阔地带通过；B点处路线如在坡度转折线j点处回头，由于该处地表横坡陡，回头线工程量很大，于是把CB段坡度加大成5.3%，则可利用B点处的平缓山坡回头；由于前两段坡度都大于5.0%，故后一段（BA段）坡度小于5%也能上到垭口A点，这样也符合路线越高，平均纵坡应越小的要求。结合地形在三段采用不同的坡度值，然后再分段按调整后的坡度重新放坡，如图中的A、a'、b'、c'、D的折线，这条线一般称为“导向线”。

2. 修正导向线

(1)根据导向线初步拟定出平面试线,注明平曲线半径,量出地形变化特征点桩号及地面高程,绘制概略纵断面图,设计纵坡,计算出各桩号概略设计高程。

(2)在平面试线各桩号的横断面方向上,根据各桩号的概略设计高程,绘制横断面地面线,用路基模板在横断面图上绘出路基中线不填不挖、工程最经济或起控制作用的最佳位置,以及路基中线可以活动的范围,如图1-28所示。将用上述方法取得的最佳位置点,用不同的符号标在平面地形图上,这些点的连线称为修正导向线,可作为最后定线的依据。

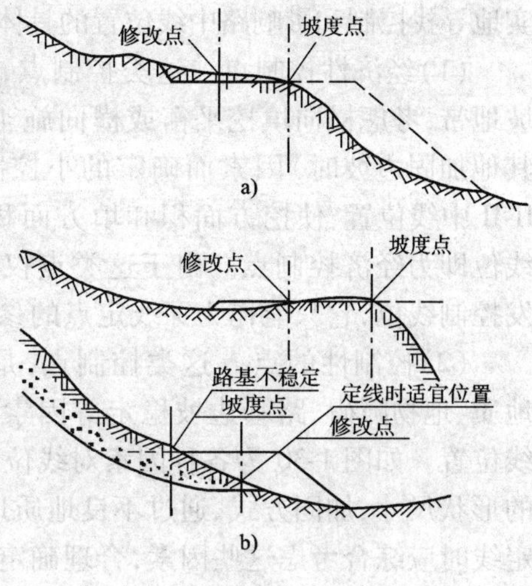

图 1-28

a)属于经济性的修改点;b)属于控制性的修改点

3. 定线

纸上定线是在已定修正导向线的基础上,按规定的技术标准进行最后定线。具体操作有两种做法:

(1)直线形法　在修正导向线上,按照弃少就多,保证重点的原则,先用直线尺绘出与较多地形相适应的各个直线段,然后用半径适当的圆曲线把相邻直线连接起来。当地形复杂、转折较多或弯道处控制较严时,也可先确定圆曲线,然后用直线把圆曲线连接起来。

(2)曲线形法　此法适用于以曲线为主的连续线形。具体定线时仍以修正导向线为基础,但定线的过程与直线形法相反。即根据导向线受地形、地物控制的宽严程度,先用不同的圆弧分别去吻合曲线地段,定出圆曲线部分。然后在相邻曲线之间用合适的缓和曲线顺滑连接,若相邻圆曲线之间相距较远,可根据需要插入直线段,形成一条以曲线为主的连续平面线形。

4. 纵断面设计

路线确定以后,量出路中心线穿过每一等高线的桩号及高程。绘制纵断面图,点绘地面线,进行纵坡设计。

纸上定线是一个反复试定线路的过程,平面试线的修改次数越多,最后所定路线的设计质量越高,直到认为再修改已得不到显著效果时,纸上定线工作才算完成。

三、实地定线

实地定线是指设计人员在现场直接完成定线,定线的原则与纸上定线相同,但定线条件改变。实地定线时,由于定线人员直接面对实际地形、地物、地质及水文等具体情况,因此,要求定线人员有一定的选线经验,要不怕辛苦,不怕麻烦,要多跑、多看、多问,摸清路线所经地带的地形、地质等变化情况,反复试定线路,才能定出好的路线。

1. 一般情况下定线

当路线不受纵坡限制时,定线以平面和横断面为主安排路线。其要点是:以点定线,以线交点。以点定线,就是在全面布局和逐段安排确定的控制点间,结合各方面因素进一步确定影响公路中线位置的小控制点,然后,按照这些小控制点,大致穿出道路直线的方法。以线交点,就是在已定小控制点的基础上结合路线标准和前后路线条件,穿出直线,并延长交出交点。

1)控制点的加密

两控制点之间,一般不可能作直线(特别是地形困难、等级较低的公路),常常需要设置交点,使路线转向,从而避开障碍物,利用有利地形,以达到技术经济的目的。加密控制点,就是在实地寻找控制和影响路中线位置的具体点位。一般小控制点有经济性和控制性两种控制点。

(1)经济性控制点　这类控制点,主要在路线穿过斜坡地带,考虑横向填挖平衡或横向施工经济(有挡土墙及其他加固边坡时)因素而确定的小控制点。如图 1-29 中 II-II 中线位置,使挖方面积和填方面积大致相等,这时的线位即为经济控制点。由于这类点仅从横向施工经济出发控制线位,它只能作为穿线定点的参考位置。

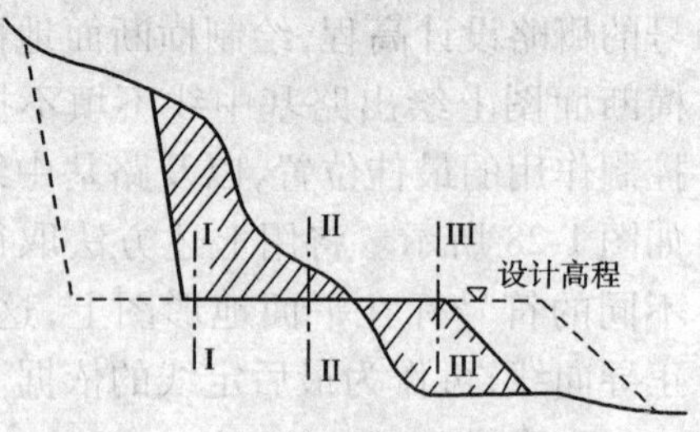

图 1-29　横断面经济位置

(2)控制性的点　这类控制点,是受艰巨工程、不良地质、地物障碍、路基边坡稳定等因素限制所确定的路中线位置。如图 1-30 为各种因素对线位影响的示意图。从图中可看出,控制点的位置还与路基的形状尺寸、加固方式、通过不良地质地段的工程措施、地表形状、路基设计高程等因素有关。定线时应综合考虑这些因素,合理确定小控制点的位置。

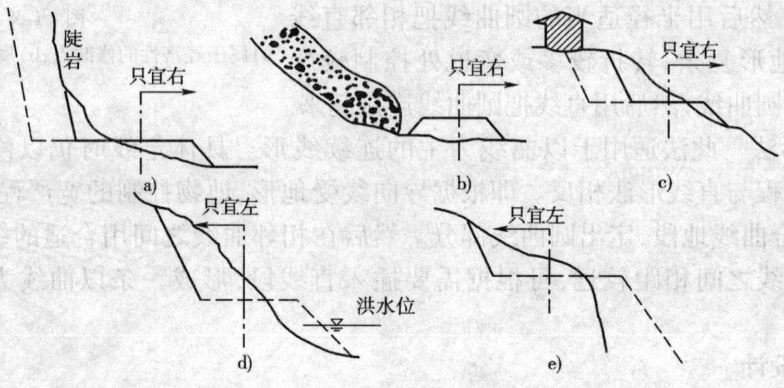

图 1-30　控制线位的因素

a)工程控制;b)地质控制;c)地物控制;d)、e)路基稳定控制

2)穿线定点

受各种因素限制的平面位置控制点比较多,而且这些点在平面上的分布又没有一定的规律,另一方面,路线受技术标准和平面线形组合的限制,不可能照顾到每一个控制点。因此,穿线定点,就是根据技术标准和线形组合的要求,满足控制点和照顾多数经济点,前后考虑,用穿线的办法延长直线,交出转角点。

在进行穿线定点时,除要满足技术指标的要求外,还应注意以下几方面问题:

(1)平曲线间必须有足够的直线长度。同向平曲线间应避免“断臂曲线”。在满足控制点要求的前提下,调整交点位置使路线偏角较小,交点间距较长,以争取较好线形。注意力求平面线形指标均衡,保持线形的连续性,长直线尽头应尽量避免设小半径曲线。路线绕避障碍物时,要及早转向,以使线形舒顺均衡(图 1-31)。

(2)注意保证行车视距。确定交点位置时,应尽量避免交点正对山嘴或其他障碍物。

(3)注意平、纵面组合线形的要求。路线平面弯曲要与纵面起伏相适应协调。在定线中既要防止由于路线平面过直使纵面起伏很大,造成大填大挖现象,又要避免只求纵面平缓,使平面随弯就弯线形很差现象。在复杂地形地段,可结合纸上移线来求得平、纵面协调的线形。

如图 1-32，路线斜穿台地比直穿好。

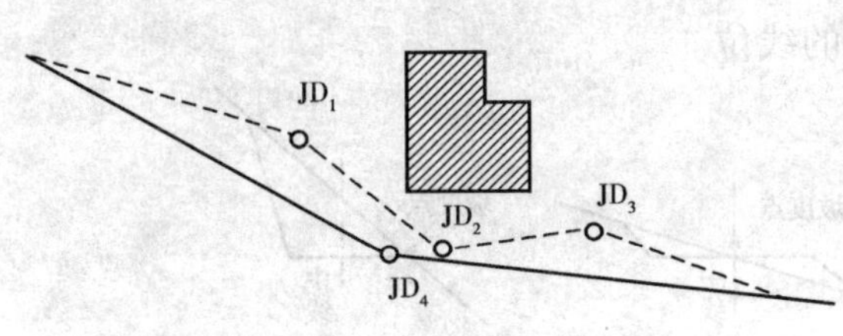

图 1-31　提前转向绕避障碍物

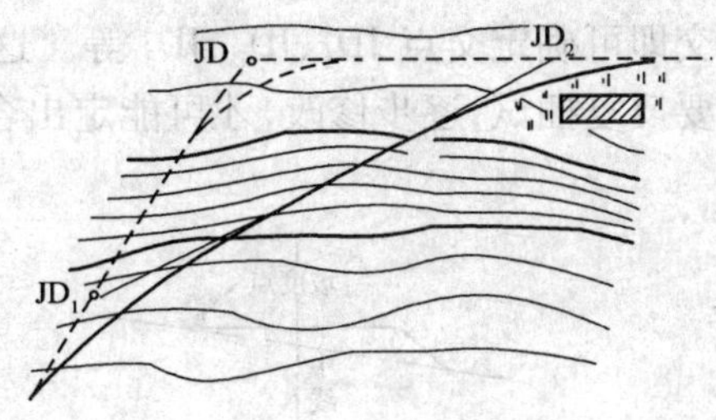

图 1-32　路线斜穿台地

(4)要考虑多数经济控制点的要求，使所穿直线横向填挖基本平衡。所定线形应保证路基横向稳定性和经济性。根据经验，一般要注意暗弯勿多填、明弯勿多挖，这样，既减少土石方又保证路基稳定。

(5)定线时应注意横向地形、地质、地物控制的要求，做到定的是一条线，考虑的是一条带，从整个路带范围来布置路线。在横坡较陡的路段，应注意结合路基边坡加固措施来安排路线，尽量避免高边坡和长深的路堑。

(6)注意路线与桥涵和其他特殊构造物的配合。

2. 放坡定线

1)放坡

按照要求的设计纵坡(或平均坡度)在实地找出地面坡度线的工作称为放坡。

在山岭重丘区路段，天然地面坡度角均在20°以上，而设计纵坡(或平均纵坡)有一定要求，如图 1-33，路线由 A 点到 B 点，如果沿最大地面自然坡度方向 AB(即垂直于等高线的方向)前进，将使路线上不去，显然不可能实施。如果路线沿等高线走(AC 方向)，虽然纵坡平缓，但方向偏离，达不到上山目的。因此，就需要在 AB 和 AC 方向间找到 AD 方向线，使其地面坡度正好等于设计坡度(或平均坡度)i_p，这样既使路线纵坡平缓，又使填挖数量最小，寻求这条地面坡度等于设计坡度(或平均纵坡)i_p 的工作就是放坡的任务。

图 1-33　放坡原理示意图

2)放坡定线

(1)作修正导向线　放坡后的坡度点就是概略的路基设计高程位置，而实地路中线的位置对于路基的稳定和填挖工程量影响很大，如图 1-34，如中线在坡度点的下方[图 1-34a)]，则横断面以路堤形式为主；若中线正好通过坡度点[图 1-34b)]，则横断面为半填半挖形式；若中线在坡度点上方[图 1-34c)]，则横断面以路堑形式为主。根据坡度线(如图 1-35 中的 $A_0A_1A_2$ …，图中虚线)连线并结合地面横坡来考虑路基稳定和工程经济即可确定出合适的中线位置，并插上花杆(或标志，如图 1-35 中的 $B_0B_1B_2$…，图中细实线)，称为修正的导向线。根据经验，一般情况，当地面横坡在 1∶5以下时，中线在坡度点上下方，对路基稳定和工程经济影响不大；当地面横坡为 1∶5 ~ 1∶2时，中线与坡度点重合为宜；当横坡大于 1∶2时，中线宜在坡度点上方，以形成全挖的台口式断面为好。

(2)穿线交点　修正导向线 $B_0B_1B_2$…是具有合理纵坡且横断面上位置最佳的一条折线，但它不能满足平面线形标准的要求，这就要根据标准要求，尽可能靠近或穿过导向线上的点，裁弯取直，使平、纵、横三方面恰当结合，穿出与地形相适应并符合标准的若干直线，各相邻直线相交即可确定交点 JD_1、JD_2、JD_3 等。这步工作是具体落实到交点，最后确定线位的工作，选线时要反复插试，逐步修改，才可能定出合理的线位。

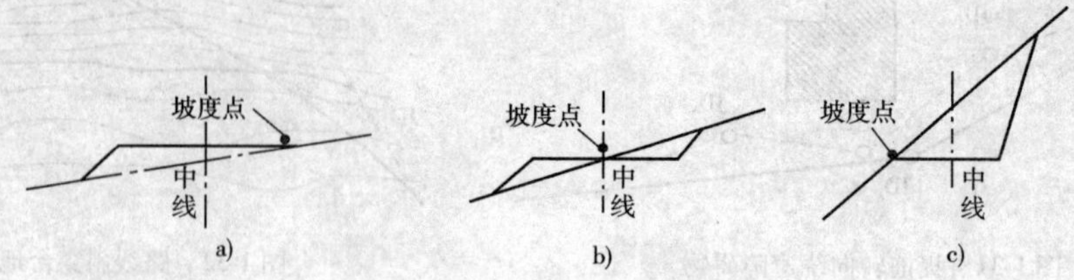

图 1-34　中线与坡度点在横断面上的位置

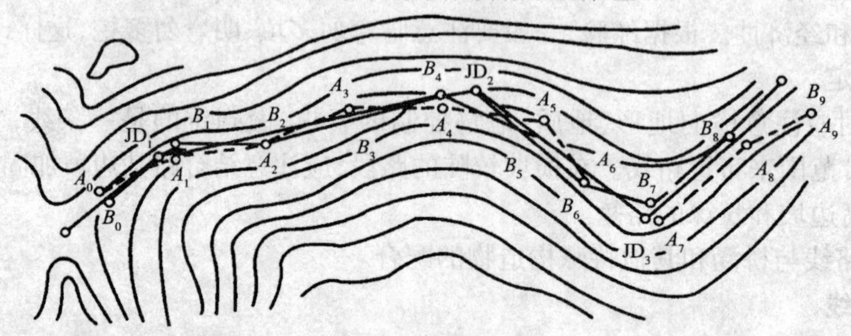

图 1-35　放坡定线示意图

3. 曲线插设

经过穿线交点确定了路线的交点位置，在交点处还需要根据标准，结合地形、地物及其他因素，选择适宜的平曲线半径，控制曲线线位。

1）单交点法

单交点是实地定线最常采用的方法之一。它是用一个交点来确定一段单圆曲线的插设曲线法。该法简便，适用于一般转角不大、实地能直接钉设交点的情况。

半径 R 的大小，直接影响曲线线位，如图 1-36，当转角较大，不同半径可能使曲线线位相差几米甚至几十米。线位的移动将直接影响线形、工程数量及路基稳定，确定半径时一般结合地形和其他因素，按以下控制条件来选择。

（1）外距控制（即曲线中点控制）　如图 1-37 所示，根据弯道内侧的固定建筑物，确定曲线 A 点是不与其发生干扰的控制点，即可用皮尺量出控制的外距值 E，并用罗盘仪（或简易测角圆盘）测出转角，即可反算确定半径。

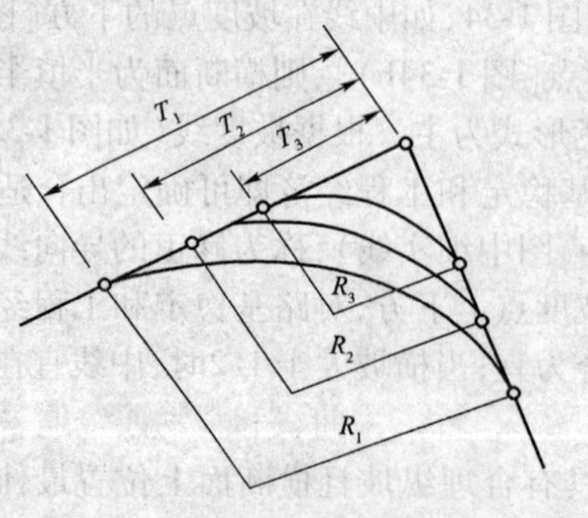

图 1-36　半径对线位的影响

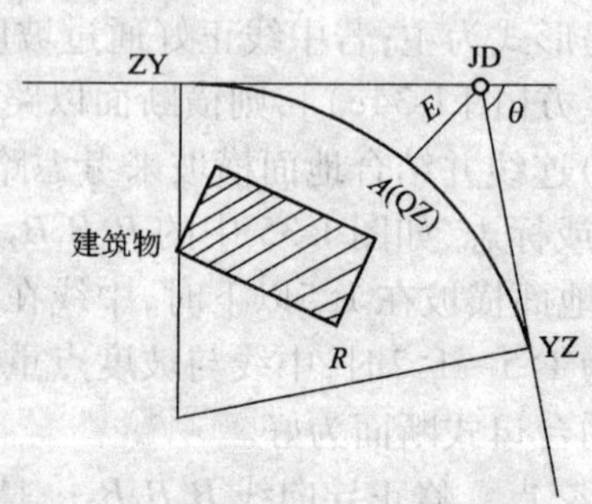

图 1-37　外距控制曲线半径

(2)切线控制(即曲线起、终点控制)　有时路线为了控制起终点位置,要求曲线的切线长为一定值,比如相邻的反向曲线间要求有一定的直线长度,或者要求桥头或隧道洞口在直线上等,这时曲线半径就由控制的切线长来选定。

(3)曲线长控制　当路线转角较小,为使曲线长度满足最短曲线长度 L_{min},则曲线半径最小值可反算确定。

(4)曲线上任意点控制　如图 1-38 所示,有时路线由于桥涵人工构造物位置或原路改建的要求,控制曲线必须从任意点 A 通过时,可用试算法选择半径。其办法是:先实地量出 JD 至 B 点的距离和要求的支距(即 BA),初选半径 R,用试算法确定。

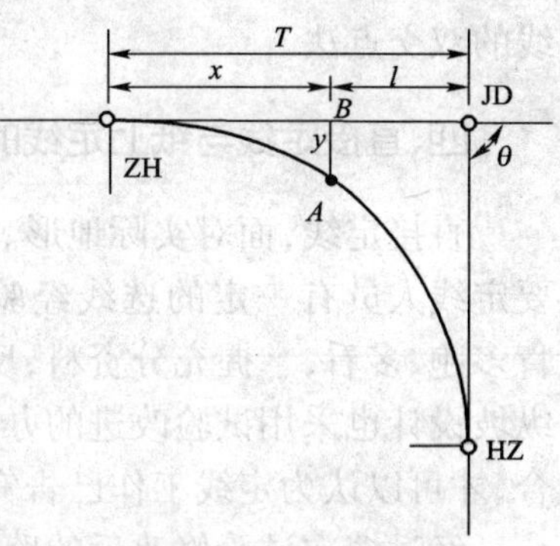

图 1-38　曲线上的任意点

(5)按纵坡控制　当路线纵坡紧迫时,为使弯道上合成纵坡不因曲线半径太小而超过规定值,这时,应根据已定的纵坡和合成坡度标准值来反算出超高横坡,再按控制的超高横坡求得最小控制半径。

2)双交点法(即虚交点法)

当路线偏角很大及交点受地形或地物障碍限制,无法钉设交点时,如图 1-39,可在前后直线上选两个辅助交点 JD_A、JD_B 来代替交点 JD,敷设曲线选择半径。JD_AJD_B 直线叫基线,具体做法可有以下两种:

(1)切基线法　当选择基线可以控制曲线位置,能使所定曲线与基线相切时,称为切基线法。如图 1-39,GQ 为公切点,量出转角 θ_A、θ_B 和基线长度 AB 后可反算半径。

选择半径后还要检查是否合乎标准的要求。切基线法,方法简便,容易控制线位,计算容易,是生产中较常用的方法。

(2)不切基线法　当选择基线不能控制曲线线位或切基线计算的半径不能满足标准要求时,则所设曲线不能与基线相切,只能按不切基线办法来选择半径。如图 1-40,其方法是:先根据标准要求初选半径 R,测量 θ_A、θ_B、基线 AB,计算出 T_A、T_B,由计算出的 T_A、T_B 即可根据 JD_A、JD_B 量距定出曲线起、终点 ZH、HZ,并用切线支距 x、y,检查曲线上任一点的线位,如与实际情况相符,则所选半径合适,反之则应再调整、计算。

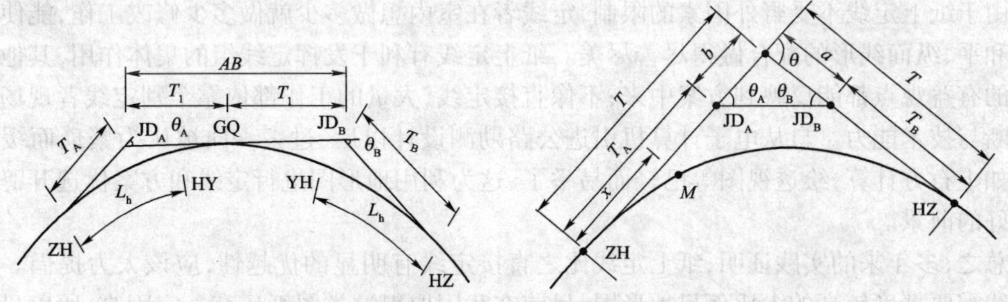

图 1-39　切基线的双交点法　　图 1-40　不切基线的双交点法

3)回头曲线定线法

一般来讲,有回头曲线的地方,路线受地形约束较大,主曲线和辅助曲线的平、纵面控制较严,定线时稍有不慎,对线形和工程数量影响很大,插线时必须反复试线,才能得到满意的结果。回头曲线定线的方法很多,通常采用切基线的双交点定线。

按照放坡的导向线，先确定辅助曲线交点 JD_1、JD_2 和上下线位置，如图 1-41，然后反复移动基线 $JD_A JD_B$，控制确定主曲线，直到满意为止。其具体方法同切基线的双交点法。

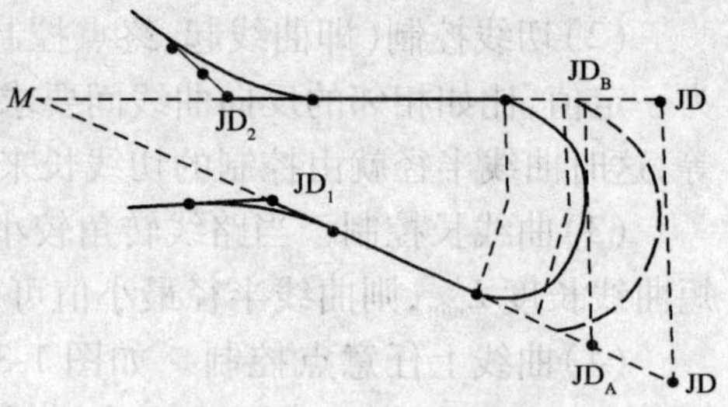

图 1-41　回头曲线定线法

四、直接定线与纸上定线的比较

直接定线，面对实际地形、地物、地质及水文等，只要定线人员有一定的选线经验，不怕辛苦，不怕麻烦，肯多跑、多看，掌握充分资料，反复试插，多次改进，也能把路线定在比较合适的位置上。路线纵坡设计也采用试验改进的办法，做到不仅符合标准、工程经济，并使平、纵面线形能较好地配合，才可以认为定线工作已告完成。

经过多次试验修改后的路线，应该说已具有较好质量。但是直接定线有两个根本弱点。

(1)研究利用地形不彻底。直接定线时，定线人员对地形、地质、水文等情况的了解，全靠自己去跑、去调查。而现场的工作条件不允许对每一处的自然状况都深入研究，再由于视野受到限制，定线时难免顾此失彼，虽经过多次试验，但毕竟还是有限的。

(2)平、纵面线形配合问题难以彻底解决。直接定线的平面设计是在现场进行的，而纵断面的精细设计则在室内，尽管设计路线平面时，已充分考虑了纵断面，但那毕竟是粗略的。从分析纵坡中常可以发现，如果平面上略加调整，就有可能使路线更加适应地形，或者平、纵面配合得更好。但是因为修改平面要重新钉桩，纵断面也要重做。定线者往往不愿承担“返工”的压力而勉强接受原方案。所以直线定线就其性质来讲，基本上是要求“一次成功”的定线，它与选线者的实际工作经验有直接关系，这显然是不能确保质量的。我国采用局部纸上移线的办法，对此会有所补救。

纸上定线是在定线过程中采用的一种重要的中间步骤，代替直接在实地定线。定线者或定线组先要取得“定线走廊”范围内的大比例尺地形图。从图上，可以俯视较大范围内的地形——不像直接定线那样视野受到限制。可以较容易地找出所有控制地形的特征点，从而定出平面试线和试线的纵坡设计线，经过平、纵面反复试验修改，直至自己认为再修改已得不到显著效果时为止。

由于纸上定线不受野外因素的限制，定线者在室内想做多少就做多少修改工作，能使节省工程和平、纵面线形的配合做得尽善尽美。纸上定线有利于发挥定线组的集体作用，其他专业人员的有益观点都能反映到方案中来；不像直接定线，大量的工作都依靠个别定线者现场的简单判断与技术能力。自从电子计算机引进公路勘测设计以后，过去一向被认为繁琐而缓慢的工作如土石方计算、绘透视图等已轻而易举了，这为利用地形图进行定线和方案优选开辟了更加美好的前景。

总之，多年来的实践证明，纸上定线比之直接定线有明显的优越性，应该大力提倡。但纸上定线需要精度较高的大比例尺地形图，目前在我国取得这类图纸还有一定困难，所以只能在地形复杂、路线等级高时才采用此法。随着我国航空摄影测量的发展，取得大比例尺地形图不再很难时，纸上定线法将会大大推广。

直接定线虽有其不足之处，但在一定的条件下，如地形障碍不多的平坦地区或路线等级不高时，只要定线人员肯下功夫，用比较的办法也能定出比较满意的线来。直接定线现在是我国常用的一种方法，在今后一个相当长的时期内，也仍将是地方道路一个重要的定线方法。

任务 6

道路选线阶段外业勘测

一、对外业勘测工作的认识

在路线勘测设计阶段的测量工作称为路线测量。路线测量工作是公路设计的前期工作，是将设计线标定到实地，通过实地纵、横断面测量，对桥涵、隧道、路线交叉、沿线设施、防护工程、筑路材料、路基路面排水、环境保护等进行勘测，为设计提供基础资料。根据路线所处的设计阶段，路线测量工作分为初测与定测。路线初步设计阶段的测量工作称为初测，施工图设计阶段的测量工作称为定测。

路线初测是对工程方案中认为有价值的路线进行控制测量和地形测量，将线路位置标定到实地，并进行必要的中桩、中平、横断面测量和交叉位置、高程测量，以满足各专业勘测、调查的需要。路线定测是在工程可行性、初测阶段踏勘测量的基础上进一步具体和深化，在批准的初步设计所确定的修建原则、初步设计审批意见的基础上，通过详细的中线测量、横断面测量、中平测量以及各专业勘测，提供施工图设计所需要的资料。

二、初测阶段测量工作的内容和要求

1. 准备工作

在正式开始路线勘测前，需要做好以下工作：

(1)根据初测需要，收集与项目相关的技术、经济、社会及自然条件等资料，具体如下：

①三角点、导线点、水准点、GPS 点等测量控制点及各种比例尺的地形图、航测像片等资料；

②沿线自然地理概况、水文、气象等资料。

(2)根据批复的工程可行性研究初步拟订的路线起终点、中间控制点及基本走向方案，在地形图、数字地面模型或航测像片上进行研究，初步确定初测的勘测方案。

(3)根据初步确定的勘测方案编写工作大纲和技术设计书。在工作大纲中应写明测设组织形式、测设人员、人员分工、工作阶段划分、各阶段工期、质量保证措施等，在技术设计书中应写明资料收集及可利用情况、仪器设备状况、测设内容、测设方法、测设深度、采用的技术标准及提供的资料等。

2. 现场踏勘

根据准备阶段确定的初拟的勘测方案，对下列主要内容进行现场踏勘：

(1)核查所收集地形图的地形、地物的变化及对初拟方案的影响。

(2)对沿线重点工程和复杂的大中桥、隧道、互通式立体交叉等，应逐一落实其位置与设置条件，为布设控制点做好准备。

(3)对收集的国家及有关部门布设的控制点的完好程度及可利用性进行检查，根据测区地形、植被覆盖情况，结合技术条件确定控制测量方案。

(4)通过现场踏勘确定初测路线地形图测图范围。

(5)调查沿线气象及交通条件等,确定外业勘测方案。

(6)调查业主对测量工作的特殊要求。

3. 控制测量

(1)根据公路等级或业主要求,确定平面与高程控制测量等级、精度指标等。

(2)根据公路等级、路线所在地区的地形和作业条件、拟投入的仪器设备、国家控制点的数量和分布位置等,确定测量控制网布网方式和作业方式。

(3)选点、埋石、布设,并施测满足公路项目要求的平面和高程控制测量网。按照规范的规定:二级及二级以上公路必须进行平面与高程控制测量。二级以下公路宜进行平面控制测量以及高程控制测量。路线平面控制测量宜采用导线测量形式,高程控制测量宜采用水准测量形式。可首先布设首级控制网,然后加密与公路、构造物等级相适应的控制网,亦可一次性布设与公路、构造物等级相适应的控制网。

4. 地形图测绘

(1)根据路线所在地区的地形、地物和植被覆盖情况、公路等级及所具备的经济、技术条件等,确定地形图的测绘方式及地形图比例尺、等高距的选择、精度要求、测量过程、测量方法等。测图比例尺一般应采用1:2 000或1:1 000,工点地形图可采用1:500~1:2 000。

(2)地形图的测绘范围应根据公路等级、地形条件及设计需要等合理确定,应能满足线形优化及构造物布置的需要。二级及以上公路中线每侧不宜小于300m。采用现场定线法时,地形图的测绘范围中线每侧不宜小于150m。高速公路和一级公路采用分离式路基时,地形图应覆盖中间带;当两条路线相距很远或中间带为大河与高山时,中间地带的地形图可不测绘。

(3)当公路等级低且无须利用地形图进行纸上定线时,亦可利用纵、横断面资料,配合仪器测量,现场勾绘地形图。

5. 路线测量

(1)纸上定线应进行的测量内容。

①点绘纵断面图。路线上一般地形变坡点的高程可从图上判读,对高程要求较严格的路段和地点如河堤、铁路、立体交叉、水坝、干渠、重要管线交叉等应实测其高程。

②应对高填深挖地段、大型桥梁、隧道、立体交叉以及需要特殊控制的地段进行实地放桩,进行纵、横断面测量。

③应在地形图上点绘或实测控制性横断面。

(2)现场定线应进行的测量内容。

①现场定线时,可采用直接定交点法、延长直线钉设转点或交点的方法确定路线交点位置。直接定交点法一般可用于地形平坦、地面目标明显、路线受限不严或旧路改建等工程。延长直线钉设转点或交点时应符合以下要求:

a. 交点至转点或转点间距离,宜控制在50~500m之间;当点间距离小于50m时,应设置远视点。

b. 正、倒镜的点位横向偏差每100m不应大于5mm;当点间距离大于400m时,最大点位差不应大于20mm。三级及三级以下的公路,点位差值可放至2倍,符合以上偏差范围时,可分中定点。

c. 延长直线时,前、后视距离宜大致相等。当距离小于100m时,应用测钎或垂球对点;当距离较远时,可用花杆对点,并以杆脚为照准目标,如有困难时至少应照准花杆长度的一半以下部分。

②选设的交点和转点作为测量控制点，使用时应进行护桩，并按照二级平面控制测量的要求测定选定的交点间的角度和长度。

交点桩的保护，一般采用就地灌注混凝土的办法进行。混凝土的尺寸一般为深 30 ~ 40cm、直径 15 ~ 20cm 或 10 ~ 20cm 见方。

固桩则是将交点桩与周围固定物（如房角、电杆、基岩、孤石等）上某一不易破坏（损坏）的点联系起来，通过测定该点与交点桩的直线距离，将交点位置确定下来，以便今后交点桩丢失时及时恢复该交点桩。

用作交点桩固定的地物点应稳定可靠，各点位与交点桩连接之间的夹角一般不宜小于 90°，固定点个数一般应在两个以上，如图 1-42。

固桩完毕后，应及时画出固桩草图，草图上应绘出路线前进方向、地物名称、距离等，以备将来编制路线固定表之用。

③如交点和转点不作为测量控制点使用，应将交点和转点与路线控制测量点联测，求定交点和转点坐标。

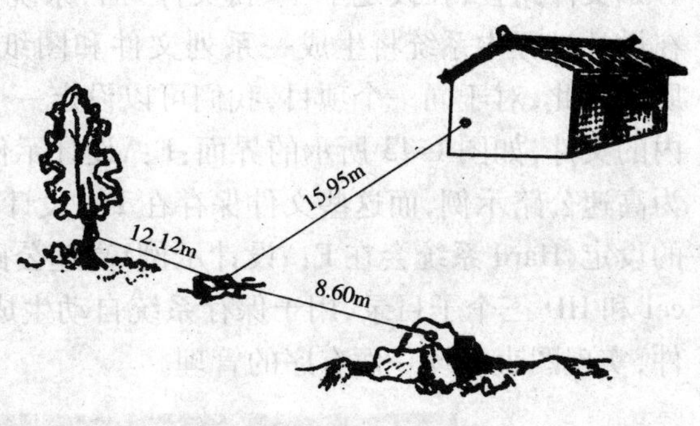

图 1-42　固桩示意图

(3) 不管是纸上定线还是现场定线，均应根据专业调查需要进行路线放线。高速公路、一级公路、二级公路的路线放线采用 GPS-RTK 方法、极坐标法放线；三级及以下公路可采用链距法、支距法和偏角法放线；放桩桩位、中桩高程及横断面测量精度要求按定测阶段中桩测量的要求执行。

当能利用地形图的地形数据构建相当于 1∶2 000 地形图精度的数字地面模型时，中桩的高程和横断面可在数字地面模型上内插获得。

(4) 对高填深挖地段、大型桥梁、隧道、立体交叉以及需要特殊控制的地段进行实地放桩。

(5) 根据实际放桩位置进行中桩高程测量，对高程要求较严格的路段和地点如河堤、铁路、立体交叉、水坝、干渠、重要管线交叉等应实测其高程，路线上其他一般地形变坡点的高程可从图上判读，点绘纵断面图。

(6) 根据实际放桩位置进行控制性横断面测量，其他一般位置的横断面可在地形图上点绘。

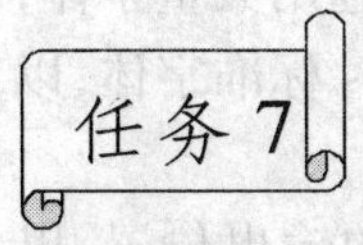

用计算机程序进行路线设计——项目管理

随着计算机软件技术的日新月异，公路工程计算机辅助设计进入了一个崭新的发展阶段。这个阶段的显著特征为：设计质量和设计速度不断提高，设计方法和设计手段更加完善。目前，路线设计软件有很多，本书以西安海地计算机软件公司开发的 Hard2006 为例，简要介绍如何利用计算机程序进行路线设计。

Hard 系统主要由项目管理、数模、平面、纵断面、横断面和挡墙设计几部分组成，本书仅在相关章节中简要介绍项目管理、平面、纵断面和横断面设计的一些内容。

打开或新建项目是进入 Hard 系统的第一步，通过项目管理可以引导用户完成全部设计。在没有新建或打开项目前系统的其他菜单为灰色。

一、新建项目

项目文件：其文件名为 *.PRJ，用户可以通过“浏览”直接设定项目路径和文件名。

文件路径：在设定了“项目文件”后，系统会依据项目文件自动生成文件路径以及文件名。在设计过程中系统将生成一系列文件和图纸，Hard 系统通过文件的扩展名来区分文件的性质。因此，对于同一个项目，我们可以设定一个公用的文件名，这样系统将非常易于管理项目内的文件，如图 1-43 所示的界面：F：\设计示例\高速公路\高速公路示例，表示公用的文件名为高速公路示例，而这些文件保存在 F：\设计示例\高速公路\高速公路示例目录下，通过这样的设定，Hard 系统会在 F：\设计示例\高速公路\高速公路示例目录下自动建立一个 DWG、Excel 和 HD 三个子目录，用于保存系统自动生成的路线 CAD 图纸、电子表格以及涵洞图纸等文件，实现图表的统一而有序的管理。

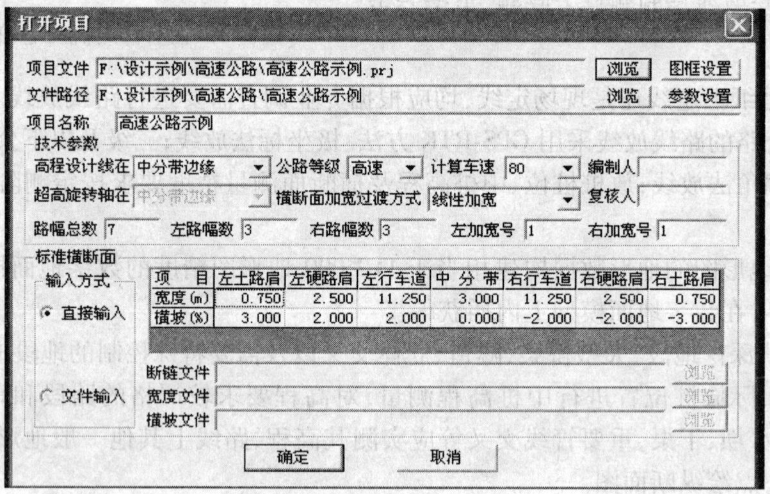

图 1-43　新建项目的内容

设定项目参数：在建立新项目时，我们会依据我们的设计习惯对各种参数的精度进行设置，Hard 系统通过“参数设置”完成设置。对于字体，我们建议您在设计过程中选用矢量字体，以提高操作运行的速度。而在正式出版时通过“打开项目”将字体改为 Windows 标准字体，以使您的设计图纸版面漂亮、美观。

设定图框：设定出图时的图框，也可以通过此功能设置图框中文字信息的输出位置，以及是否输出该文本，不设置坐标将不输出相应文本内容，设置了坐标将按照坐标位置输出相应的内容。注意：用户可以任意更改或制作自己的图框，但需注意的是，制作的图框最好保存在 D：\Autocad2002 目录下的 Support 目录下，图框内框的左下角坐标必须为 30、10，否则图框位置不对。设置好输出内容的坐标后点“存储”按钮，系统将保留此图框定制的所有内容。系统默认的图框为 D：\Autocad2002\Support\A3.DWG，用户可以用自己定制的图框覆盖它。

设定路线总体参数信息：系统以选择好的高程设计线为界，往左往右分开左右路幅，如果路线的横断面存在中分带，该断面算一幅，用户可任意定制横断面的组成方式；直接输入的方式是用于路幅的总断面数不超过7幅的情况，如果路线的总断面数超过7幅，则要以文件的方式输入标准横断面（只需输入断面宽度相同的起止点断面参数）。路拱的横坡符号界定：系统是以左下为正号，右下为负号（即斜率为正的是正号，斜率为负的是负号）。

特别注意："标准横断面宽度及坡度"值在路幅数或路基宽度沿整条路范围内发生变化时，比如：0～100m路幅是4幅（土路肩+上行车道+下行车道+土路肩），路段100～200m路幅数由4幅变化为6幅（土路肩+硬路肩+上行车道+下行车道+硬路肩+土路肩），路基宽度为9m，200m以后不变。在此情况下，"标准横断面宽度及坡度"不能在项目管理中的"直接输入"中填写，而需要通过"文件输入"即通过标准横断面（*.BHD）文件及标准横坡（*.BCG）文件来完成；用户可以通过[项目管理]下的"标准横断面文件编辑"命令来编辑*.BHD和*.BCG文件。

界面中的加宽号系统默认是1，即指的是行车道加宽；断面号的排序是以高程设计线为界，往左往右分开数，如断面组成是土路肩+硬路肩+上行车道+下行车道+硬路肩+土路肩，则上、下行车道断面号为1，硬路肩断面号为2，土路肩断面号为3；加宽计算时用户可自行指定哪个路幅断面加宽。

二、打开项目

打开已经建好的项目为用户指定操作路径，用户可以修改项目内的信息。在设计过程中经常要在几个项目中来回游弋，这时只需通过打开要工作的项目文件（*.PRJ）即可将系统指向要工作的项目路径和文件。

三、定线（二维交点线设计）

功能：在地形图上进行选线或者将外业测量得到的交点（导线）线数据录入计算机并存储成Hard系统承认的交点线文件，以便在平面设计中调用。

方法一：依据命令行的提示进行。

X 数学坐标系、测量坐标系——坐标系选择，公路设计通常使用NE坐标系（括号括起来的是系统默认的坐标系）。

点——用鼠标在屏幕上直接点取导线的起点。

Z——输入坐标，输入各个转点的坐标。

A——输入方位角，如果用户使用偏角、交点距的方式输入导线点，则起点必须输入方位角，如果没有测量数据资料，用户可自行假定，如25d12f36m，表示25°12′36″。

P——输入偏角。

L——输入交点距，两个转点之间的直线距离。注意的是：交点距不等于交点桩号的差值。

S——对前面的工作进行存储。

U——取消前一步操作。

说明：本系统的度、分、秒的输入为d、f、m，例如：45d45f45m表示45°45′45″。

方法二：直接在文件编辑器或Windows提供的文档编辑器中按照系统规定的格式录入交点线文件（图1-44），按照项目管理确定的文件名称及文件路径存储。在利用交点法设计时系统会自动调用该交点线文件并直接可以输出平曲线文件（*.PQX）。

方法三:可以直接利用[项目管理]下的交点线专用编辑器进行编辑,完成后确定,系统自动保存。

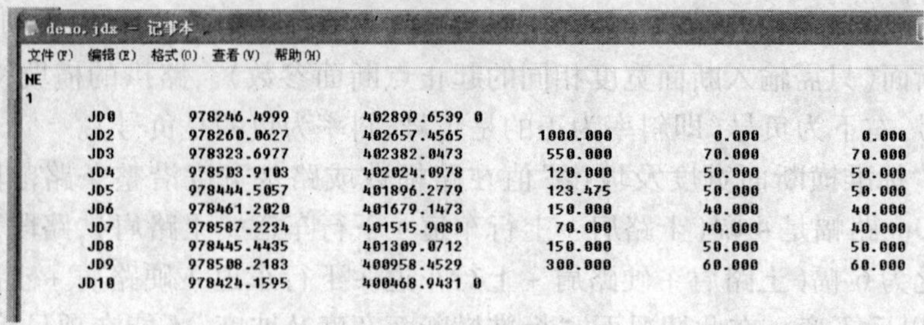

demo.jdx - 记事本

文件(F) 编辑(E) 格式(O) 查看(V) 帮助(H)

```
NE
1
    JD0    978246.4999    402899.6539 0
    JD2    978260.0627    402657.4565    1000.000     0.000     0.000
    JD3    978323.6977    402382.0473     550.000    70.000    70.000
    JD4    978503.9103    402024.0978     120.000    50.000    50.000
    JD5    978444.5057    401896.2779     123.475    50.000    50.000
    JD6    978461.2020    401679.1473     150.000    40.000    40.000
    JD7    978587.2234    401515.9080      70.000    40.000    40.000
    JD8    978445.4435    401309.0712     150.000    50.000    50.000
    JD9    978508.2183    400958.4529     300.000    60.000    60.000
   JD10    978424.1595    400468.9431 0
```

图1-44 交点线文件

用户应注意的是,一是坐标系的选择,二是交点线文件的路径、文件名的完整性与项目管理中所建立的文件路径及文件名是否对应。

学习情境2

道路平面设计

情境导入

在路线设计过程中，当确定了路线的具体位置后，就可以进行详细的平面设计，计算出路线的总长度，提交完善的平面设计成果，为下一步设计打下基础。

学习目标

【知识目标】 完成本学习情境的学习，学生能够掌握平面设计的方法；熟练掌握平面设计的外业工作；能通过计算机软件进行平面内业设计；形成平面设计文件。

【能力目标】 学生能够进行道路平面外业、内业设计。

道路是一个三维空间的实体。它的中线是一条空间曲线。中线在水平面上的投影称为路线的平面。

公路的平面线形,由于其位置受社会经济、自然地理和技术条件等因素的制约,公路从起点到终点在平面上不可能是一条直线,而是由许多直线段和曲线段组合而成的。而现代的道路是供汽车行驶的,在路线的平面设计中,只有当平面线形与汽车的行驶轨迹相符合或相接近时,才能保证汽车的顺适与安全。行驶中的汽车其导向轮旋转面与车身纵轴之间有三种关系,即:角度为零,角度为常数,角度为变数。与上述状态对应的行驶轨迹为:曲率半径为无穷大的线形——直线;曲率半径为常数的线形——圆曲线;曲率半径为变数的线形——缓和曲线。在透视图中的形状如图 2-1 所示。道路平面线形正是由上述三种线形,即直线、圆曲线和缓和曲线构成,称为“平面线形三要素”。其中圆曲线和缓和曲线统称为平曲线。在低速道路上,为简化设计,也可以只使用直线和圆曲线两种要素。近代一些高速公路也只用曲线而不用直线。这说明三要素是基本组成,各要素所占比例及使用频率并无规定。各要素使用合理、配置得当,均可满足汽车行驶要求。至于它们的参数,则要视地形情况和人的视觉、心理、道路技术等级等条件来确定。

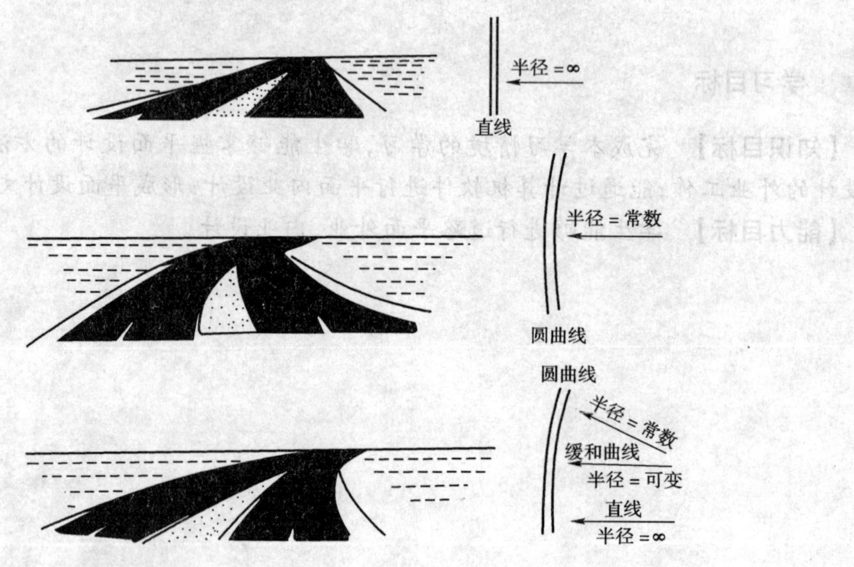

图 2-1　直、缓、圆三种线形要素的比较

直线设计

一、直线的运用

在公路建设中,直线是最常用的线形要素之一。直线对于规划和设计人员,往往比对公路的使用者更具有有利的特殊性质(人们普遍认为直线易于精确地进行设计、计算和中线敷设)。平时用肉眼或望远镜能通视的地方,很容易自然而然地确定为直线。

在平原地区，直线作为主要线形要素是适宜的。因为汽车在行驶中驾驶员的视线较好，不需要改变行驶方向，而且直线具有距离最短、线形最易选定的优点。但是，过长的直线容易造成行车的单调，容易使驾驶员疲劳，往往出现过高的车速。交通事故发生率较高。因此，设计上要避免使用过长的直线，并注意直线的设置要与地形、地物和环境相适应。

在下述地区或路段上可考虑采用直线线形：

(1)路线完全不受地形、地物限制的平坦地区或山间的宽阔河谷地带；

(2)城镇及其近郊公路，或以直线条为主体进行规划的地区；

(3)长大桥梁、隧道等构造物路段；

(4)路线交叉点前后；

(5)双车道公路提供超车的路段。

当不得已而采用了长直线时，应注意其对应的纵坡不宜过大；若两侧地形过于空旷时，宜采取植不同树种或设置一定建筑物等技术措施予以改善；定线时应注意把能引起兴趣的自然风景或建筑物纳入驾驶员的视线范围之内。在长直线尽头设置的平曲线，除曲线半径、超高、视距等必须符合规定要求外，还必须采取设置标志、增大路面抗滑能力等安全保护措施，以确保行车安全。

二、直线的设计标准和设计要求

直线是公路平面线形的基本要素之一，具有距离短、易布线等优点。但由于直线线形缺乏灵活性，不易与地形、地物等自然环境协调，应用上要受到许多限制。

在公路平面线形设计时，一般应根据路线所处地带的地形、地物条件，驾驶员的视觉、心理感受以及保证行车安全等因素，合理地布设直线路段，对直线的最大与最小长度应有所限制。

1. 直线的最大长度

从理论上讲，合理的直线长度应根据驾驶员的心理反应和视觉效果来确定，但目前这一问题尚在研究之中。各国普遍从经验出发，根据调查分析的结果来规定直线的最大长度。例如日本和德国，一般规定直线的最大长度不超过 $20v$(v 为设计速度，以 km/h 计)，前苏联规定为 8km，美国则规定为 4.83km。

我国地域辽阔，地形变化万千，对直线长度很难作出统一的规定，加之在混合交通的公路上，超车、会车、错车以及避让非机动车和行人的机会甚多，驾驶员的感觉与国外大不相同。因此，我国目前的《标准》和《公路路线设计规范》(JTG D20—2006)中均未对直线的最大长度规定具体的数值。在实际工作中，设计人员可根据地形、地物、自然景观以及经验等来判断和决定直线的最大长度。既不强求长直线，也不硬性设置不必要的曲线。

一般长大桥(包括高架桥)、隧道及其接线路段，考虑到施工的方便、经济合理等因素，线形以直线为好；即便在不得已而采用了长直线，为弥补景观上的单调缺陷，可结合沿线情况采取相应的技术措施予以改善。

2. 直线的最小长度

1)同向曲线间的直线最小长度

同向曲线是指两个转向相同的相邻曲线之间连以直线而形成的平面线形，如图 2-2a)所示。其中间的直线长度是指前一曲线的终点到后一曲线的起点之间的距离。当此直线很短时，在视觉上容易形成直线与两端曲线构成反弯的错觉，破坏了线形的连续性，形成所谓的“断背曲线”，如图 2-3 所示。因此，《公路路线设计规范》(JTG D20—2006)规定：当设计速度

≥60km/h 时，同向曲线间的直线最小长度（以 m 计）以不小于设计速度（以 km/h 计）的 6 倍为宜。

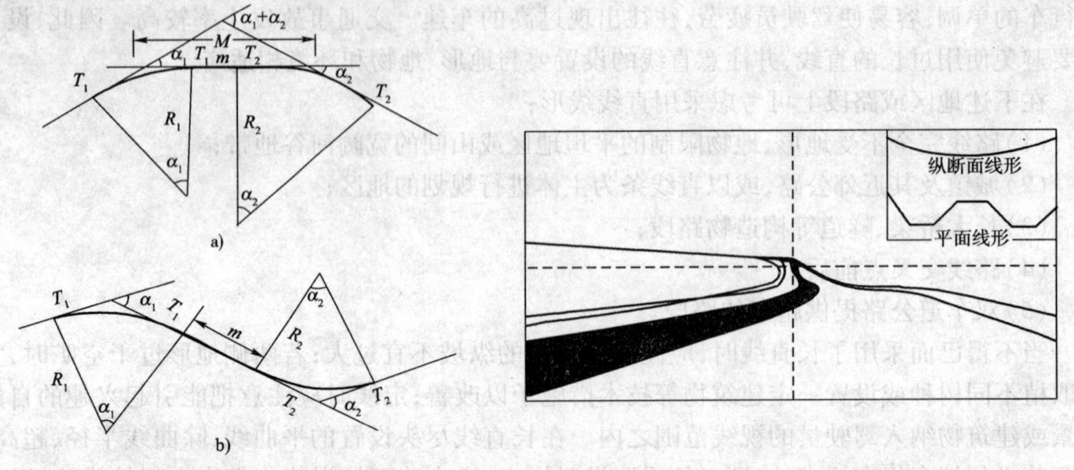

图 2-2　直线的最小长度

a）同向曲线；b）反向曲线

图 2-3　同向曲线间插入短直线

2）反向曲线间的直线最小长度

反向曲线是指两个转向相反的相邻曲线之间连以直线所形成的平面线形，如图 2-2b）所示。由于两弯道转弯方向相反，考虑到其超高和加宽缓和的需要，以及驾驶人员操作的方便，其间的直线最小长度应予限制。《公路路线设计规范》（JTG D20—2006）规定：当设计速度≥60km/h 时，反向曲线间直线最小长度（以 m 计）以不小于设计速度（以 km/h 计）的 2 倍为宜。当两反向曲线已设置有缓和曲线时，在受限制的地点也可将两反向缓和曲线首尾相连，但被连接的两缓和曲线和圆曲线宜满足一定的条件。

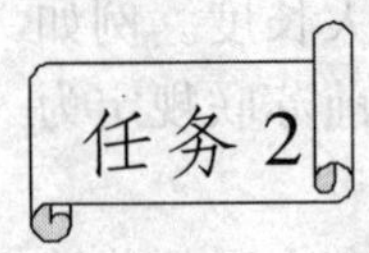

圆曲线设计

圆曲线是公路线形设计中最常采用也是最简单的曲线要素之一，在路线改变方向的转折处（即交点处），往往可插入与两端直线相切的圆曲线来实现路线方向的改变。按照地形平面或立体的不同形态及大小，选用适当的圆曲线远比直线更能表达地形的实际情况。

一、圆曲线半径及其选择

圆曲线是平面线形设计中经常采用的线形要素之一，《公路路线设计规范》（JTG D20—2006）规定：各级公路不论转角大小均应设置圆曲线。圆曲线的技术标准主要是曲线半径大小。半径是圆曲线的重要参数，半径一旦确定，则圆的大小和曲率也就完全确定了。

我们对汽车转弯时的横向稳定性进行分析可知，汽车在平曲线上行驶，除有重力外，还要受到离心力的影响。在侧向力的作用下，当车轮的侧向反作用力达到附着力时，汽车将沿着侧向力的作用方向滑移；侧向力同时还将引起左右车轮法向反作用力的改变，当一侧车轮上的法向反作用力变为零时，汽车将发生侧向翻车。

下面对汽车在曲线上行驶所产生的横向力进行分析介绍（图 2-4）：

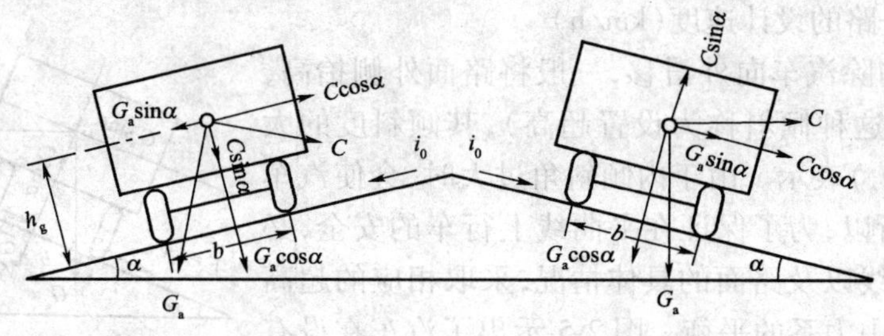

图 2-4　汽车在曲线上行驶的横向力

图 2-4 所示为汽车在曲线上行驶的受力情况。

图中：G_a——汽车总重力（N）；

h_g——汽车重心高度（m）；

α——道路横向坡度角（°）

C——离心力（N）；

b——汽车轮距（m）；

i_0——路拱横坡度。

则横向力 Y 为：

$$Y = C \cdot \cos\alpha \pm G_a \cdot \sin\alpha$$

其中，α 很小，$\cos\alpha \approx 1$，$\sin\alpha \approx \tan\alpha = i_0$。

$$\therefore \qquad Y = C \pm G_a \cdot i_0$$

式中，“+”表示路拱双坡外侧，“-”表示路拱双坡内侧。

离心力 C 为：

$$C = m\frac{v'^2}{R} = \frac{G_a v'^2}{gR}$$

式中：R——平曲线半径（m）；

v'——汽车行驶速度（m/s）。

$$\therefore \qquad Y = \frac{G_a v'^2}{gR} \pm G_a \cdot i_0 \tag{2-1}$$

横向力 Y 是汽车行驶的不稳定因素，就横向力而言，只从其值的大小是无法反映不同重量汽车的稳定程度。例如，5kN 的横向力若作用在小汽车上，可能使其产生横向倾覆的危险，而作用在重型载货汽车上则可能是安全的。于是采用横向力系数来衡量稳定性程度，其意义为单位车重的横向力，即

$$\mu = \frac{Y}{G_a} = \frac{v'^2}{gR} \pm i_0 \tag{2-2}$$

由式（2-2）可知，平曲线半径 R 必须满足下式的要求：

$$R = \frac{v'^2}{g(\mu \pm i_0)}$$

当车速以 v（km/h）代替 v'（m/s）时，则

$$R = \frac{v^2}{127(\mu \pm i_0)} \tag{2-3}$$

式中：v——各级公路的设计速度(km/h)。

为了减小或消除汽车向外滑移，一般将路面外侧抬高，使之向内侧倾斜（这种倾斜称为设置超高），其倾斜度的大小用超高横坡度(i_c)表示。由于内倾斜角过大时，会使汽车向内产生滑移。所以，为了保证在平曲线上行车的安全，必须根据汽车、平曲线以及路面的具体情况，采取相应的超高措施，以求得行驶中力系的平衡。图2-5示出了汽车在设有超高的平曲线上行驶时的受力情况。

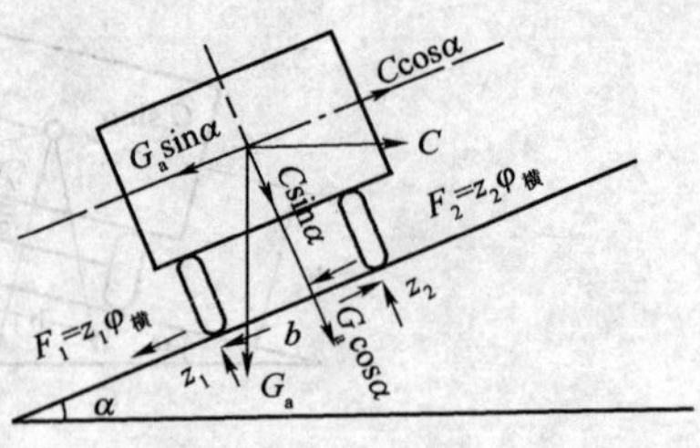

图2-5　汽车在有超高的曲线上行驶时的受力情况

设计了超高后：

$$R = \frac{v^2}{127(\mu + i_c)} \tag{2-4}$$

横向力系数μ值的选用不仅要考虑汽车在弯道上行驶的力学稳定性要求，而且还需考虑乘客的舒适性及汽车燃料和轮胎的消耗等因素。

汽车在弯道上行驶的稳定性，主要是指汽车的横向抗滑稳定，即保证汽车不会在没有超高的斜面上产生横向滑移。抗滑稳定性决定于路面的潮湿程度、车速及路面类型等，尤其与路面的潮湿程度关系最大。

根据试验分析，当$\mu=0.15\sim0.16$时，可保证汽车在潮湿的公路上以较高的速度安全行驶；而按$\mu=0.07$设计的弯道，在路面结冰的情况下，汽车也能安全行驶。

μ值不同，汽车在弯道上行驶时乘客的感觉也不同。根据试验得知，μ值对乘客的感觉有如下影响：

(1)当$\mu<0.10$时，乘客不感到有曲线存在，很平稳；

(2)当$\mu=0.15$时，乘客略感到有曲线存在，但尚平稳；

(3)当$\mu=0.20$时，乘客已感到有曲线存在，略感到不平稳；

(4)当$\mu=0.35$时，乘客感到有曲线存在，已感到不平稳；

(5)当$\mu>0.40$时，转弯时已非常不稳定，人站不住，有倾倒的危险。

由此可见，从乘客的舒适性要求出发，μ值最好不超过0.10，最大也应不超过0.15～0.20。

μ值不同，汽车燃料和轮胎的消耗也不同。已有研究资料表明，曲线上行车的燃料和轮胎消耗量要比直线行车大，而且

当$\mu=0.10$时，燃料消耗增加10%，轮胎磨耗增加1.2倍；

当$\mu=0.15$时，燃料消耗增加15%，轮胎磨耗增加2倍；

当$\mu=0.20$时，燃料消耗增加20%，轮胎磨耗增加2.9倍。

一般情况下，公路等级确定后，设计速度也相应确定，圆曲线半径R仅与横向力系数μ和路面横坡有关。从汽车运营的经济性考虑，μ值以不超过0.10～0.15为宜。

根据行车要求确定不同的μ值和路面横坡的限制值后，即可按公式计算出《标准》规定的平曲线极限最小半径、一般最小半径和不设超高最小半径之值，详见表2-1。表2-2为城市道路圆曲线最小半径值。

一般情况下，设计应尽量采用大于或等于表列的一般最小半径，以提高公路的使用质量。

当受地形或其他条件限制时，方可采用表中的极限最小半径值。下面我们对平曲线几个最小半径的制定情况作简要介绍。

圆曲线最小半径 表 2-1

设计速度(km/h)		120	100	80	60	40	30	20
一般值(m)		1 000	700	400	200	100	65	30
极限值(m)		650	400	250	125	60	30	15
不设超高最小半径(m)	路拱≤2.0%	5 500	4 000	2 500	1 500	600	350	150
	路拱＞2.0%	7 500	5 250	3 350	1 900	800	450	200

城市道路圆曲线最小半径 表 2-2

计算行车速度(km/h)	80	60	50	40	30	20
不设超高最小半径(m)	1 000	600	400	300	150	70
设超高推荐半径(m)	400	300	200	150	85	40
设超高最小半径(m)	250	150	100	70	40	20

(1)圆曲线极限最小半径　极限最小半径是相应于设计速度时允许的最小稳定行驶半径，它是圆曲线设计半径的极限值，在设计中任何情况下都必须满足。《标准》中的极限最小半径是考虑了行车稳定、舒适和经济等因素，采用最大的μ值(μ_{max}值为0.10～0.16)和允许的最大超高横坡度i_{cmax}(一般为8%)，按式(2-4)计算并取整后得到的。

(2)圆曲线一般最小半径　所谓一般最小半径，是指在通常情况下应采用的平曲线最小半径限值，它介于极限最小半径与不设超高最小半径之间，其超高值随半径增大而按比例减小。其值约为极限最小半径的1.5～2.0倍。在公路平曲线设计时，圆曲线半径应尽量采用大于或等于表中的一般最小半径值，以提高公路的使用质量并有利于公路等级的提高。

规定一般最小半径主要考虑以下两个因素：一是采用这种半径能充分保证行车的舒适性，为此，计算时μ值一般选用0.05～0.06，i_c值为6%～8%；二是这种半径应是全线绝大多数情况下可能采用的半径。据日本的统计资料，大于或等于该半径的平曲线在路段上出现的频率在90%以上。

(3)圆曲线不设超高最小半径　所谓不设超高的圆曲线最小半径，是考虑到平曲线半径较大时，离心力的影响已较小，路面的摩阻力可以保证汽车具有足够的稳定性，可以不设置超高而允许设置与直线路段相同的路拱横坡。汽车在不设超高的圆曲线上行驶时，由于路面有路拱坡度，汽车可能在路拱外侧行驶。表2-1中不设超高的圆曲线最小半径值，即是按路面泥泞或结冰时的最不利情况，考虑汽车在路拱外侧行驶，并满足行车的舒服和线形的协调要求，取$\mu=0.035\sim0.04$，路拱横坡$i_0\leqslant2\%$(或$\mu=0.04\sim0.05$，$i_0>2\%$)后，按式(2-3)计算得出的。

一般高速公路和一级公路的最大超高横坡不超过10%，其他各级公路不超过8%。当超高横坡度的计算值小于路拱坡度时，仍应设置等于路拱坡度的超高。在积雪、寒冷的地区，汽车往往必须降低速度行驶，若设置较大的超高度，容易造成汽车向弯道内侧滑移。为保证行车安全，此时的最大超高横坡度不宜大于6%，并应将曲线半径相应地增大。

(4)圆曲线最大半径　公路平面线形设计选用圆曲线半径时，在地形等条件允许的前提下，应尽量采用大半径曲线，以保证行车的舒适和安全；但半径过大，使圆曲线太长，对测设和施工都不利，而且过大的半径，其几何性质与直线已无多大的差异。因此，《公路路线设计规范》(JTG D20—2006)规定，圆曲线的最大半径以不超过10 000m为宜。

二、圆曲线的计算

对于未设置缓和曲线的单圆曲线，其曲线几何要素为(图 2-6)：

切线长 $T = R \cdot \tan\dfrac{\alpha}{2}$

曲线长 $L = \dfrac{\pi}{180^\circ}\alpha R$

外距 $E = R\left(\sec\dfrac{\alpha}{2} - 1\right)$

切曲差 $D = 2T - L$

式中：R——曲线半径(m)；

α——转角(°)。

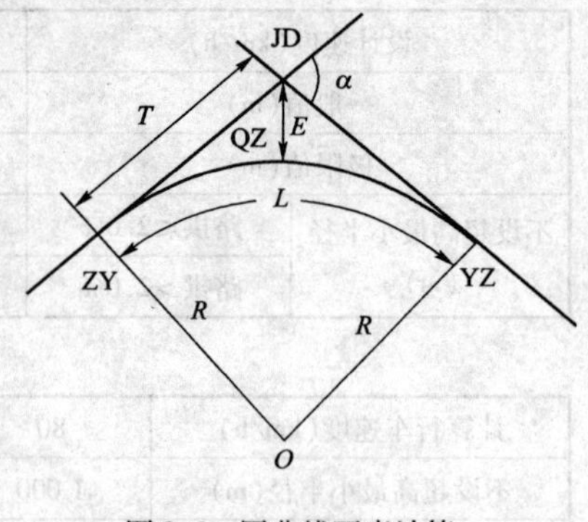

图 2-6 圆曲线要素计算

曲线主点桩号计算如下：

$$ZY(桩号) = JD(桩号) - T$$
$$YZ(桩号) = ZY(桩号) + L$$
$$QZ(桩号) = YZ(桩号) - L/2$$
$$JD(桩号) = QZ(桩号) + D/2$$

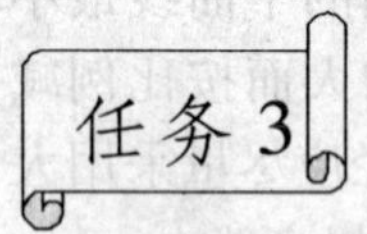

缓和曲线设计

缓和曲线是道路平面线形要素之一，它是直线与圆曲线之间或半径相差较大的两个同向圆曲线之间的一种曲率连续变化的曲线。《标准》规定，除四级路可不设缓和曲线外，其余各级公路都应设置缓和曲线。在现代高速公路上，有时缓和曲线所占的比例超过了直线和圆曲线，成为平面线形的主要组成部分。

一、缓和曲线的作用与性质

1. 缓和曲线的作用

1)便于驾驶员操纵转向盘

汽车从直线驶入圆曲线，其曲率半径从无穷大变到一个定值，这时汽车的前轮转向角需要经过一段距离逐渐变化，才能使汽车较为安全舒适地进入圆曲线。缓和曲线通过其曲率的逐渐变化，恰好能适应汽车转向操作的行驶轨迹。

2)满足乘客的舒适与稳定，减小离心力的突变

直线段上无离心力，而圆曲线上存在离心力。如果不设缓和曲线，则汽车直接从直线段上进入圆曲线，所受离心力在切点处是突然加上去的，而且在离开圆曲线时又突然消失了，这不利于行车的安全性和舒适性；相反，如果在直线和圆曲线间插入缓和曲线后，汽车行驶过程中是从没有离心力的直线段逐渐进入到离心力为 C 的圆曲线，这就消除了离心力的突变。

3）满足超高和加宽的过渡，有利于平稳行车

当圆曲线上设置超高和加宽时，由直线段上无超高和加宽过渡到圆曲线的全超高和加宽时，必须有一个缓和段，一般情况下是在缓和曲线内完成超高或加宽的渐变过程。

4）与圆曲线配合得当，增加线形美观

圆曲线与直线径向连接，在连接处曲率突变，在视觉上有不平顺的感觉。设置缓和曲线后，使线形连接圆滑，增加线形的美观，同时有良好的视觉效果和心理效果。

2. 缓和曲线的性质

汽车由直线进入圆曲线是通过驾驶员操纵转向盘来实现的。考察汽车由直线进入圆曲线的行驶轨迹，先假定汽车是等速行驶的，并且驾驶员匀角速度转动转向盘，其行驶轨迹线的曲率半径 ρ 可按如下方法推求。

如图 2-7 所示，设汽车在缓和曲线上行驶的速度为 v'(m/s)，行驶 t 秒后，转向盘的转动角度为 φ，前轮的转动角为 ϕ，两者的关系为：

$$\phi = K \cdot \varphi (K \leqslant 1,\text{系数})$$

若转向盘转动的角速度为 ω，t 秒(s)后转动的角度为 $\varphi = \omega \cdot t$，前轮的转动角为 $\phi = K \cdot \varphi = K\omega \cdot t$。

假定汽车前后轮轴距为 L_0，则汽车的转动半径 ρ 为

$$\rho = \frac{L_0}{\sin\phi} \approx \frac{L_0}{\phi} = \frac{L_0}{K\omega \cdot t}$$

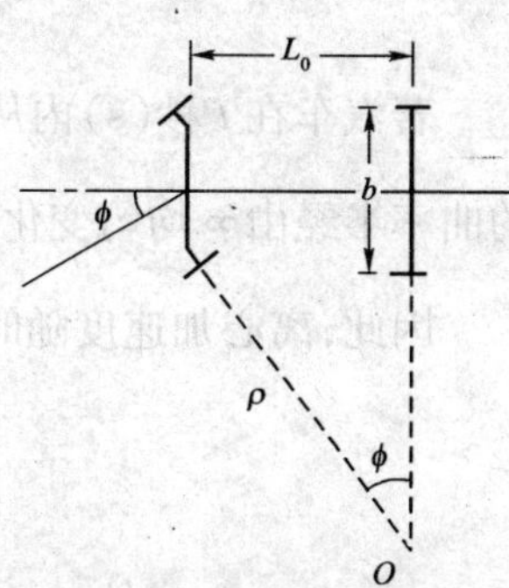

图 2-7 汽车的转弯行驶

汽车沿缓和曲线行驶 t 秒(s)后，在曲线上行驶的距离为 l，则

$$l = v' \cdot t = v' \cdot \frac{L_0}{K\omega} \cdot \frac{1}{\rho}$$

设 $C = v' \cdot \dfrac{L_0}{K\omega} =$ 常数，则

$$l = \frac{C}{\rho} \tag{2-5}$$

此式即为汽车等速行驶，同时以不变的角速度转动转向盘所产生的轨迹。汽车行驶轨迹线的曲率半径值随着行驶距离(自转弯开始点算起)的增大而递减，即缓和曲线上任一点的半径与其距起点的距离成反比例。该方程即为回旋曲线方程。因此，我国《标准》规定缓和曲线采用回旋线。

为了设计方便，常用 A^2 代替回旋曲线常数 C，则

$$\rho l = A^2 \tag{2-6}$$

式中：A——回旋曲线参数(m)；

ρ——回旋曲线上任一点的曲率半径(m)；

l——回旋曲线上任一点到曲线起点的曲线长度(m)。

所有的回旋曲线在几何上都是相似的。参数 A 可认为是放大的倍数，R 确定了圆的大小，A 则确定了回旋曲线曲率变化的缓急。

在缓和曲线终点处，$\rho = R$，$l = L_h$，则

$$\rho l = R \cdot L_h = A^2$$

二、缓和曲线最小长度

缓和曲线的作用主要通过一定的长度来保证，且缓和曲线越长，其缓和效果就越好；但太

长的缓和曲线也是没有必要的，因为这会给测设和施工带来不便。因此，缓和曲线的最小长度应按发挥其作用的要求来确定，即设置足够长的缓和曲线，使其能够起到缓和离心力突变、完成超高加宽渐变和便于驾驶操作等作用，并使线形顺畅、美观。缓和曲线的最小长度应满足如下要求。

1. 根据离心加速度变化率计算缓和曲线的最小长度

汽车以速度 v' 在缓和曲线上行驶时，所受离心力 C 为：

$$C = m\frac{v'^2}{\rho}$$

则离心加速度为：

$$a = \frac{v'^2}{\rho}$$

若汽车在 t 秒(s)内从缓和曲线起点到达终点，行驶距离为缓和曲线长度 L_h，而缓和曲线的曲率半经由∞均匀变化到 R，离心加速度则由零均匀增加到了 $a=\frac{v'^2}{R}$。

因此，离心加速度随时间的变化率 a_t 为：

$$a_t = \frac{\frac{v'^2}{R}-0}{t} = \frac{v'^2}{Rt}, \text{而 } t = \frac{L_h}{v'}$$

所以，$a_t = \dfrac{v'^3}{R\cdot L_h} = \dfrac{v^3}{47R\cdot L_h}$

则
$$L_h = \frac{v^3}{47R\cdot a_t} \tag{2-7}$$

式中：a_t——离心加速度变化率(m/s^3)；

R——圆曲线半径(m)。

从乘客舒适的观点出发，并为使缓和曲线符合汽车运行特性、线形视觉良好，离心加速度变化率应限制在一定范围内，如日本规定：高速公路为0.35m/s^3（推荐值）及0.5m/s^3（绝对最大值）；设计速度60km/h以下的一般匝道及主要地方道路为0.6m/s^3；山岭区及其他特殊地区为0.75m/s^3及0.775m/s^3。我国现行《标准》规定离心加速度变化率≤0.6m/s^3，则

$$L_h = 0.036\frac{v^3}{R} \tag{2-8}$$

2. 根据驾驶员操作及反应时间计算缓和曲线的最小长度

在汽车从直线进入圆曲线的转向行驶过程中，驾驶员需要逐渐把转向盘转动一个角度，这一操作过程需要一定时间，亦即汽车在缓和曲线上行驶的时间不宜太短，否则驾驶员的操作过于紧张而不利于安全行车。

试验表明，驾驶员在缓和曲线上操纵转向盘的最合适时间为 $t=3\sim5$s，我国采用 $t=3$s，所以缓和曲线最小长度为：

$$L_h = v't = \frac{v}{3.6}t = \frac{v}{1.2} \tag{2-9}$$

3. 根据超高渐变率 p 来计算缓和曲线的最小长度

由缓和曲线作用可知，当设缓和曲线时，公路的超高是在缓和曲线上完成渐变过程的，而且超高渐变一般是在缓和曲线全长范围内进行的。因此，缓和曲线长度不得小于超高缓和段

长度,可按下式计算:

$$L_h = L_c = \frac{B \cdot \Delta i}{p} \tag{2-10}$$

式中:B——旋转轴至行车道外侧路面边缘的宽度(m);

Δi——超高坡度与旋转轴外侧路拱横坡度的代数差(%);

p——超高渐变率,即旋转轴与行车道外侧边缘线之间的相对坡度。

4. 根据视觉条件确定缓和曲线长度

按离心加速度变化率或超高渐变率所计算的缓和曲线长度,是随半径的增大而减小的,但从视觉连续性的角度上却希望随着曲线半径的增大,缓和曲线应相应增大。特别是高等级公路,应注意选择适宜的缓和曲线长度,调整线形以适应地形与景观,使视觉舒顺。

根据德国的经验,使用回旋线作为缓和曲线时,回旋线参数 A 和所连接的圆曲线保持关系式 $R/3 \leqslant A \leqslant R$ 或 $A \leqslant R \leqslant 3A$ 便可获得视觉上协调而又平顺的线形。

对上式两端同时平方,得

$$R^2/9 \leqslant A^2 \leqslant R^2 \text{ 或 } A^2 \leqslant R^2 \leqslant 9A^2$$

把 $R \cdot L_h = A^2$ 代入并化简,得

$$R/9 \leqslant L_h \leqslant R \text{ 或 } L_h \leqslant R \leqslant 9L_h \tag{2-11}$$

公式(2-11)即为满足视觉条件的缓和曲线长度计算公式。一般来说按上式计算出的缓和曲线长度大于前面三个公式的计算值。

我国《公路路线设计规范》(JTG D20—2006)根据汽车在缓和曲线上行驶 3s 和控制离心加速度变化率的大小,按各等级公路的设计速度,经综合计算后取整(一般取至 5 的倍数),规定了各级公路缓和曲线的最小长度值,见表 2-3。

各级公路缓和曲线最小长度 表 2-3

公路等级	高速公路			一级公路			二级公路		三级公路		四级公路
设计速度(km/h)	120	100	80	100	80	60	80	60	40	30	20
最小缓和曲线长度(m)	100	85	70	85	70	50	70	50	35	25	20

注:四级公路为超高、加宽缓和段的长度。

需要指出,《公路路线设计规范》(JTG D20—2006)中所规定的缓和曲线最小长度主要考虑了线形缓和与行车缓和的需要,设计时尚需根据设置超高和加宽缓和段的需要,按上述公式(2-10)计算出超高缓和段长度 L_c,然后与表 2-3 中规定的缓和曲线最小长度进行比较,取二者中的最大值作为设计缓和曲线的长度。在条件允许时,应尽量采用较长的缓和曲线,以满足各方面的需要。

三、缓和曲线的省略

在直线和圆曲线间设置缓和曲线后,圆曲线将产生一个内移值 $p = \frac{L_h^2}{24R}$,当此内移值 p 与已考虑在车道中的富裕宽度相比很小时,则可将缓和曲线省略。

1. 直线与圆曲线间缓和曲线的省略

《公路路线设计规范》(JTG D20—2006)规定,当圆曲线半径大于或等于表 2-1 中不设超高的圆曲线最小半径时可不设缓和曲线;四级公路可将直线与圆曲线径相连接,在圆曲线两端

的直线上设置超高缓和段、加宽缓和段。

《城规》规定当计算行车速度小于40km/h时,可以省略缓和曲线;大于40km/h时,如半径大于不设缓和曲线的最小圆曲线半径时,缓和曲线可以省略,见表2-4。

城市道路不设缓和曲线的最小圆曲线半径　表2-4

计算行车速度(km/h)	80	60	50	40
不设缓和曲线的最小圆曲线半径(m)	2 000	1 000	700	500

2. 半径不同的圆曲线间缓和曲线的省略

(1)小圆半径大于不设超高的圆曲线最小半径时,可以省略缓和曲线。

(2)小圆半径大于表2-5中所列半径,且符合下列条件之一时,均可省略。

复曲线中小圆临界曲线半径　表2-5

设计速度(km/h)	120	100	80	60	40	30
临界曲线半径(m)	2 100	1 500	900	500	250	130

①小圆曲线按规定设置相当于最小回旋曲线长的回旋线时,其大圆与小圆的内移值之差不超过0.10m。

②设计速度≥80km/h时,大圆半径与小圆半径之比小于1.5。

③设计速度<80km/h时,大圆半径与小圆半径之比小于2。

四、缓和曲线的直角坐标及要素计算

1. 回旋线切线角

1)缓和曲线上任意点的切线角β_x

缓和曲线的切线角,是指缓和曲线上任一点的切线与该缓和曲线起点的切线所成夹角。如图2-8所示,设缓和曲线所在直角坐标系xOy,O为原点,在缓和曲线上任意一点P处取一微分弧段$\mathrm{d}l$,则

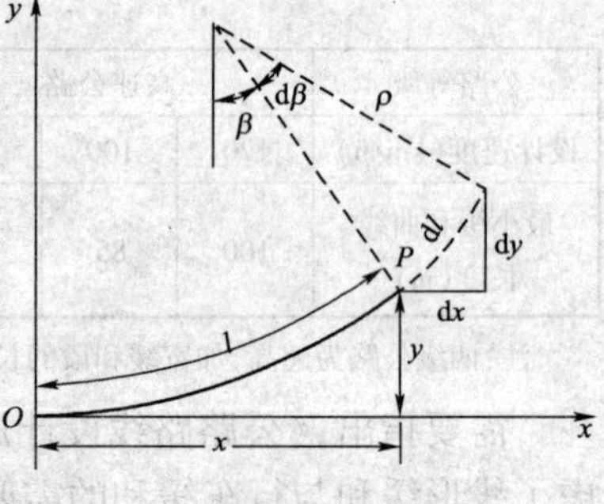

图2-8　回旋线

$$\mathrm{d}\beta_x = \frac{\mathrm{d}l}{\rho}$$

$$\beta_x = \int \mathrm{d}\beta_x = \int \frac{\mathrm{d}l}{\rho}$$

将$\rho = A^2/l$代入并积分,得

$$\beta_x = \int \frac{l\mathrm{d}l}{A^2} = \frac{l^2}{2A^2} = \frac{l^2}{2RL_h} \quad (2\text{-}12)$$

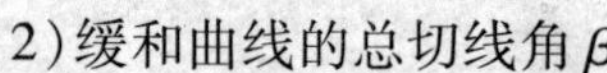
2)缓和曲线的总切线角β

在缓和曲线的终点处$l = L_h$代入式(2-12),得

$$\beta = \frac{L_h}{2R} \quad (2\text{-}13)$$

2. 缓和曲线的直角坐标表达式

在图2-8中,任意一点P处取一微分弧段$\mathrm{d}l$,其所对应的中心角为$\mathrm{d}\beta_x$,则

$$\mathrm{d}x = \mathrm{d}l\cos\beta_x$$

$$\mathrm{d}y = \mathrm{d}l\sin\beta_x$$

将$\sin\beta_x$、$\cos\beta_x$用函数幂级数展开,可得

$$dx = dl\left(1 - \frac{\beta_x^2}{2!} + \frac{\beta_x^4}{4!} - \frac{\beta_x^6}{6!} + \cdots\right)$$

$$dy = dl\left(\beta_x - \frac{\beta_x^3}{3!} + \frac{\beta_x^5}{5!} - \frac{\beta_x^7}{7!} + \cdots\right)$$

积分后化简得

$$x = l - \frac{l^5}{40R^2L_h^2} + \frac{l^9}{3456R^4L_h^4} - \cdots$$

$$y = \frac{l^3}{6RL_h} - \frac{l^7}{336R^3L_h^3} + \frac{l^{11}}{42240R^5L_h^5}\cdots \tag{2-14}$$

当 $l = L_h$ 时，则缓和曲线终点的坐标为

$$x_h = L_h - \frac{L_h^3}{40R^2} + \frac{L_h^5}{3456R^4} - \cdots$$

$$y_h = \frac{L_h^2}{6R} - \frac{L_h^4}{336R^3} + \frac{L_h^6}{42240R^5} - \cdots \tag{2-15}$$

3. 缓和曲线要素计算

为了能在直线与圆曲线之间插入缓和曲线，必须将原有圆曲线向内移动一定的距离 p。圆曲线向内移动有两种方法：一种是圆心不变，使圆曲线半径减小，从而使圆曲线向内移动；另一种是半径不变，而圆心沿分角线方向内移，使圆曲线向内移动。由于后者是不平行移动，圆曲线上的各点的内移值不相等，测设工作麻烦，因此采用第一种方法。

采用圆心不动的平行移动方法，可以看成是平曲线在未设置缓和曲线时的圆曲线半径为 $R+p$，而该平曲线要插入缓和曲线，向内移动距离 p 后，圆曲线半径正好减小一个 p 值，即 R，如图 2-9 所示。

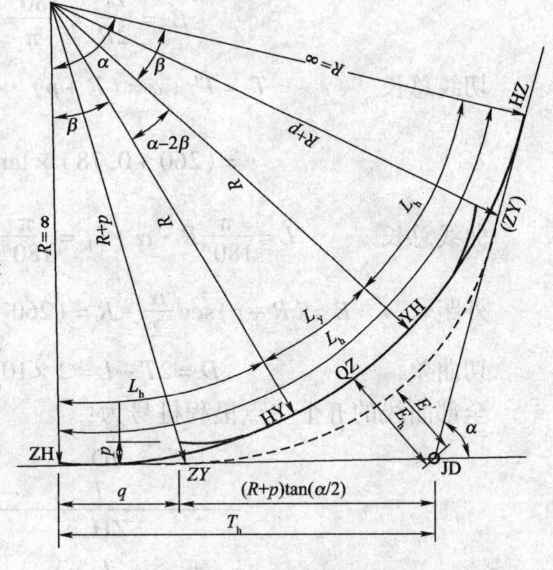

图 2-9　有缓和曲线的平曲线

1）主曲线的内移值 p 及切线增长值 q

由图 2-9 可知：

$$p = y_h + R\cos\beta - R$$

$$q = x_h - R\sin\beta$$

将 $\sin\beta$、$\cos\beta$ 用函数幂级数展开，可得

$$p = \frac{L_h^2}{24R} \tag{2-16}$$

$$q = \frac{L_h}{2} - \frac{L_h^3}{240R^2} \tag{2-17}$$

2）缓和曲线要素

《标准》规定：当平曲线半径小于不设超高的最小半径时，应设缓和曲线。

切线总长　$T = T' + q = (R+p) \cdot \tan\frac{\alpha}{2} + q$

曲线总长　$L = \frac{\pi}{180°}R(\alpha - 2\beta) + 2L_h = \frac{\pi}{180°}R \cdot \alpha + L_h$

外距 $$E = E' + p = (R+p)\sec\frac{\alpha}{2} - R$$

切曲差 $$D = 2T - L$$

在平曲线中设置了缓和曲线后，全部曲线有五个基本桩点需要定出（图 2-9）：

ZH——第一缓和曲线起点（直缓）；

HY——第一缓和曲线终点（缓圆）；

QZ——圆曲线中点（曲中）；

YH——第二缓和曲线终点（圆缓）；

HZ——第二缓和曲线起点（缓直）。

【例题 2-1】 已知某平原区二级公路，设计速度为 80km/h，有一弯道半径 $R = 260\text{m}$，缓和曲线长 $L_h = 70\text{m}$，交点 JD 桩号为 K16 + 721.26，转角 $\alpha = 29°23'24''$，试计算该曲线上设置缓和曲线后的五个基本桩号。

解：
$$p = \frac{L_h^2}{24R} = \frac{70^2}{24 \times 260} = 0.78(\text{m})$$

$$q = \frac{L_h}{2} - \frac{L_h^3}{240R^2} = \frac{70}{2} - \frac{70^3}{240 \times 260^2} = 34.98(\text{m})$$

$$\beta = \frac{L_h}{2R} \times \frac{180°}{\pi} = \frac{70 \times 180°}{2 \times 260 \times \pi} = 7°42'46''$$

切线总长 $$T = T' + q = (R+p)\cdot\tan\frac{\alpha}{2} + q$$

$$= (260 + 0.78) \times \tan\frac{29°23'24''}{2} + 34.98 = 103.37(\text{m})$$

曲线总长 $$L = \frac{\pi}{180°}R\cdot\alpha + L_h = \frac{\pi}{180°} \times 260 \times 29°23'24'' + 70 = 203.36(\text{m})$$

外距 $$E = (R+p)\sec\frac{\alpha}{2} - R = (260 + 0.78) \times \sec\frac{29°23'24''}{2} - 260 = 39.30(\text{m})$$

切曲差 $$D = 2T - L = 2 \times 103.37 - 203.36 = 3.38(\text{m})$$

全部曲线的五个主点里程桩号为：

	JD		K16+271.26
−	T	−	103.37
	ZH		K16+617.89
+	L_h	+	70
	HY		K16+687.89
+	$(L-L_h)$	+	(203.36−70)
	HZ		K16+821.25
−	L_h	−	70
	YH		K16+751.25
−	$1/2(L-2L_h)$	−	1/2(203.36−2×70)
	QZ		K16+719.57
+	$D/2$	+	3.38/2
	JD		K16+721.26

说明计算无误。

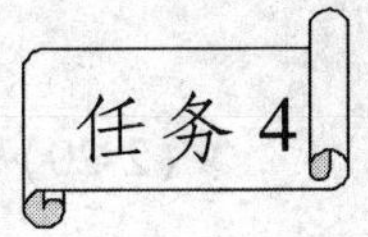

道路中桩坐标的计算

先建立一个贯穿全线统一的坐标系，这个坐标系一般采用国家坐标系统，根据路线地理位置和几何关系计算出道路中线上各桩点的统一坐标，编制逐桩坐标表。

一、路线转角、交点间距、曲线要素及主点桩计算

设起点坐标为 $JD_0(X_{J_0}, Y_{J_0})$，i 点坐标为 $JD_i(X_{J_i}, Y_{J_i})$，$i=1,2,\cdots,n$，则

坐标增量：
$$\Delta X = X_{J_i} - X_{J_{i-1}}$$
$$\Delta Y = Y_{J_i} - Y_{J_{i-1}}$$

交点间距：
$$S = \sqrt{(\Delta X^2) + (\Delta Y^2)}$$

象限角：
$$\theta = \arctan\left|\frac{\Delta Y}{\Delta X}\right|$$

计算方位角 A：

$\Delta X > 0$、$\Delta Y > 0$ 时，$A = \theta$

$\Delta X < 0$、$\Delta Y > 0$ 时，$A = 180° - \theta$

$\Delta X < 0$、$\Delta Y < 0$ 时，$A = 180° + \theta$

$\Delta X > 0$、$\Delta Y < 0$ 时，$A = 360° - \theta$

转角：
$$\alpha_i = A_i - A_{i-1}$$

α_i 为“+”，路线右偏，α_i 为“-”，路线左偏。

曲线要素及主点桩号计算公式与传统方法相同。对于高速干道和一级道路，由于精度要求较高，在应用传统公式时，必须注意取舍误差，否则会影响计算精度。如 p、q、x、y 均为级数展开式，应增大项数。

二、直线上中桩坐标的计算

如图 2-10，设交点坐标为 $JD(X_J、Y_J)$，交点相邻直线的方位角分别为 A_1 和 A_2。则

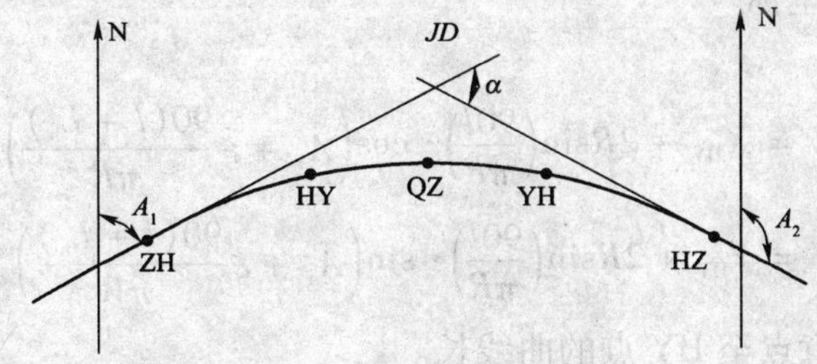

图 2-10　中桩坐标计算示意图

ZH(或 ZY)点坐标：
$$X_{ZH} = X_J + T\cos(A_1 + 180°)$$
$$Y_{ZH} = Y_J + T\sin(A_1 + 180°) \tag{2-18}$$

HZ(或 YZ)点坐标：
$$X_{HZ} = X_J + T\cos A_2$$
$$Y_{HZ} = Y_J + T\sin A_2 \tag{2-19}$$

设直线上加桩里程为 L，ZH、HZ 表示曲线起、终点里程，则

前直线上任意点坐标（$L \leqslant ZH$）：

$$
\begin{aligned}
X &= X_J + (T + ZH - L) \cdot \cos(A_1 + 180°) \\
Y &= Y_J + (T + ZH - L) \cdot \sin(A_1 + 180°)
\end{aligned} \tag{2-20}
$$

后直线上任意点坐标（$L > ZH$）：

$$
\begin{aligned}
X &= X_J + (T + ZH - L) \cdot \cos A_2 \\
Y &= Y_J + (T + ZH - L) \cdot \sin A_2
\end{aligned} \tag{2-21}
$$

三、单曲线内中桩坐标的计算

1. 不设缓和曲线的单曲线

曲线起终点坐标按式（2-18）与式（2-19）计算，设其坐标分别为 ZY（X_{ZY}，Y_{ZY}），YZ（X_{YZ}，Y_{YZ}），则圆曲线上坐标为：

$$
\begin{aligned}
X &= X_{ZY} + 2R\sin\left(\frac{90l}{\pi R}\right) \cdot \cos\left(A_1 + \xi\frac{90l}{\pi R}\right) \\
Y &= Y_{ZY} + 2R\sin\left(\frac{90l}{\pi R}\right) \cdot \sin\left(A_1 + \xi\frac{90l}{\pi R}\right)
\end{aligned} \tag{2-22}
$$

式中：l——圆曲线内任意点至 ZY 点的曲线长；

R——圆曲线半径；

ξ——转角符号，右偏为“+”，左偏为“-”。

2. 设缓和曲线的单曲线

曲线上任意点的切线横距：

$$
x = l - \frac{l^5}{40R^2L_h^2} + \frac{l^9}{3456R^4L_h^4} - \frac{l^{13}}{599040R^6L_h^6} + \cdots \tag{2-23}
$$

式中：l——缓和曲线上任意点至 ZH（或 HZ）点的曲线长；

L_h——缓和曲线长度。

1）第一缓和曲线（ZH ~ HY）任意点坐标

$$
\begin{aligned}
X &= X_{ZH} + x/\cos\left(\frac{30l^2}{\pi RL_h}\right) \cdot \cos\left(A_1 + \xi\frac{30l^2}{\pi RL_h}\right) \\
Y &= Y_{ZH} + x/\cos\left(\frac{30l^2}{\pi RL_h}\right) \cdot \sin\left(A_1 + \xi\frac{30l^2}{\pi RL_h}\right)
\end{aligned} \tag{2-24}
$$

2）圆曲线内任意点坐标

（1）由 HY ~ YH 时：

$$
\begin{aligned}
X &= X_{HY} + 2R\sin\left(\frac{90l}{\pi R}\right) \cdot \cos\left(A_1 + \xi\frac{90(l + L_h)}{\pi R}\right) \\
Y &= Y_{HY} + 2R\sin\left(\frac{90l}{\pi R}\right) \cdot \sin\left(A_1 + \xi\frac{90(l + L_h)}{\pi \mathrm{R}}\right)
\end{aligned} \tag{2-25}
$$

式中：l——圆曲线内任意点至 HY 点的曲线长。

（2）由 YH ~ HY 时：

$$
\begin{aligned}
X &= X_{YH} + 2R\sin\left(\frac{90l}{\pi R}\right) \cdot \cos\left(A_2 + 180° - \xi\frac{90(l + L_h)}{\pi R}\right) \\
Y &= Y_{YH} + 2R\sin\left(\frac{90l}{\pi R}\right) \cdot \sin\left(A_2 + 180° - \xi\frac{90(l + L_h)}{\pi R}\right)
\end{aligned} \tag{2-26}
$$

式中：l——圆曲线内任意点至 YH 点的曲线长。

3) 第二缓和曲线（HZ ~ YH）内任意点坐标

$$
\begin{aligned}
X &= X_{HZ} + x/\cos\left(\frac{30l^2}{\pi RL_h}\right)\cdot\cos\left(A_2 + 180 - \xi\frac{30l^2}{\pi RL_h}\right) \\
Y &= Y_{HZ} + x/\cos\left(\frac{30l^2}{\pi RL_h}\right)\cdot\sin\left(A_2 + 180 - \xi\frac{30l^2}{\pi RL_h}\right)
\end{aligned}
\tag{2-27}
$$

式中：l——第二缓和曲线上任意点至 HZ 点的曲线长。

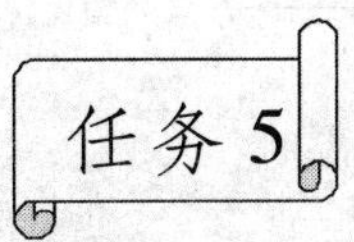

道路平面线形设计

前面几节我们已对公路平面线形的几何要素（直线、圆曲线和缓和曲线）分别进行了介绍，由这三种基本线形要素可以得到很多种平面线形的组合形式。就道路平面线形设计而言，主要有基本形、S形、卵形、凸形、C形和复合形六种。下面对其构成及设计要求作扼要介绍。

一、平面线形的几种组合形式与要求

1. 基本形

如图2-11，当平曲线按直线—回旋线（A_1）—圆曲线—回旋线（A_2）—直线的顺序组合而成时，称为基本形。当两回旋曲线的参数值相等，即 $A_1 = A_2$ 时，称为对称基本形；当 $A_1 \neq A_2$ 时，称为非对称基本形；当 $A_1 = A_2 = 0$（即不设缓和曲线）时，又称为简单形。

基本形设计时，为使线形协调，A 值的选择最好使回旋线、圆曲线、回旋线的长度之比为1∶1∶1 ~ 1∶2∶1，并注意满足设置基本形曲线的几何条件：

$$2\beta_0 \leqslant \alpha$$

式中：α——路线转角；

β_0——缓和曲线角。

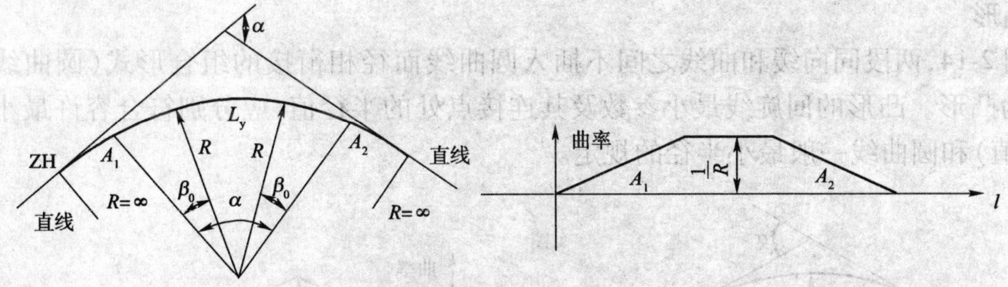

图2-11　基本形曲线

2. S形

如图2-12，两个反向圆曲线用两段反向回旋线连接的组合形式，称为S形。从行驶力学和线形协调、超高缓和上考虑，S形曲线相邻两个回旋线参数 A_1 和 A_2 值最好相等；当采用不同的参数时，A_1 与 A_2 之比应小于2.0，有条件时以小于1.5为宜。

S形的两个反向回旋线以径相连接为宜。当受地形或其他条件限制而不得不插入短直线时，其短直线的长度应符合下式规定：

$$L \leqslant \frac{A_1 + A_2}{40}(\mathrm{m})$$

两圆曲线半径之比也不宜过大，以 $R_2/R_1 = 1 \sim 1/3$ 为宜（R_1、R_2 分别为大、小圆半径，A_1、A_2 分别为大、小圆的缓和曲线参数）。

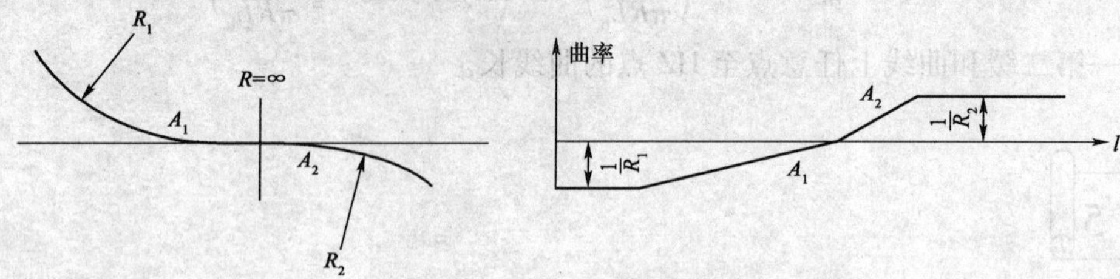

图 2-12 S 形曲线

3. 卵形

如图 2-13，两同向的平曲线，按直线—缓和曲线（A_1）—圆曲线（R_1）—缓和曲线（A）—圆曲线（R_2）—缓和曲线（A_2）—直线的顺序组合而成的线形，称为卵形。卵形曲线用一个回旋线连接两个圆曲线，其公用缓和曲线的参数 A 最好在 $R_2/2 \leqslant A \leqslant R_2$ 范围内（R_2 为小圆半径），两圆曲线半径之比以满足 $R_2/R_1 = 0.2 \sim 0.8$ 为宜。

用一个回旋线连接两个圆曲线而构成卵形，要求大圆能完全包住小圆。如果大圆半径为无限大，那么它就是直线，而回到基本形。所以卵形可以认为是具有基本形式的一般线形，只不过卵形的回旋曲线不是从原点开始，而是使用曲率从 $1/R_1$ 到 $1/R_2$ 这一段。

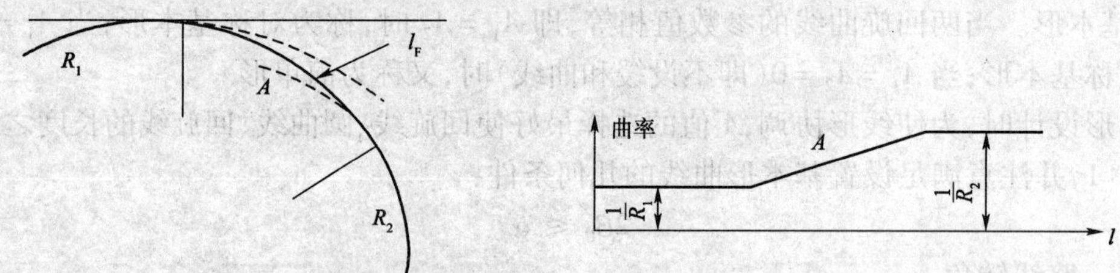

图 2-13 卵形曲线

4. 凸形

如图 2-14，两段同向缓和曲线之间不插入圆曲线而径相衔接的组合形式（圆曲线长度为零），称为凸形。凸形的回旋线最小参数及其连接点处的半径值，应分别符合容许最小回旋线参数（A 值）和圆曲线一般最小半径的规定。

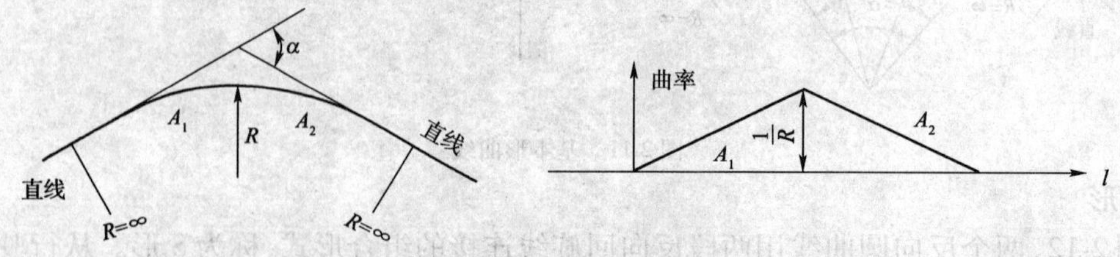

图 2-14 凸形曲线

凸形在两回旋曲线衔接处，曲率发生突变，这意味着汽车转向盘在刚转到某值时，马上就得向相反的方向回转，这对行车是不利的。因此，在平面线形设计中，一般情况下最好不采用凸形，只有在路线受到地形条件限制的山嘴或特殊困难情况下才可考虑使用。

5. 复合形

如图2-15，将两个以上的同向回旋曲线在曲率相等处相互连接的线形，称为复合形。复合形的两个回旋曲线参数之比以小于1:1.5为宜。复合形中的回旋曲线在中途是变化的，所以，驾驶人员中途要变更速度以适应变化后的回旋线，因而是行驶上所不希望的。除互通式立体交叉线形外，复合形仅在受地形或其他特殊原因限制时使用。

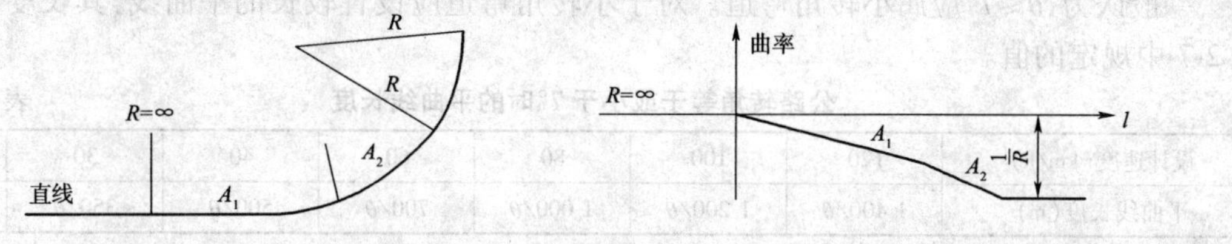

图2-15 复合形曲线

6. C形

如图2-16，两同向回旋曲线在曲率为零处径相连接（即连接处曲率为0，半径为∞）的组合线形称为C形。C形曲线只有在特殊地形条件下方可采用，两个回旋曲线的参数可相等，也可以不相等。

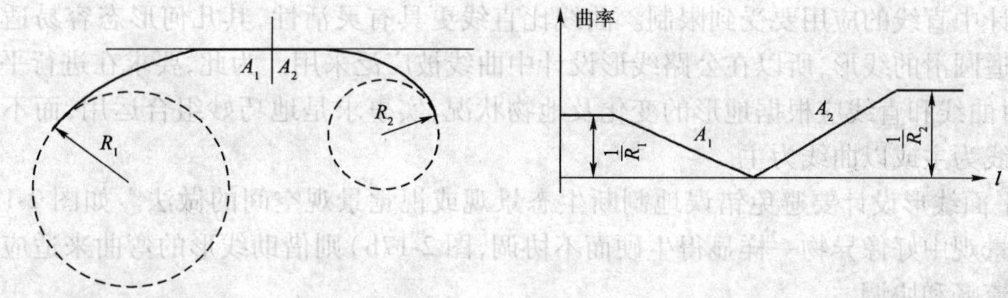

图2-16 C形曲线

二、平面线形设计应注意的问题

道路平面线形设计是从线形设计的角度，去研究平面几何要素的选用、相互间的配合形式以及设计要求等问题，设计中一般按上述组合类型和要求去做就可以了。但在具体的指标选用和个别问题的处理方面还需要注意以下问题：

（1）避免采用极限半径。因为极限半径只能满足汽车行驶力学上的最低要求。而不能满足高速行驶中的视觉要求。经过经济论证必须选用最小指标时，也要注意线形曲率的过渡，防止曲率的突变。

（2）平曲线应有足够的长度。平曲线太短，汽车在曲线上行驶时间过短会使驾驶操纵来不及调整，所以《公路路线设计规范》（JTG D20—2006）规定了平曲线（包括圆曲线及其两端的缓和曲线）最小长度如表2-6。

公路平曲线最小长度 表2-6

设计速度（km/h）		120	100	80	60	40	30	20
平曲线最小长度（m）	一般值	600	500	400	300	200	150	100
	最小值	200	170	140	100	70	50	40

公路弯道在一般情况下是由两段缓和曲线（或超高、加宽缓和段）和一段圆曲线组成。缓和曲线（一般采用回旋线）的长度不能小于该级公路对其最小长度的规定；中间圆曲线的长度

也宜有大于 3s 的行程，当条件受限时，可将缓和曲线在曲率相等处直接连接，此时的圆曲线长度等于 0。

路线转角的大小反映了路线的舒顺程度，取较小转角为宜。但转角过小，即使设置了较大的半径也容易把曲线长看成比实际的要短，造成急转弯的错觉。这种倾向转角越小越显著，以致造成驾驶者枉作减速转弯的操作。

一般认为，$\theta \leq 7°$ 应属小转角弯道。对于小转角弯道应设置较长的平曲线，其长度应大于表 2-7 中规定的值。

公路转角等于或小于 7°时的平曲线长度 表 2-7

设计速度(km/h)	120	100	80	60	40	30	20
平曲线长度(m)	1 400/θ	1 200/θ	1 000/θ	700/θ	500/θ	350/θ	280/θ

注：表中 θ 角为路线转角值(°)，当 $\theta < 2°$ 时，按 $\theta = 2°$ 计算。

(3)公路线形的突变容易引发行车事故，应当避免。特别是长直线尽头设置小半径平曲线和平曲线大小半径间曲率过渡的突变均应避免。不得已遇到上述情况时，应在其间采取过渡措施。

(4)在平面线形设计中，一般来说直线不易和自然景观协调，并难以顺应地形变化，因此，在公路设计中直线的应用要受到限制。曲线比直线更具有灵活性，其几何形态容易适应地形而组成顺适圆滑的线形，所以在公路线形设计中曲线被广泛采用。为此，要求在进行平面线形设计时，对曲线和直线应根据地形的变化及地物状况，实事求是地巧妙组合运用，而不能片面强调以直线为主或以曲线为主。

(5)平面线形设计要避免错误地割断生态景观或视觉景观空间的做法。如图 2-17a)，直线线形在景观中好像异物一样显得生硬而不协调，图 2-17b)则借助线形的弯曲来适应地形而显得自然流畅和协调。

图 2-17 平面线形与景观的协调

三、公路曲线的组合与衔接

在选定公路路线时，设计人员总是尽可能地选择起讫点间最短的路线方案。虽然直线是两点之间的最短连接，但对一条较长的公路来说，起讫点之间总有许多控制点要制约路线位置的选定。如桥位、垭口、交叉口、居民点，以及必须绕越的泥沼、冲沟等，这样在公路起讫点连线间必然要插入许多曲线。实际中的最短路线也很少采用直线，除了特殊情况外，一般总是用圆曲线、缓和曲线以及反向曲线等来连接。

随着汽车车速的不断提高，对线形流畅性的要求在增加，曲线在整个公路平面线形中所占的比例越来越大，公路的线形设计也逐渐趋向于以曲线为主。就公路曲线的组合而言，大体上可分为圆曲线、缓和曲线和回头曲线三大类型。

圆曲线是公路曲线的主要形式,它的组合有以下三种:

(1)同向曲线(即转向相同的两相邻曲线);

(2)反向曲线(即转向不同的两相邻曲线);

(3)复曲线(即两同向曲线直接相连,中间不设直线)。

缓和曲线是汽车从直线段行驶到半径为 R 的圆曲线或两段半径不同的同向圆曲线间行驶的过渡曲线,在线形设计中也将其作为主要线形要素加以运用,但它往往不单独使用,而总是与直线和圆曲线组合成不同的平面线形,如前 1 ~6 类组合。

回头曲线是由一个主曲线、两个辅助曲线和主、辅曲线所夹的直线段组合而成的复杂曲线。(圆心角接近于或大于 180°)。如图 2-18 所示曲线,是在山区越岭线的特别困难地段,以延长展线方式克服高差而采用的一种特殊曲线类型。由于地形困难,为减少工程数量,《公路路线设计规范》(JTG D20—2006)对回头曲线的各项指标作了专门的规定,如表 2-8。只有二级公路、三级公路、四级公路在自然展线无法争取到需要的距离以克服高差,或因地形、地质条件所限而不能采取自然展线时,方可采用回头曲线。

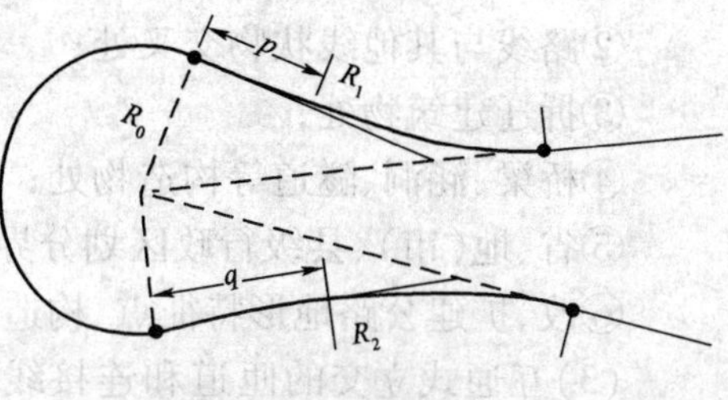

图 2-18 回头曲线

回头曲线指标 表 2-8

主线设计速度(km/h)	40		30	20
回头曲线设计速度(km/h)	35	30	25	20
圆曲线最小半径(m)	40	30	20	15
回旋线最小长度(m)	35	30	25	20
超高横坡度(%)	6	6	6	6
双车道路面加宽值(m)	2.5	2.5	2.5	3.0
最大纵坡(%)	3.5	3.5	4.0	4.5

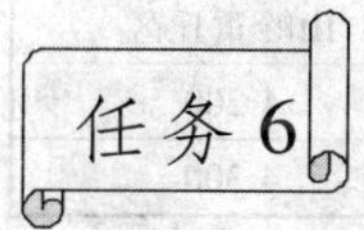

道路平面外业勘测

一、中桩测量

中桩测量的主要任务是:根据选线组选定的交点位置、曲线半径、缓和曲线参数(或缓和曲线长度)及导线测角组所测得的路线转角,进行量距、钉桩、敷设曲线及桩号计算。

(1)路线全线包括桥梁、隧道、互通立交等的中桩间距不应大于表 2-9 的规定,路线起终点桩、曲线要素桩包括曲线起终点桩、曲中桩、直缓桩、缓圆桩、圆缓桩、缓直桩等均应准确放出。

中 桩 间 距 表 2-9

直线(m)		曲线(m)			
平原微丘区	山岭重丘区	不设超高的曲线	$R>60$	$30<R<60$	$R<30$
50	25	25	20	10	5

注:表中 R 为曲线半径,以 m 计。

(2)在下列各处应加桩。

①路线纵、横向地形变化处;

②路线与其他线状物交叉处;

③拆迁建筑物处;

④桥梁、涵洞、隧道等构造物处;

⑤省、地(市)、县级行政区划分界处;

⑥改、扩建公路地形特征点、构造物和路面面层类型变化处。

(3)互通式立交的匝道和连接线放桩时,中桩间距直线段应不大于 20m,曲线段应不大于 10m。

(4)中桩测量可采用极坐标法、GPS-RTK 法、链距法、偏角法、支距法等方法进行。高速公路,一、二级公路宜采用极坐标法、GPS-RTK 法。

(5)采用极坐标法、GPS-RTK 方法敷设中线时,应符合以下要求:

①中桩钉好后宜测量并记录中桩的平面坐标,测量值与设计坐标的差值应小于中桩测量的桩位限差。

②可不设置交点桩而一次放出整桩与加桩,亦可只放直、曲线上的控制桩,其余桩可用链距法测定。

③采用极坐标法时,测站转移前,应观测检查前、后相邻控制点间的角度和边长,观测左角一测回,测得的角度与计算角度互差应满足相应等级的测角精度要求。距离测量一测回,其值与计算距离之差应满足相应等级的距离测量要求。测站转移后,应对前一测站所放桩位重放 1~2 个桩点,桩位精度应满足表 2-10 的要求。

中桩平面桩位精度指标 表 2-10

公路等级	中桩位置中误差(mm)		桩位检测之差(mm)	
	平原微丘区	山岭重丘区	平原微丘区	山岭重丘区
高速公路,一、二级公路	≤±50	≤±100	4 100	4 200
三级及以下公路	≤±100	≤±150	4 200	4 300

(6)采用 GPS-RTK 方法时,求取转换参数采用的控制点应涵盖整个放线段,采用的控制点应大于 4 个,流动站至基准站的距离应小于 5km,流动站至最近的高等级控制点应小于 2km。并应利用另外一个控制点进行检查,检查点的观测坐标与理论值之差应小于桩位检测之差的 0.7 倍。

(7)采用链距法、偏角法、支距法等方法测定路线中桩,其闭合差应小于表 2-11 的规定。

距离偏角测量闭合差 表 2-11

公路等级	纵向相对闭合差		横向闭合差(mm)		角度闭合差(″)
	平原微丘	重丘山岭	平原微丘	重丘山岭	
高速公路,一、二级公路	1/2 000	1/1 000	100	100	60
三级及以下公路	1/1 000	1/500	100	150	120

供链距法测定中桩的控制桩(公里桩,曲线起、中、终点桩等)应读数两次,其点位互差不得大于20mm,并于桩顶钉小钉以示点位。

二、断链处理

在丈量过程中,出现桩号与实际里程不符的现象叫断链。断链的原因有很多,但主要有两种:一种是由于计算和测量发生错误造成的;另一种则是由于局部改线、分段测量等客观原因造成的。

断链有"长链"和"短链"之分,当实际里程短于路线桩号时叫短链,反之则叫长链。其桩号写法举例如下。

长链:GK3 + 110 = K3 + 105.21,长链4.79m。

短链:GK3 + 157 = K3 + 207,短链50m。

所有断链桩号应填在"总里程及断链桩号表"上,考虑断链桩号的影响,路线的总里程应为:

$$路线总里程 = 终点桩里程 - 起点桩里程 + \Sigma 长链 - \Sigma 短链$$

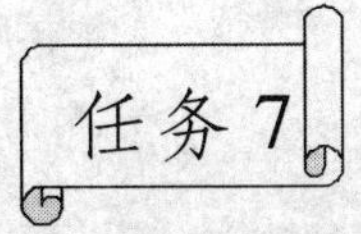

用计算机程序进行道路平面设计

Hard 2002 平面设计部分主要由以下三大部分组成:

(1)外业资料录入,交点线(导线)资料录入,生成交点线文件(*.JDX)。

(2)平面线形设计,利用"交点法"针对每个交点进行曲线设计,输出平曲线文件(*.PQX)。

(3)图表输出,工程设计文件要求的各种图表的生成,可通过字体设置输出矢量字体或标准Windows字体,图形文件为DWG格式,表格为DWG和Excel两种格式。

一、平面设计——交点法

功能:完成路线平面线形的设计,同时完成对路线断链的处理,并自动输出*.JDX、*.PQX、*.ZBB、*.PMX文件。

(1)断链处理。Hard系统对任意的断链情况均能自动处理,其方法是:在进行交点法设计时,在调入交点线文件(*.JDX)或平曲线(*.PQX)的同时也调入断链文件(*.DL),系统将根据该文件在设计过程中一一完成长、短链的处理,系统将处理结果保存到*.PQX中。特别强调,由于系统能够自动处理断链问题,系统中的里程和桩号的概念将被严格区分开,里程是绝对的,而桩号是相对的,桩号只是一个符号。长链将引起桩号的重复,也就是说相同的两个桩号对应两个不同的里程,Hard系统在设计过程中将重复桩号的前一部分在桩号前加负号"-"以示区别,在成图成表过程中不输出"-",但会在断链处注明长短链情况。比如长链:200 = 120 将引起有两组120到200的桩号,为了让系统知道那组120到200是在前面的,因此地面高(*.DMG)文件、地面线(*.DMX)文件等用户自行输入的入口数据文件,都需要在前一组 120 ~ 200 的桩号前加“ - ”。以 *.DMG 文件为例应写成：

-120　　800.152

-160　　801.101

-200　　805.256

120　　805.368

160　　888.287

200　　800.654

......

对于 *.DMX、*.CG、*.HDM 等其他的入口文件也作同样的处理。

(2)在交点设计完成后输出的交点线(*.JDX)文件为带有曲线要素的交点线文件，它增加了 R、L_h 等参数以及虚交的信息。

交点法是路线设计中最常规的设计方法，下面讲述的是 Hard 系统中实现交点设计的思路，其方法采用人机对话的方式，交互完成每一个交点的设计，见图 2-19。

Hard 系统以 $L_{Z1}+L_{h1}+R+L_{h2}+L_{Z2}$(前直线 + 前回旋线 + 圆曲线 + 后回旋线 + 后直线)为一个基本形，通过各种方式的组合，可以完成公路上各种线形的组合方式，包括单圆曲线、对称形、非对称形、S 形、单双卵形、复形、C 形、凸形、虚交、回头曲线等。

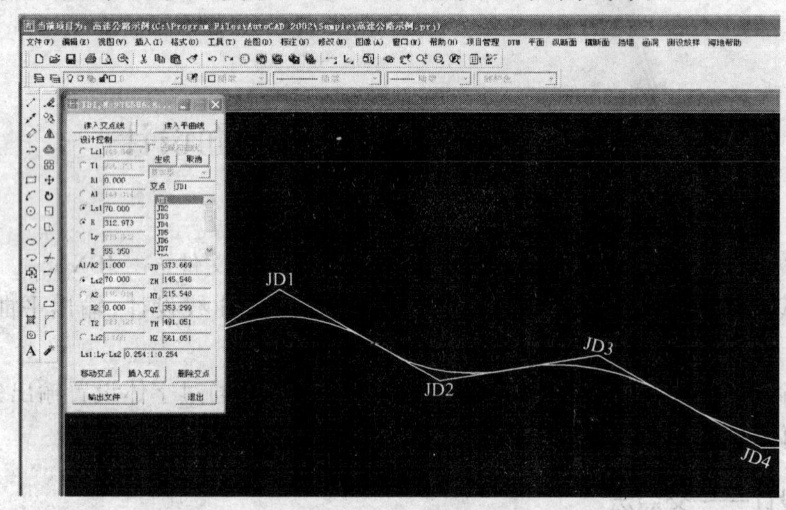

图 2-19　交点法平面设计

具体的输入方法如下：

①单圆曲线：赋予 R 值；其他值赋零，点取生成键。

②对称形：赋予 R 值或 L_y 值；赋予 L_{S1} 或 A_1 和 L_{S2} 或 A_2，并使 $L_{S1}=L_{S2}$ 或 $A_1=A_2$，点取生成键。

③非对称形：同②所述，其不同之处为给定的 L_{S1} 不等于 L_{S2} 或 A_1 不等于 A_2。

④S 形：对于 S 形曲线应由两个反向交点组成，在此称之为 JD_1 和 JD_2，那么对于 JD_1，我们可以使用“对称形”，当然也可以使用“非对称形”进行设计；而对于 JD_2 的设计，我们将给定 $L_{Z1}=0$，也就是给定 JD_2 的前直线为 0，使得两个交点之间的直线间距为 0，并给定 L_{S1}、L_{S2} 或 A_1、A_2 的值；而曲线半径 R 值则由系统反算得出。这样由 JD_1 和 JD_2 共同组合的曲线形式即为 S 形。

⑤虚交：当选取的交点数目多于两个的情况，系统就会认为这是虚交，同时系统会自动建

立一个公共的虚交点，以供用户进行设计。

特别提示：

①Hard 系统的平面线形设计功能为用户提供了极大的方便，当曲线设计完成后可以通过“输出文件”按钮，输出平曲线文件（＊. PQX），这个文件记录了设计的全过程，包括各种曲线信息，虚交点，回头曲线等。当设计一次没有完成，用户可以把已设计的弯道参数保存到平曲线文件中，下次可以直接读入该文件继续进行工作。

②路线的桩号信息（包括起点桩号、断链桩号）：调入编辑好的交点线文件时，输入路线的起点桩号和断链文件，这个文件将指明断链所发生的位置。这时当用户开始设计曲线时，系统将自动计算桩号信息，并在“输出文件”时输出到＊. PQX、＊. ZBB 文件中。

二、平曲线检查

系统依据《公路路线设计规范》（JTG D20—2006）对曲线设计中的参数进行检查，工作性质如同单位的“总工”一样，对曲线的设计进行严格把关，并将认为违反《公路路线设计规范》（JTG D20—2006）的弯道以及相应的参数通过报告提示出来，设计人员可以极为方便地检查自己设计中的违规情况，使每一步设计都可以做到心中有数。系统只是提示违规情况，并不强行阻碍设计，因为有些地方确实无法满足规范，可是设计还是要继续进行的。

系统还提供了平面设计所需的查询、标注等功能。如里程桩号查询、法线坐标查询、对生成的平面设计图进行地物标注、等高线标注以及图形裁剪等。

系统具有路线平纵横信息综合查询功能。系统提供给定的桩号文件以及动态交互输入两种方式，查询路线范围内任意指定桩号点的平、纵、横设计数据，包括坐标、高程、横坡度等；用户在进行桥涵设计时，常常需要手工计算桥涵任意位置点的所有信息，该功能的实现，极大地方便了广大用户的设计需要，配合海地计算器的强大功能，用户在进行桥梁设计时很大部分的数据计算都完全由海地系统来轻松完成。

三、生成平面设计图

Hard 系统生成的路线平面设计图是内容最为全面的图纸。坡角线、示坡线、路幅边线、等高线、排水线、坐标标注以及曲线要素表和导线点表等一应俱全，而且由用户任意选择定制出图信息（图 2-20）。

重点提示：Hard 系统由于是三维的操作平台，所以系统会根据外业资料即纵断面地面高文件（＊. DMG）和横断面地面线文件（＊. DMX）而自动生成数字化地面模型（DTM），从而自动绘制出等高线，并可使用[平面工具]中的“等高线标注”进行高程值的标注。这里特别需要引起注意的是，为使系统绘制的等高线有足够的幅面，请用户在外业测量过程中尽可能将横断面地面线的测量宽度放大一些，这样系统根据外业资料绘制的等高线将更加趋于实际。

自动分页：出图时通过设定页长，比如 700 米/页，也可以通过点击“页长”按钮，对每页的起止桩号进行编辑，用以改变出图的页长。实现了既能按照定页长又实现了用户参与桩号范围进行出图页长的控制。

系统通过“标注格式”设定输出的路幅线、曲线要素表的格式等（四川格式既有要素又有位置）。系统依据设计习惯默认桩号标注的位置在曲线的内侧并垂直于路中线，路中线的线形默认为实线，用户可以通过“标注格式”中的选项并依据自己的设计习惯对默认格式进行修改（图 2-21）。

“标注格式”中的“旋转平移缩放”是指对分割的每张图纸进行水平旋转，使其水平地布置在图框内，并依据用户设定的“横向”和“宽度”方向的比例进行比例缩放。“横向”和“宽度”方向的比例可以不同，对于低等级的公路可以适当将“宽度”比例放大一些，这样路幅方向可以宽一些，桩号的字将不会和路幅线混在一起，使图纸版面整齐美观。

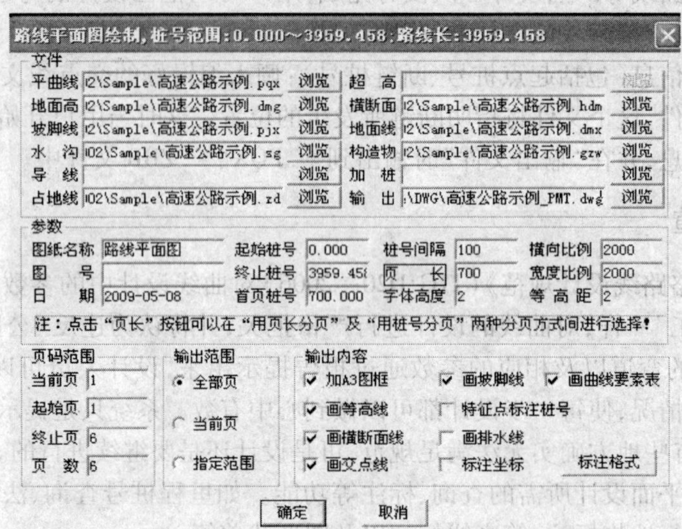

图 2-20　生成平面设计图

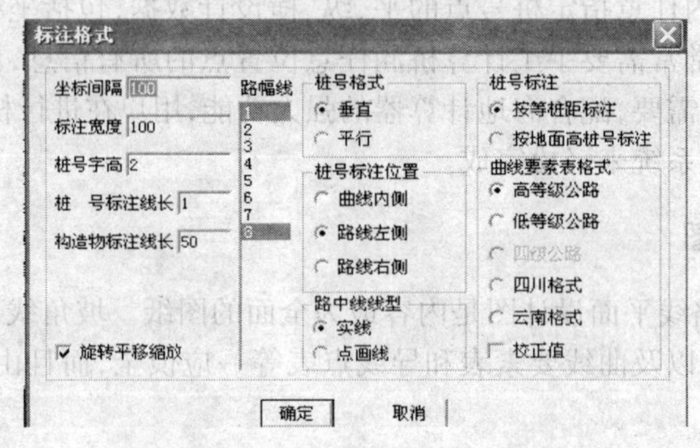

图 2-21　标注格式

出图时可以生成当前页也可以全部生成，当选择全部生成时，系统会自动命名并逐页保存到项目管理指定路径的 DWG 文件夹中。生成的路线平面图如图 2-22 所示。

四、生成逐桩坐标表

系统依据平面设计完成后生成的＊. PQX 文件生成坐标表，可以根据公路等级或者测设的需要选取是否输出方位角。一般情况，高等级公路输出而等级较低的公路不输出。系统可以通过设定桩号间距、加桩文件等输出用户需要的桩号坐标。

五、生成直曲表

根据＊. PQX 文件输出直曲表，可根据公路等级选择是否输出坐标。对于四级公路，由于超高加宽缓和段不是在缓和曲线上完成的，所以其表格形式有所不同。

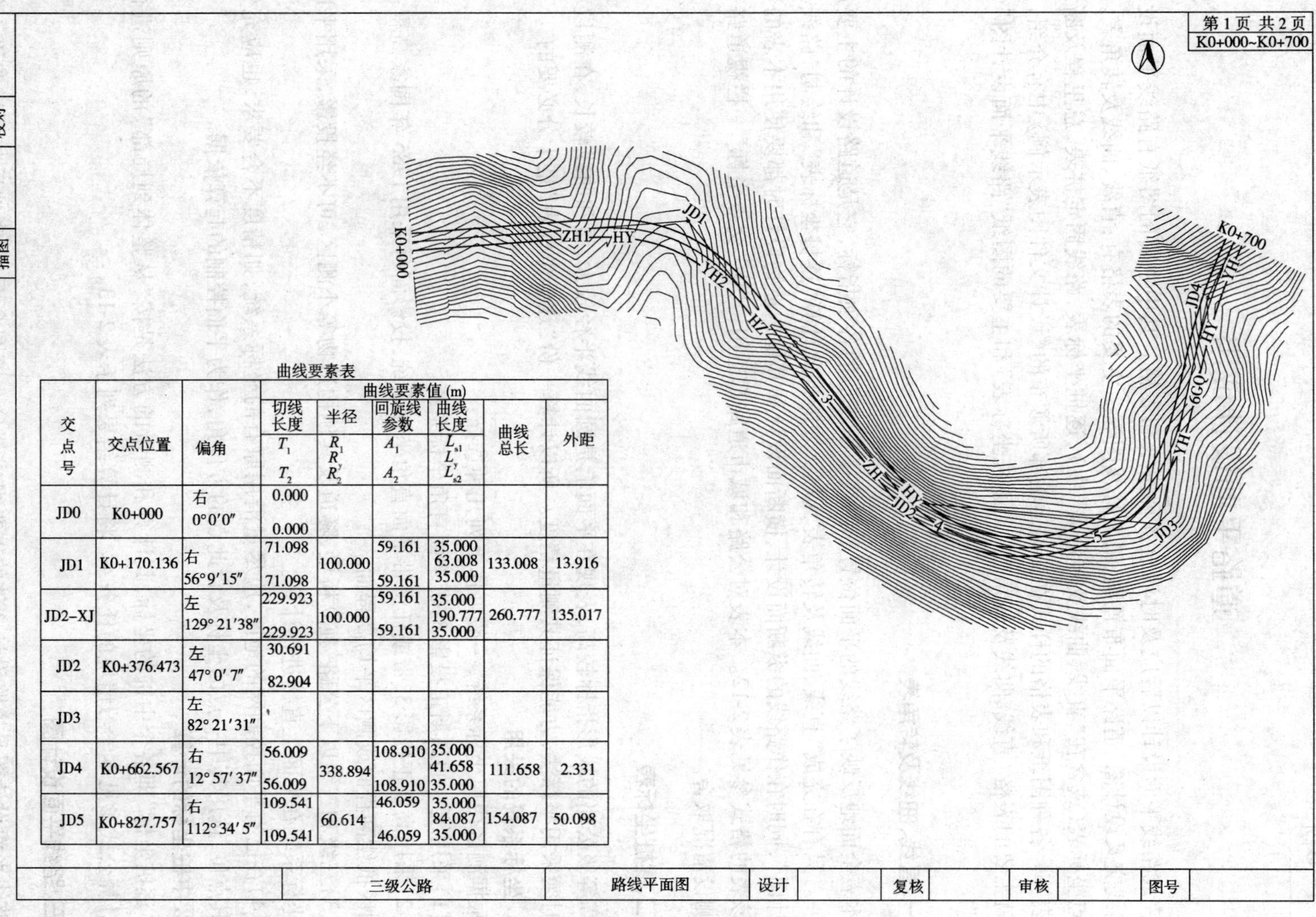

曲线要素表

交点号	交点位置	偏角	切线长度 T_1 T_2	半径 R_1 R^y R_2	回旋线参数 A_1 A_2	曲线长度 L_{s1} L^y L_{s2}	曲线总长	外距
JD0	K0+000	右 0°0′0″	0.000 0.000					
JD1	K0+170.136	右 56°9′15″	71.098 71.098	100.000	59.161 59.161	35.000 63.008 35.000	133.008	13.916
JD2–XJ		左 129° 21′38″	229.923 229.923	100.000	59.161 59.161	35.000 190.777 35.000	260.777	135.017
JD2	K0+376.473	左 47° 0′ 7″	30.691 82.904					
JD3		左 82° 21′31″						
JD4	K0+662.567	右 12° 57′ 37″	56.009 56.009	338.894	108.910 108.910	35.000 41.658 35.000	111.658	2.331
JD5	K0+827.757	右 112° 34′ 5″	109.541 109.541	60.614	46.059 46.059	35.000 84.087 35.000	154.087	50.098

图2-22 生成的路线平面图

任务8

道路平面设计成果

完成路线平面设计以后应及时清绘各种图纸和表格。其中主要的图纸有路线平面设计图、路线交叉设计图、道路平面布置图、纸上移线图等。主要的表格有:直线、曲线及转角表,路线交点坐标表(或含在"直线、曲线及转角表"中),逐桩坐标表,路线固定桩表,总里程及断链桩号表等。各种图纸和表格的样式在交通运输部所颁布的《设计文件图表示例》中有介绍,这里仅就主要的表格"直线、曲线及转角表"、"逐桩坐标表"和主要的图纸"路线平面设计图"予以说明。

一、直线、曲线及转角表

本表全面地反映了路线的平面位置和路线平面线形的各项指标,它是道路设计的主要成果之一。只有在完成"直线、曲线及转角表"以后,才能据此计算"逐桩坐标表"和绘制"路线平面设计图",同时在作路线的纵断面设计、横断面设计和其他构造物设计时都要使用本表的数据。该表的格式参见表2-12。本表对公路和城市道路都适用,其中"交点坐标"一栏视道路等级和测设情况取舍。

二、逐桩坐标表

高等级公路的线形指标较高,表现在平面上是圆曲线半径较大,缓和曲线较长,在测设和放样时须采用坐标法,方能保证其测量精度。所以计算一份"逐桩坐标表"是十分必要的。

1. 坐标系统的采用

根据测区内原坐标系统,一般可作下列几种选择:

(1)采用统一的高斯正投影3°带平面直角坐标系统。

(2)采用高斯正投影3°带或任意带平面直角坐标系统,投影面可采用1985年国家高程基准、测区抵偿高程面或测区平均高程面。

(3)三级和三级以下公路、独立桥梁、隧道及其他构造物等小测区,可不经投影,采用平面直角坐标系统在平面上直接进行计算。

(4)在已有平面控制网的地区,应尽量沿用原有的坐标系统,如精度不合要求,也应充分利用其点位,选用其中一点的坐标及含此点的方位角,作为平面控制的起算依据。

2. 中桩坐标的计算

"逐桩坐标"即各个中桩的坐标,其计算和测量的方法是按"从整体到局部"的原则进行的。计算公式参见本学习情境的任务4。将计算结果列于表2-13。

三、路线平面设计图

路线平面设计图是道路设计文件的重要组成部分。该图全面、清晰地反映了道路平面位置和经过地区的地形、地物等,它是设计人员设计意图的重要体现。平面设计图无论对提供有关部门审批、专家评议、日后指导施工、恢复定线等方面都有重要作用。

表 2-12

直线、曲线及转角表

某公路某段

交点号	交点坐标		交点桩号	转角值	曲线要素值					
	X	Y			半径	缓和曲线长度	切线长度	曲线长度	外距	校正值
1	2	3	4	5	6	7	8	9	10	11
起点	41 808.204	90 033.595	K0 +000.000							
2	41 317.589	90 464.099	K0 +652.716	右 35°35′25.0″	800.000	0.000	256.777	496.934	40.199	16.620
3	40 796.308	90 515.912	K1 +159.946	左 57°32′52.0″	250.00	50.000	162.511	301.100	35.692	23.922
4	40 441.519	91 219.007	K1 +923.562	左 34°32′06.0″	150.00	40.000	66.753	130.412	7.545	3.094
5	40 520.204	91 796.474	K2 +503.273	右 78°53′21.0″	200.000	45.000	187.380	320.375	59.533	54.385
6	40 221.113	91 898.700	K2 +764.966	左 51°40′28.0″	224.130	40.000	128.667	242.140	25.224	15.194
7	40 047.399	92 390.466	K3 +271.318	左 34°55′51.0″	150.000	40.000	67.323	131.449	7.715	3.197
8	40 190.108	92 905.941	K3 +802.980	右 22°25′25.0″	600.000	0.000	118.932	234.820	11.674	3.044
终点	40 120.034	93 480.920	K4 +379.175							

交点号	曲线位置					直线长度及方向			测量断链		备注
	第一缓和曲线起点	第一缓和曲线终点或圆曲线起点	曲线中点	第二缓和曲线或圆曲线终点	第二缓和曲线起点	直线长度（m）	交点间距（m）	计算方位角或计算方向角	桩号	增减长度（m）	
1	12	13	14	15	16	17	18	19	20	21	22
起点								138°44′00.0″			
2		K0 +395.939	K0 +644.406	K0 +892.873		395.939	652.716	174°19′25.0″			
3	K0 +997.435	K1 +047.435	K1 +147.985	K1 +248.535	K1 +298.535	104.562	523.850	116°46′33.0″			
4	K1 +856.809	K1 +896.809	K1 +922.015	K1 +947.221	K1 +987.221	558.274	787.538	82°14′27.0″			
5	K2 +315.893	K2 +360.893	K2 +476.081	K2 +591.268	K2 +636.268	328.672	582.805	161°07′48.0″			
6	K2 +636.299	K2 +676.299	K2 +757.369	K2 +838.439	K2 +878.439	0.031	316.078	109°27′20.0″			
7	K3 +203.995	K3 +243.995	K3 +269.720	K3 +295.444	K3 +335.444	325.556	521.546	74°31′29.0″			
8		K3 +684.048	K3 +801.458	K3 +918.868		348.604	534.859	96°56′54.0″			
终点					460.307	579.239					

逐桩坐标表

表 2-13

某公路某段

桩号	坐标（m）		方向角	桩号	坐标（m）		方向角
	X	Y			X	Y	
K1 +500.00	40 632.336	90 840.861	116°46′33.0″	K2 +140.00	40 471.158	91 436.529	82°14′27.0″
K1 +540.00	40 614.316	90 876.572	116°46′33.0″	K2 +160.00	40 473.858	91 456.346	82°14′27.0″
K1 +570.00	40 600.801	90 903.355	116°46′33.0″	K2 +180.00	40 476.558	91 476.163	82°14′27.0″
K1 +600.00	40 587.286	90 930.139	116°46′33.0″	K2 +200.00	40 479.258	91 495.980	82°14′27.0″
K1 +630.33	40 573.623	90 957.216	116°46′33.0″	K2 +220.00	40 481.959	91 515.797	82°14′27.0″
K1 +669.00	40 556.202	90 991.740	116°46′33.0″	K2 +240.00	40 484.659	91 535.613	82°14′27.0″
K1 +680.00	40 551.246	91 001.561	116°46′33.0″	K2 +260.00	40 487.359	91 555.430	82°14′27.0″
K1 +700.00	40 542.236	91 019.416	116°46′33.0″	K2 +280.00	40 490.059	91 575.247	82°14′27.0″
K1 +720.00	40 533.226	91 037.272	116°46′33.0″	K2 +300.00	40 492.759	91 595.064	82°14′27.0″
Kl +750.00	40 519.711	91 064.055	116°46′33.0″	ZH +315.89	40 494.905	91 610.809	82°14′27.0″
K1 +780.00	40 506.196	91 090.838	116°46′33.0″	K2 +340.00	40 497.902	91 634.730	84°05′26.5″
K1 +800.00	40 497.186	91 108.694	116°46′33.0″	HY +360.89	40 499.302	91 655.568	88°41′08.7″
K1 +820.00	40 488.176	91 126.549	116°46′33.0″	K2 +380.00	40 498.828	91 674.665	94°09′37.3″
K1 +840.00	40 479.166	91 144.405	116°46′33.0″	K2 +400.00	40 496.383	91 694.506	99°53′23.8″
ZH +856.31	40 471.593	91 159.412	116°46′33.0″	K2 +420.00	40 491.969	91 714.005	105°37′10.3″
K1 +870.00	40 465.708	91 171.216	115°56′42.1″	K2 +440.00	40 485.631	91 732.965	111°20′56.7″
HY +896.81	40 455.191	91 195.860	109°08′09.7″	K2 +460.00	40 477.431	91 751.198	117°04′43.2″
K1 +900.00	40 454.177	91 198.885	107°55′03.1″	QZ +476.08	40 469.544	91 765.206	121°41′06.9″
QZ +922.01	40 448.963	91 220.253	99°30′30.3″	K2 +500.00	40 455.794	91 784.761	128°32′16.2″
K1 +940.00	40 447.061	91 238.126	92°38′19.1″	K2 +520.00	40 442.573	91 799.757	134°16′02.6″
YH +947.00	40 446.902	91 245.344	89°52′50.9″	K2 +540.00	40 427.920	91 813.357	139°59′49.1″
K1 +960.00	40 447.413	91 258.112	85°46′43.6″	K2 +560.00	40 411.983	91 825.427	145°43′35.6″
K1 +980.00	40 449.567	91 277.993	82°29′23.3″	K2 +580.00	40 394.921	91 835.845	151°27′22.1″
HZ +987.22	40 450.531	91 285.148	82°14′27.0″	YH +591.27	40 384.875	91 840.947	154°41′05.3″
K2 +000.00	40 452.257	91 297.811	82°14′27.0″	K2 +600.00	40 376.910	91 844.518	156°56′35.0″
K2 +010.00	40 453.607	91 307.719	82°14′27.0″	K2 +620.00	40 358.262	91 851.740	160°17′15.4″
K2 +030.00	40 456.307	91 327.536	82°14′27.0″	GQ +636.27	40 342.893	91 857.077	161°07′48.0″
K2 +050.00	40 459.007	91 347.353	82°14′27.0″	K2 +650.00	40 329.916	91 861.563	160°31′48.6″
K2 +070.00	40 461.707	91 367.170	82°14′27.0″	K2 +670.00	40 311.219	91 868.655	157°30′02.7″
K2 +100.00	40 465.757	91 396.895	82°14′27.0″	K2 +700.00	40 284.324	91 881.898	149°57′30.4″
K2 +120.00	40 468.458	91 416.712	82°14′27.0″				

1. 公路路线平面设计图

1）平面图的比例尺和测绘范围

公路路线平面图是指包括道路中线在内的有一定宽度的带状地形图。若为供工程可行性研究、初步设计阶段的方案研究与比选,可采用1:50 000或1:10 000的比例尺测绘(或向国家测绘部门和其他工程单位收集),但作为初步设计、施工图设计的设计文件组成部分应采用更大的比例尺。一般常用的是1:2 000,在平原微丘区可用1:5 000。在地形特别复杂地段的路线初步设计、施工图设计可用1:500或1:1 000。若为纸上移线,则比例尺将更大。

路线带状地形图的测绘宽度,一般为中线两侧各100~200m。对1:5 000的地形图,测绘宽度每侧应不小于250m。若有比较线,应将比较线包括进去。

2)路线平面图的内容及绘制方法

(1)导线及道路中线的展绘　在展绘导线或中线以前,需按图幅的合理布局,绘出坐标方格网,坐标网格尺寸采用5cm或10cm,要求图廓网格的对角线长度和导线点间长度误差均不大于0.5mm。然后按导线点(或交点,下同)坐标X、Y精确地点绘在相应位置上。每张导线图展绘完毕后,用三棱尺逐点复核各点间距,再用半圆仪校核每个角度是否与计算相符。复核无误后,再按"逐桩坐标表"所提供的数据,展绘曲线,并注明各曲线主要点以及公里桩、百米桩、断链桩位置。对导线点、交点逐个编号,注明路线在本张图中的起点和终点里程等。

路线一律按前进方向从左至右画,在每张图的拼接处画出接图线。在图的右上角注明共×张、第×张。在图纸的空白处注明曲线元素及主要点里程。

(2)控制点的展绘　各种比例尺的地形图均应展绘和测出各等级三角点、导线点、图根点、水准点等,并按规定的符号表示。

(3)各种构造物的测绘　各类建筑物、构筑物及其主要附属设施应按现行工程测量规范的规定测绘和表示。各种线状地物,如管线和高、低压电线等应实测其支架或电杆的位置。对穿越路线的高压线应实测其悬垂线距地面的高度并注明电流、电压(伏·安)数。地下管线应详细测定其位置。道路及其附属物应按实际形状测绘。公路交叉口应注明每条公路的走向。铁路应注明轨面高程,公路应注记路面类型,涵洞应注明洞底高程。

(4)水系及其附属物的测绘　应测绘的项目有:海洋的海岸线位置;水渠顶边及底边高程;堤坝顶部及坡脚的高程;水井井台高程;水塘顶边及塘底的高程。河流、水沟等应注明水流流向。

(5)地形、地貌、植被、不良地质地带等均应详细测绘并用等高线和国家测绘局制定的"地形图式"符号及数字注明。

3)公路路线平面设计图示例(图2-23)。

2. 城市道路平面设计图

1)绘图比例尺和测绘范围

城市道路相对于公路,长度较短而宽度较宽,在绘图比例尺的选用上一般比公路大。在作技术设计时,可采用1:500~1:1 000的比例尺绘制。绘图的范围视道路等级而定,等级高的范围应大些,等级低的可小些。通常在道路两侧红线以外各20~50m,或中线两侧各50~150m,特殊例外。

2)城市道路平面设计图的内容及绘制方法

城市道路的导线、中线及路线两侧的地形、地物、水系、植被等的绘制方法与公路相同,不再重复。下面就城市道路中各种设施的绘制方法作一介绍。

(1)规划红线　道路红线是道路用地与城市其他用地的分界线,红线之间的宽度也就是城市道路的总宽度,所以当道路的中心线画出以后,则应按城市道路的规划宽度画出道路红线。如果有远期规划和近期规划,都应画出并注明。

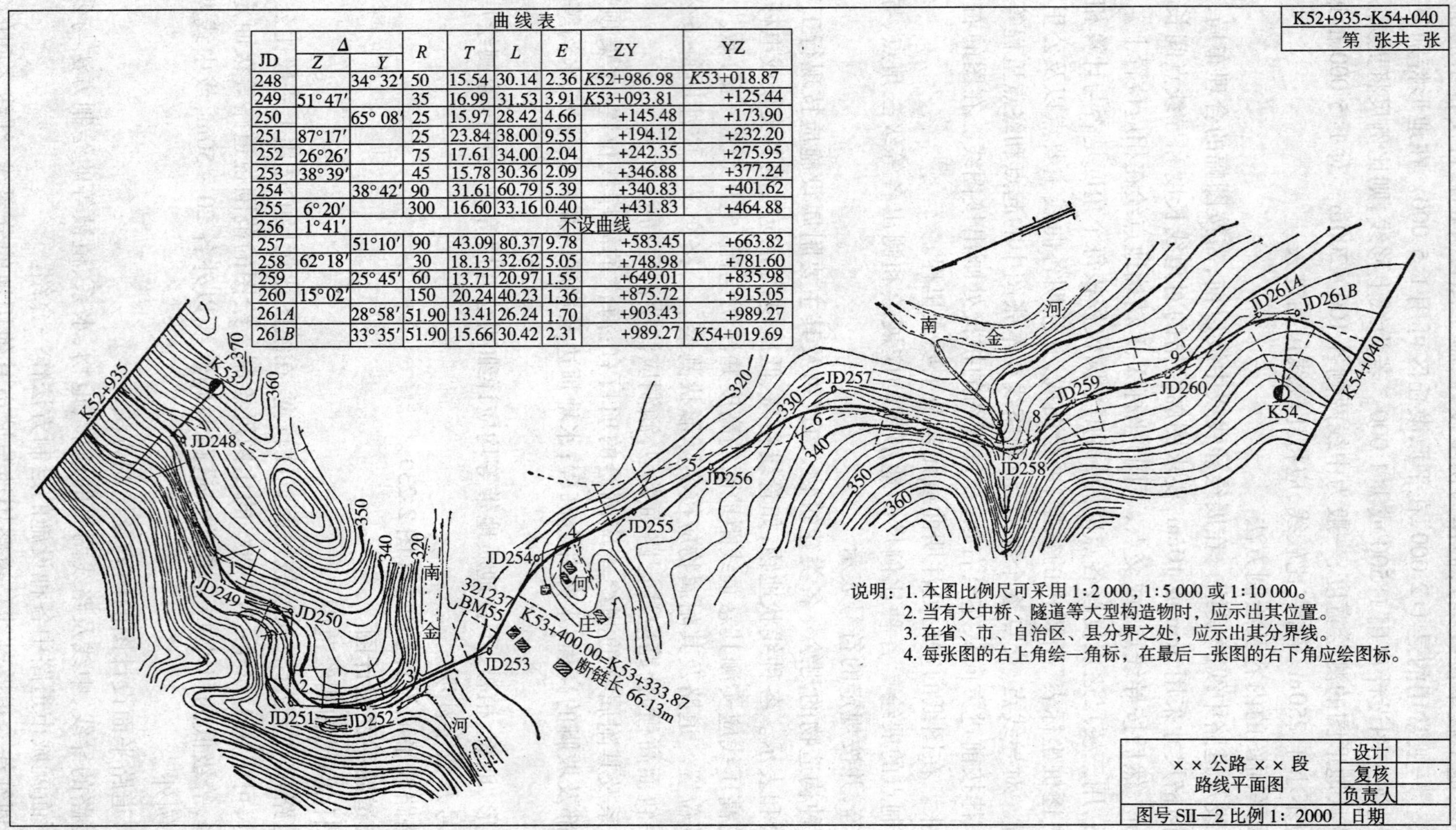

K52+935~K54+040
第　张共　张

曲线表

JD	Δ		R	T	L	E	ZY	YZ
	Z	Y						
248		34° 32′	50	15.54	30.14	2.36	K52+986.98	K53+018.87
249	51° 47′		35	16.99	31.53	3.91	K53+093.81	+125.44
250		65° 08′	25	15.97	28.42	4.66	+145.48	+173.90
251	87°17′		25	23.84	38.00	9.55	+194.12	+232.20
252	26°26′		75	17.61	34.00	2.04	+242.35	+275.95
253	38°39′		45	15.78	30.36	2.09	+346.88	+377.24
254		38°42′	90	31.61	60.79	5.39	+340.83	+401.62
255	6°20′		300	16.60	33.16	0.40	+431.83	+464.88
256	1°41′		不设曲线					
257		51°10′	90	43.09	80.37	9.78	+583.45	+663.82
258	62°18′		30	18.13	32.62	5.05	+748.98	+781.60
259		25°45′	60	13.71	20.97	1.55	+649.01	+835.98
260	15°02′		150	20.24	40.23	1.36	+875.72	+915.05
261A		28°58′	51.90	13.41	26.24	1.70	+903.43	+989.27
261B		33°35′	51.90	15.66	30.42	2.31	+989.27	K54+019.69

说明：1. 本图比例尺可采用 1∶2 000，1∶5 000 或 1∶10 000。
2. 当有大中桥、隧道等大型构造物时，应示出其位置。
3. 在省、市、自治区、县分界之处，应示出其分界线。
4. 每张图的右上角绘一角标，在最后一张图的右下角应绘图标。

××公路××段 路线平面图	设计	
	复核	
	负责人	
图号 SII—2 比例 1：2000	日期	

图 2-23　路线平面设计图

(2)坡口、坡脚线

新建道路由于原地面高低起伏必然有填有挖。填方路段在平面图中应画出路基的坡脚线;挖方路段画出路基的坡口线。

在路基横断面图上,量出坡口或坡脚至中线的距离,点绘在平面图中相应桩号的横断面线上(左、右侧),然后用平滑的曲线分别将坡口点、坡脚点顺序连接,最后画上示坡线(图2-24)。

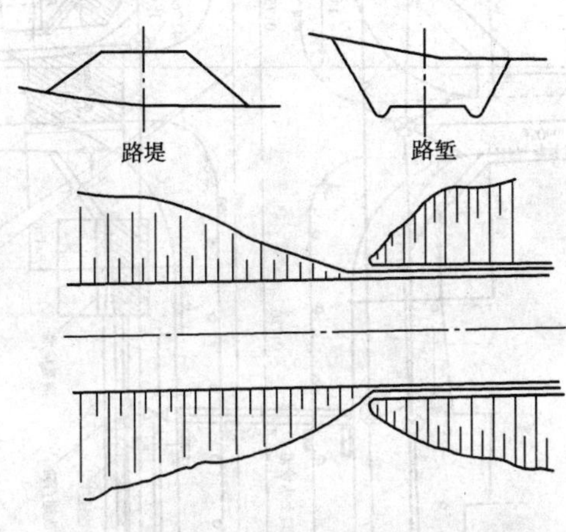

图 2-24　路堤、路堑在平面图中的表示方法

路基的坡口与坡脚线在一般公路的平面图中由于比例尺较小不易表达,但在高速公路和一级公路中有时也要求绘制。

(3)车道线　城市道路的车道线是城市道路平面设计图的重要内容。在路幅宽度内,有机动车道、非机动车道,在机动车道中还分快车道、慢车道等。各种车道线的位置、宽度可在横断面布置图中查得,一一画在平面图中。车道的曲线部分应按设计的圆曲线半径、缓和曲线长度绘制。各车道之间的分隔带、路缘带等也应绘出。

(4)人行道、人行横道线、交通岛按设计绘制。

(5)地上、地下管线和排水设施　各处地上、地下管线的走向和位置、雨水进水口、窨井、排水沟等都应在图中标出。必要时,需分别另绘排水管线平面图纸。

(6)交叉口　平面交叉口、立体交叉口虽然有专门的交叉口设计图,但在平面设计图中也应该按平面图的比例尺画出并详细注明交叉口的各路去向、交叉角度、曲线元素以及路缘石转弯半径。

一张完整的平面设计图,除了清楚而正确地表达上述设计内容外,还可对某些细部设施或构件画出大样图。最后在图中的空白处作一些简要的工程说明。如工程范围、采用坐标系、引用的水准点位置等。

在城市道路设计文件中所提供的平面设计图应包括两种图式:一种是直接在地形图上所作的平面布置图,红线以内和红线以外的地形地物一律保留;另一种是只绘红线以外的地形地物,红线以内只绘车道线和道路上的各种设施而不绘地形地物。两种图各有优缺点:前者可以看出设计人员是如何处理道路与地形地物之间的关系的(包括拆迁情况),后者则可更清晰地表现道路上各种设施的位置和尺寸。前一种图一般用在方案研究和初步设计中,后一种图用在技术设计中。图 2-25 为技术设计阶段的城市道路平面设计图。

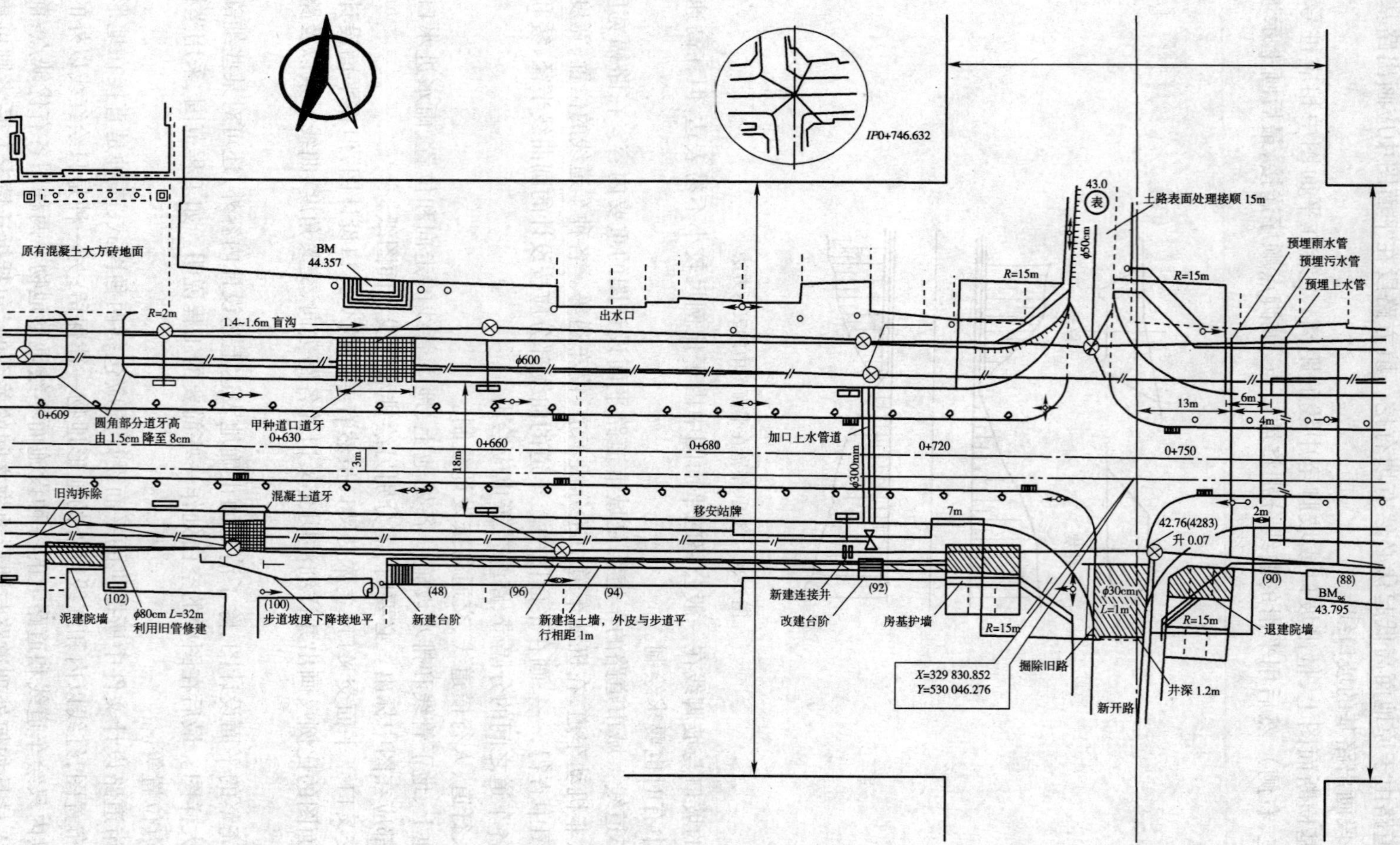

图2-25 城市道路平面设计图

学习情境3

道路纵断面设计

情境导入

在路线设计过程中，当完成了路线的平面设计之后，确定了道路的平面位置，下一步工作就是进行详细的纵断面设计，计算出路线各桩点的施工高度，提交完善的纵断面设计成果，为下一步设计打下基础。

学习目标

【知识目标】 完成本学习情境的学习，学生能够掌握纵断面设计的方法；熟练掌握纵断面设计的外业工作；能通过计算机软件进行纵断面的内业设计；形成纵断面设计文件。

【能力目标】 学生能够进行道路纵断面外业设计、内业设计。

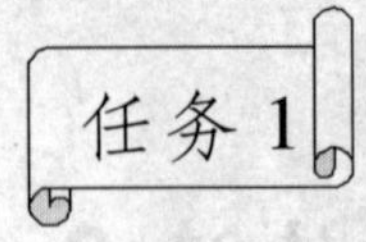

认识道路纵断面

通过道路中线的竖向剖面,称为纵断面。它是道路设计的重要技术图表之一,主要反映路线起伏、纵坡与原地面的切割等情况,把道路的纵断面图与平面图、横断面图结合起来,就能够完整地表达出道路的空间位置和立体线形。

道路的纵断面线形应根据道路的性质、任务、等级和地形、地物、地质、水文等因素,考虑路基稳定、排水及工程量等的要求,对纵坡的大小、长短、前后纵坡情况、竖曲线半径大小以及与平面线形的组合关系等进行组合设计。

在路中线的原地面高程,称为地面高程,地面高程的连线称为地面线(又称黑线)。对于纵断面上的设计高程,即路基(包括路面厚度)的设计高程,有如下规定:

(1)新建公路的路基设计高程　高速公路、一级公路采用中央分隔带的外侧边缘高程;二级公路、三级公路、四级公路采用路基边缘高程。在设置超高加宽的路段,是指超高加宽前该处原路基边缘的高程(图 3-1)。

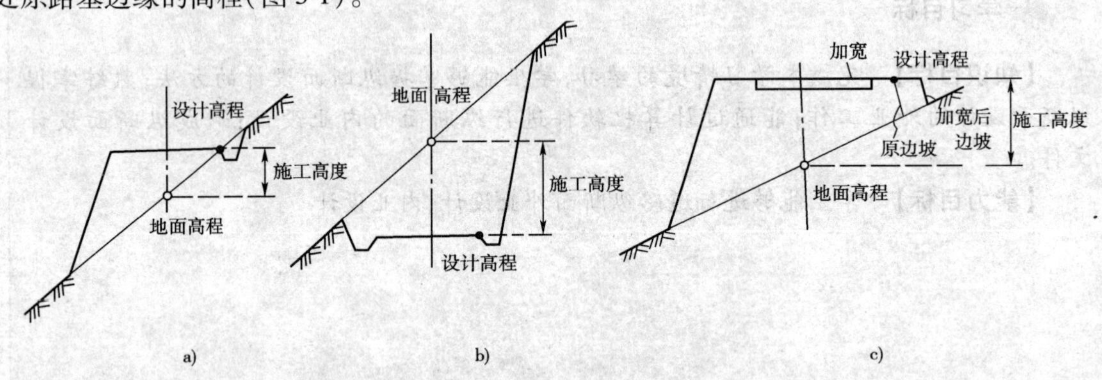

图 3-1　路基的地面高程与设计高程

a)路堤;b)路堑;c)曲线超高加宽段

(2)改建公路的路基设计高程　一般按新建公路的规定办理,也可视具体情况而采用中央分隔带或行车道中线高程;对于城市道路,设计高程指建成后的行车道中线路面高程或中央分隔带中线高程。

在任一横断面上设计高程与地面高程之差,称为该处的施工高度(图 3-1)。施工高度的大小决定了路堤的高度或路堑的深度。当设计线在地面线上面时,路基修筑成路堤(填方),当设计线在地面线下面时修筑成路堑(挖方)。

路线纵断面图可以看成由两部分组成:一是图的上半部,二是图的下半部。

纵断面图下半部主要用来填写有关数据;自下而上分别有这样一些内容:

①直线与平曲线;

②里程及桩号;

③地面高程;

④设计高程;

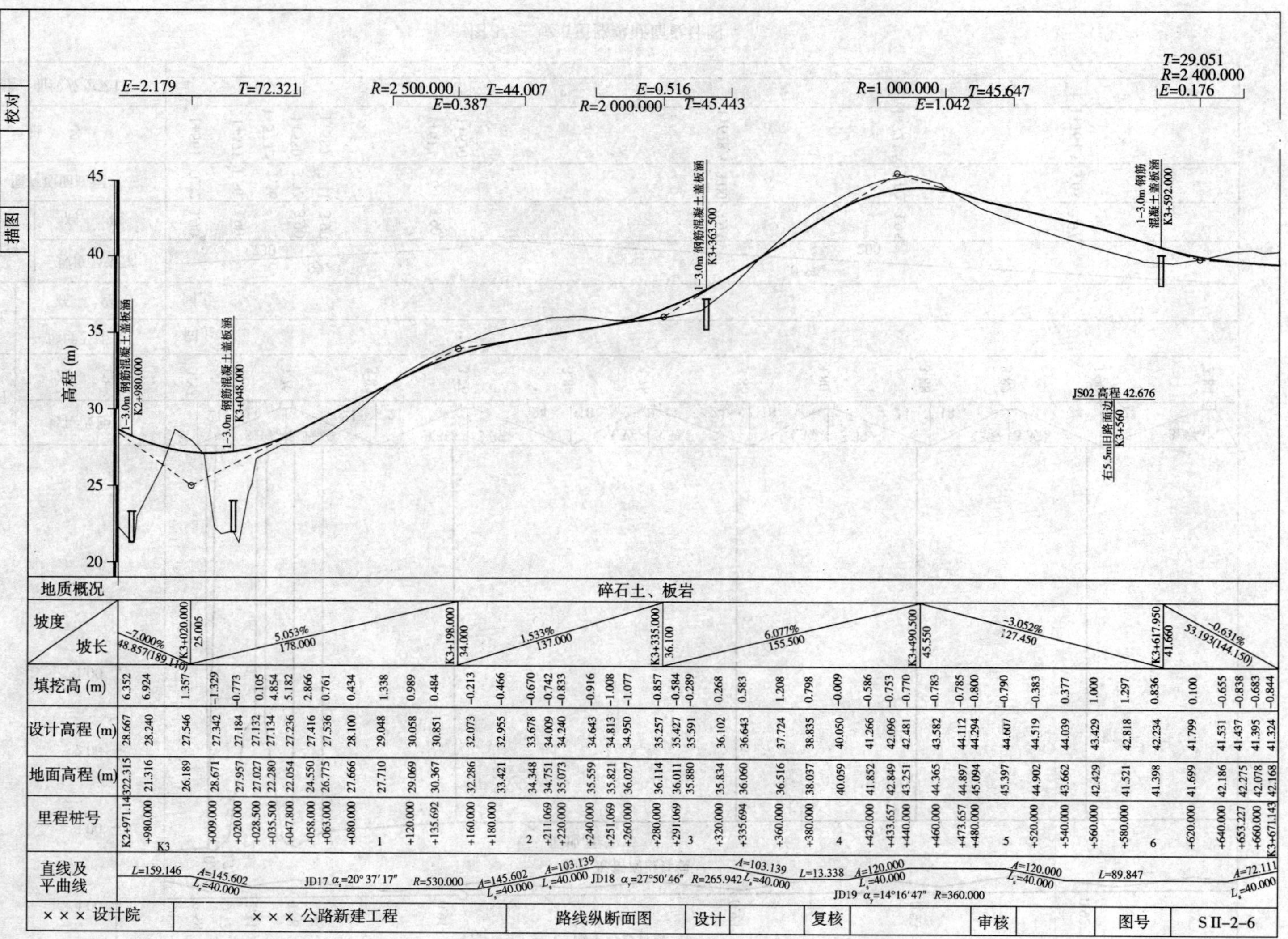

图 3-2 公路路线纵断面图

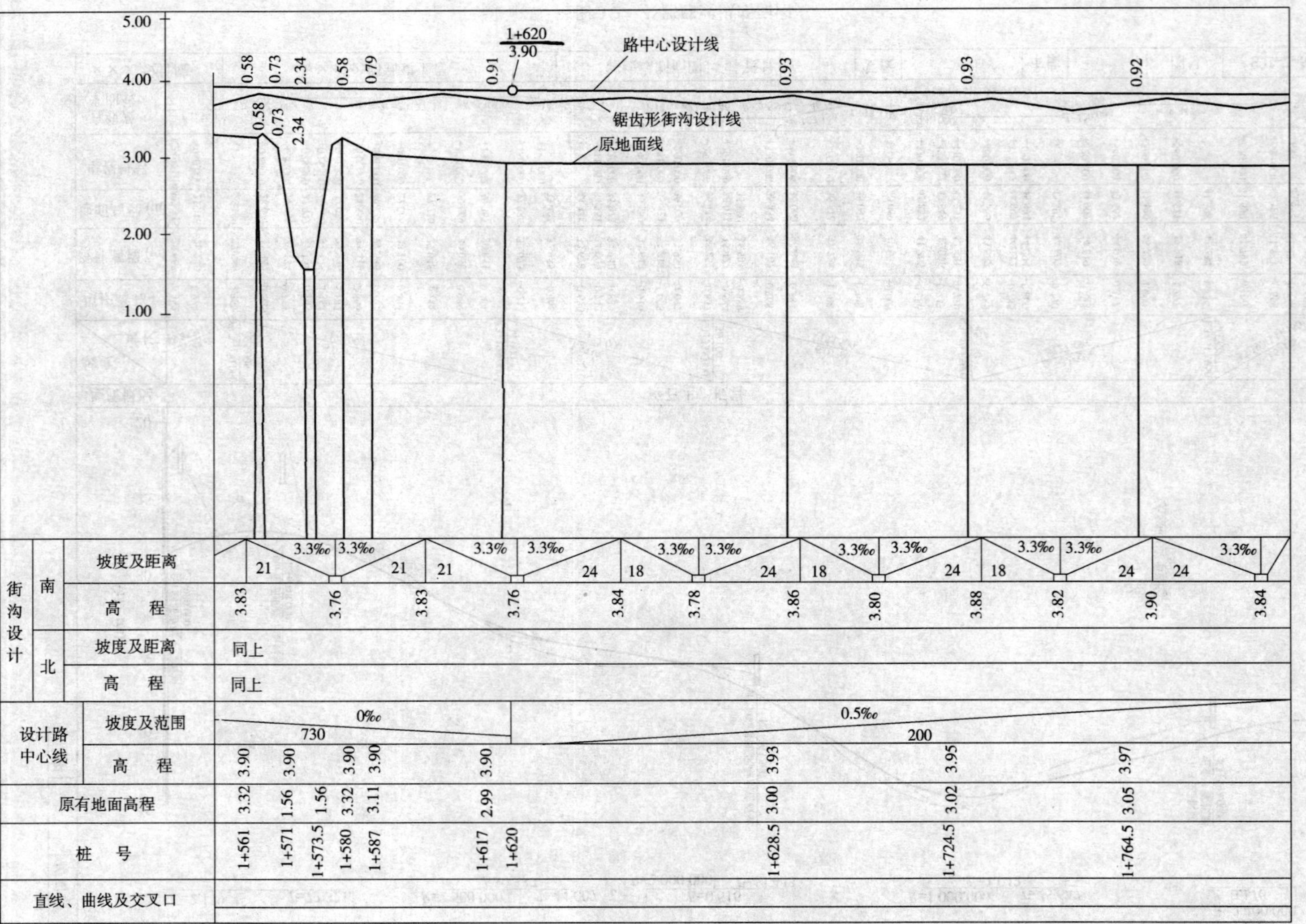

图 3-3　城市道路纵断面设计图

⑤填挖高度值；

⑥坡度/坡长；

⑦土壤地质说明等。

纵断面图上半部主要用来绘制两条主要的线：一条是地面线，它是根据路中线上各桩点实测的地面高程点绘出的一条不规则的折线，反映出路中线处天然地面的起伏变化情况；另一条是设计线，它是经过技术、经济以及美学上的比较后，由设计人员定出来的，主要反映公路建成后纵面坡度的变化情况。路线纵断面设计线是由均匀坡度线（直线）和竖曲线（圆曲线或二次抛物线）组成的。坡度线和竖曲线共同成为纵断面线形的两个基本线形要素。很明显，坡度线有上坡和下坡，是以坡度和水平长度表示的，一般上坡坡度为正，下坡坡度为负；竖曲线则是在坡度转换处设置的过渡性曲线，有凸形和凹形两种，其大小以半径和水平长度表示。

此外，在纵断面图上应将下列内容在适当的位置绘制出来：

①竖曲线位置及其要素；

②设计排水沟的布置及其长度、坡度、流水方向；

③沿线桥涵及人工构造物的位置、结构类型及孔径；

④与公路、铁路交叉的桩号及路名；

⑤沿线跨越的河流名称、位置、现有水位及最高洪水位；

⑥水准点位置、编号和高程；

⑦断链桩位置、桩号及长短链关系等。

以上内容详见图 3-2。

图 3-3 为城市道路纵断面设计图。

纵坡及坡长设计

一、纵坡设计的一般要求

为使纵坡设计达到经济合理的目的，设计时必须全面掌握勘测资料，结合选（定）线的意图进行综合分析、比较，并满足以下一些要求：

（1）纵坡设计必须满足《标准》中有关纵坡的各项规定，做到坡度平坦、起伏缓和，纵断面线形与平面设计相协调。

（2）为保证汽车以一定的车速安全行驶，纵坡应具有一定的平顺性，起伏不宜过大和过于频繁，应尽量避免采用极限纵坡值；缓和坡段最好配合地形很自然地设置，不宜连续采用极限长度的陡坡夹最短坡长的缓坡，应争取较均匀的纵坡。垭口处的纵坡应尽量放缓一些。连续升坡或降坡路段，应避免设置反坡段。

（3）纵坡设计时，对沿线的自然条件，如地形、土壤地质、水文、气候等，应作综合考虑，根据不同的具体情况加以处理，以保证公路的畅通和稳定。

（4）纵坡设计在一般情况下应考虑填挖平衡，尽量利用挖方做就近路段的填方，以减少废方和借方量，节省土石方及其他工程数量，降低工程造价。

(5)地下水位较高的平原微丘区和潮湿地带的路段，应满足最小填土高度的要求，以保证路基稳定。对于沿河及受水浸淹的路线，纵坡设计应保证路基设计高程，一般应高出设计洪水频率对应的计算水位以上0.5m。

(6)纵坡设计应尽可能照顾当地民间运输工具、农用机械、农田水利等方面的要求。一个好的设计还必须尽量照顾到人的视觉和心理上的要求，使驾驶者有足够的安全感、舒适感和视觉上的美感。

二、最大纵坡与最小纵坡

1. 最大纵坡

最大纵坡是指在设计纵坡时，各级公路允许采用的最大坡度值，它是路线设计中一项重要的控制指标。特别是在山区，纵坡的大小直接影响着路线的长短、使用品质的好坏、工程量的大小以及运输成本的高低。因此，决定公路的最大纵坡时必须慎重。

《标准》在制定最大纵坡时，主要根据以下三个方面来决定。

1)汽车的动力特性

不同类型的车辆具有不同的动力特性和制动性能，其上坡时的爬坡能力和下坡时的制动效能也各不相同。按照公路上行驶的车辆类型及其所具有的动力特性来确定汽车在规定速度下的爬坡能力和下坡的安全性，是确定道路最大纵坡的常用方法。

通过对汽车在坡道上行驶情况的调查发现，汽车上坡时因克服升坡阻力，需要增大牵引力，车速会降低；若陡坡过长，汽车水箱可能出现"开锅"、气阻的情况，严重时还可能使发动机熄火，使驾驶条件恶化；另一方面，车辆沿陡坡下行时，制动次数明显增多，制动器易发热而失效，加之驾驶员下坡行驶时心理紧张，很容易引发事故。

2)公路等级

不同的公路等级对应于不同的设计速度，从汽车的动力特性曲线可知，汽车的爬坡能力与行驶速度成反比。公路等级越高，行车密度越大，要求的行车速度也越快，相应地其纵坡也需越小。因而不同等级、性质的公路，其最大纵坡的限制值也不一样。在确定最大纵坡时，必须把保证各等级的公路具有规定的行车速度作为前提。

3)自然条件

公路所经地区的地形起伏情况、海拔高度、气温、降雨、冰雪等自然因素对汽车的行驶条件和爬坡能力都会产生影响。处于长期冰冻地区的公路须避免采用大坡，以防止行车滑溜等不安全因素的产生。

根据上述的行车速度、行车安全和驾驶条件等各种实践的要求，并综合事故与纵坡的关系、下坡刹车次数及陡坡累计长度的分析，普遍认为公路的最大纵坡以不超过8%为宜。从工程经济考虑，《标准》和《城规》分别规定了公路和城市道路的最大纵坡值，如表3-1、表3-2所示。

公路最大纵坡　　表3-1

设计速度(km/h)	120	100	80	60	40	30	20
最大纵坡(%)	3	4	5	6	7	8	9

注：①高速公路受地形条件或其他特殊情况限制时，经技术经济论证，最大纵坡可增加1%；

②公路改建中，设计速度为20~40km/h的利用原有公路的路段，经技术经济论证，最大纵坡可增加1%。

城市道路最大纵坡 表3-2

计算行车速度(km/h)	80	60	50	40	30	20
最大纵坡度推荐值(%)	4	5	5.5	6	7	8
最大纵坡度限制值(%)	6	7		8	9	

注:①海拔3 000~4 000m的高原城市道路的最大纵坡度推荐值按表列数值减小1%;

②积雪寒冷地区最大纵坡度推荐值不得超过6%。

但大中桥的纵坡不宜大于4%,桥头引道的纵坡不宜大于5%,位于市镇附近非汽车交通较多地段、桥上及桥头引道的纵坡均不得大于3%,紧接桥头不短于10m范围内的引道纵坡应与桥上纵坡相同(山岭、重丘区可减至5m)。

隧道内的纵坡不应大于3%,并不小于0.3%,紧接隧道洞口30m范围内的纵坡不应大于3%(明洞和长度小于50m的隧道,可不受上述规定的约束)。

非汽车交通比例较大路段,可根据具体情况将纵坡适当放缓,平原微丘区一般不大于2%~3%,山岭重丘区一般不大于4%~5%。

2.高原纵坡折减

在海拔很高的高原地区,汽车发动机的功率因空气稀薄而减小,相应地降低了汽车的爬坡能力;此外,在高原地区,汽车水箱中的水容易开锅而破坏冷却系统。因此,《公路路线设计规范》(JTG D20—2006)规定:在海拔3 000m以上的高原地区,各级公路的最大纵坡值应按表3-3的规定予以折减;最大纵坡折减后,如小于4%,则仍用4%。

高原纵坡折减值 表3-3

海拔高度(m)	>3 000~4 000	>4 000~5 000	>5 000
折减值(%)	1	2	3

3.最小纵坡

为保证挖方路段、设置边沟的低填方路段和横向排水不畅路段的排水,以防止积水渗入路基而影响其稳定性,应采用不小于0.3%的纵坡(一般情况下以采用不小于0.5%为宜)。当必须设计小于0.3%的纵坡时,边沟应作单独排水设计。当然,像干旱地区,以及横向排水良好、不产生路面积水的路段,也可不受此最小纵坡的限制。

三、坡长限制与缓和坡段

坡长是指纵面线形上两个变坡点之间的长度。坡长限制包括两方面的内容:一是对一般纵坡的最小坡长予以限制,二是对较陡纵坡的最大坡长予以限制。

1.最小坡长限制

之所以要对最小坡长加以限制,从行车来看,主要是由于纵坡上若变坡点过多,会使纵面线形起伏,导致车辆行驶颠簸频繁,车速越高则越显得突出,影响了行车的舒适和安全。为了提高行车的平顺性,一般要求纵坡上的转折点宜少。

从线形的几何构成来看,相邻变坡点之间的距离也不宜过短。最短应不小于相邻竖曲线的切线长,以便插入适当的竖曲线来缓和纵坡的突变,同时也便于平纵面线形的合理组合与布置。此外,为保证行车安全,还必须使两个凸形变坡点之间的距离满足行车视距的要求。如相邻两纵坡之间的坡度相差较大,为便于汽车运行时换挡操作,其坡长则更不宜太短。

最小坡长通常以汽车按设计速度行驶 9 ~ 15s 的行程作为规定值。在设计速度较大的高等级公路上,因车速较快,9s 的行程已能满足行车操作和布设几何线形的需要;而在设计速度较低的一般公路上,行程时间应取长些,方能更好地满足行车和布设线形的需要。《标准》和《城规》据此给出了各级公路和城市道路的最小坡长限制值,如表 3-4 和表 3-5。

公 路 最 小 坡 长 表 3-4

设计速度(km/h)	120	100	80	60	40	30	20
最小坡长(m)	300	250	200	150	120	100	60

城市道路纵坡坡段最小长度 表 3-5

计算行车速度(km/h)	80	60	50	40	30	20
坡段最小长度(m)	290	170	140	110	85	60

2. 最大坡长限制

当路线为连续陡坡时,汽车上坡时为发挥更大的牵引力,多用低速挡(如一挡、二挡)。如坡长过长,长时间使用低速挡会使发动机发热过分而使效率降低、水箱沸腾、行驶无力。而下坡时,则因坡度过陡、坡段过长而使刹车频繁,影响行车安全。因此,为保证行车安全,对较陡纵坡的坡长应加以限制,如表 3-6。

不同纵坡最大坡长 表 3-6

最大坡长(m) / 纵坡坡度(%) \ 设计速度(km/h)	120	100	80	60	40	30	20
3	900	1 000	1 100	1 200	—	—	—
4	700	800	900	1 000	1 100	1 100	1 200
5	—	600	700	800	900	900	1 000
6	—	—	500	600	700	700	800
7	—	—	—	—	500	500	600
8	—	—	—	—	300	300	400
9	—	—	—	—	—	200	300
10	—	—	—	—	—	—	200

当连续陡坡是由几个不同坡度值的坡段组合而成时,应按不同坡度的坡长限制折算确定:如v = 40km/h的某公路,一坡段纵坡为 8%,长 120m,该长度是相应限制坡长(300m)的 2/5,如相邻坡段的纵坡为 7%,则其坡长不应超过相应坡长限制 500m 的 3/5,即 500 × 3/5 = 300(m),即 8% 纵坡设计 120m 后,还可接着设计 7% 纵坡段 300m 长或 6% 纵坡段 420m 长。

3. 缓和坡段

缓和坡段的作用主要是为了改善汽车在连续陡坡上行驶的紧张状况,避免汽车长时间低速行驶或汽车下坡产生不安全因素。因此,当陡坡的长度达到限制坡长时,应安排一段缓坡,用以恢复在陡坡上行驶所降低的速度。汽车在缓坡上行驶的长度,从理论上应满足汽车加速或减速行驶过程的需要。

我国《标准》规定，对于二级公路、三级公路、四级公路，当连续纵坡大于5.0%时，应在不大于表3-6所规定的长度处设置缓和坡段。缓和坡段的纵坡应不大于3%，其长度应符合表3-4的规定。

四、平均纵坡

平均纵坡($i_{平均}$)是指在一定长度路段内，路线在纵向所克服的高差值与该路段的距离之比，用百分率(%)表示。它是衡量纵面线形设计好坏的一个重要指标。

$$i_{平均} = \frac{H}{L} \tag{3-1}$$

式中：H——相对高差(m)；

L——路线长度(m)。

在路线纵坡设计时往往会有这样的情况：当地形困难，高差很大时，设计者可能不断交替地运用最大纵坡(并达到限制坡长)和缓和坡段(往往接近最短坡长)。这样做看似符合纵坡设计的有关标准，但是纵面线形很不好，不能保证使用质量，汽车在这样的坡段上行驶，上坡会长时间地使用二排挡，造成发动机长时间发热，导致车辆水箱沸腾；下坡则频繁制动，驾驶员驾驶紧张，也易引起不良后果。因此，有必要从行车顺利和安全的角度来控制纵坡的平均值。这样既可保证路线的平均纵坡不致过陡，也可以避免局部地段使用过大的平均纵坡。

为了合理地运用最大纵坡、坡长限制和缓和坡段的规定，保证纵坡均衡匀顺，确保行车安全和舒适，《标准》规定：二级公路、三级公路、四级公路越岭路线的平均纵坡，一般以接近5.5%(相对高差200~500m时)和5%(相对高差大于500m时)为宜；并注意任何相连3km路段的平均纵坡不宜大于5.5%。

五、合成坡度

合成坡度是指由路线纵坡与弯道超高横坡或路拱横坡组合而成的坡度，其方向即流水线方向。如图3-4，它的计算公式是：

$$i_{合} = \sqrt{i_{纵}^2 + i_{横}^2} \tag{3-2}$$

式中：$i_{合}$——合成坡度(%)；

$i_{横}$——超高横坡或路拱横坡(%)；

$i_{纵}$——路线纵坡(%)。

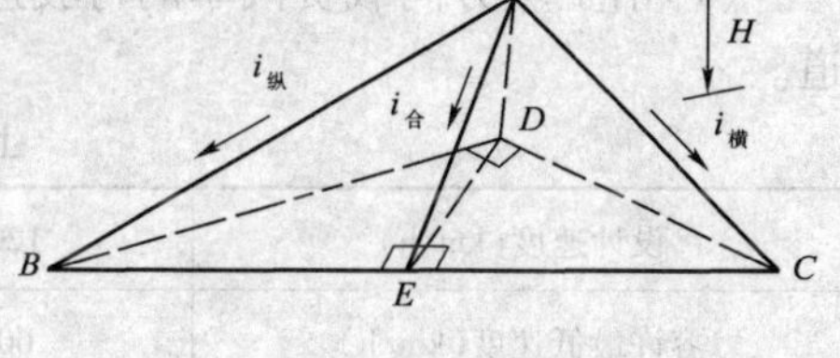

图3-4　合成坡度

由于合成坡度是由纵向坡度与横向坡度组合而成的，其坡度值比原路线纵坡大，汽车在设有超高的坡道上行驶时，不仅要受坡度阻力的影响，而且还要受离心力的影响。尤其是当纵坡大而平曲线半径小时(相应地，合成坡度大)，往往由于合成坡度的影响而使汽车重心发生偏移，给汽车行驶带来危险。所以，当弯道与坡度组合时，为了防止汽车向合成坡度方向倾斜、滑移，应将超高横坡与纵坡的组合控制在适当的范围以内。

实践证明，合成坡度对于控制急弯和陡坡相互重叠是非常必要的，在条件许可时，以采用较小的合成坡度为宜。

我国《公路路线设计规范》(JTG D20—2006)规定：在设有超高的平曲线上，超高与纵坡的合成坡度值不得超过表3-7的规定，在积雪或冰冻地区，合成坡度值不应大于8%。

公路等级	高速公路、一级公路				
设计速度(km/h)	120	100		80	60
合成坡度(%)	10.0	10.0		10.5	10.5
公路等级	二级公路、三级公路、四级公路				
设计速度(km/h)	80	60	40	30	20
合成坡度(%)	9.0	9.5	10.0	10.0	10.0

为了保证路面排水,《公路路线设计规范》(JTG D20—2006)还规定各级公路的最小合成坡度不宜小于0.5%;当合成坡度小于0.5%时,应采取综合排水措施,以保证路面排水畅通。

六、爬坡车道

为了在长陡的路段上将大型车、慢速车从主线车流中分离出去,从而提高主线车辆的行驶自由程度,以增加该路段的通行能力而设置的附加车道,称为爬坡车道。

高速公路、一级公路纵坡大于4%的路段当载货车混入率较大时,为了使小汽车尽量取得所要达到的车速,不影响通行能力,或为了不违反坡长限制规定,路线要做大的迂回或必须高填深挖时,沿上坡方向设爬坡车道作为附加车道是适宜的。在设计中,对需设置爬坡车道的路段,应对设置爬坡车道方案与改善主线纵坡(即降缓纵坡)不设爬坡车道的方案进行技术经济比选,以确定经济、合理的方案。但解决问题的根本还在于选线时综合研究,以选择纵坡较小而经济的路线为指导思想。

我国《公路路线设计规范》(JTG D20—2006)规定:高速公路、一级公路纵坡长度受限制的路段,应对载货汽车上坡行驶速度的降低值和设计通行能力进行验算,符合下列情况之一者,在上坡方向行车道右侧设置爬坡车道。

(1)沿上坡方向载货汽车的行驶速度降低到表3-8的容许最低速度以下时,可设置爬坡车道。

上坡方向容许最低速度　　　　表 3-8

设计速度(km/h)	120	100	80	60
容许最低速度(km/h)	60	55	50	40

(2)上坡路段的设计通行能力小于设计小时交通量时,应设置爬坡车道。

隧道、大桥、高架构造物及深挖方路段,当因设置爬坡车道使工程费用增加很大时,爬坡车道可以不设;对双向六车道以上的高速公路可不另设爬坡车道,将外侧车道作为爬坡车道使用。

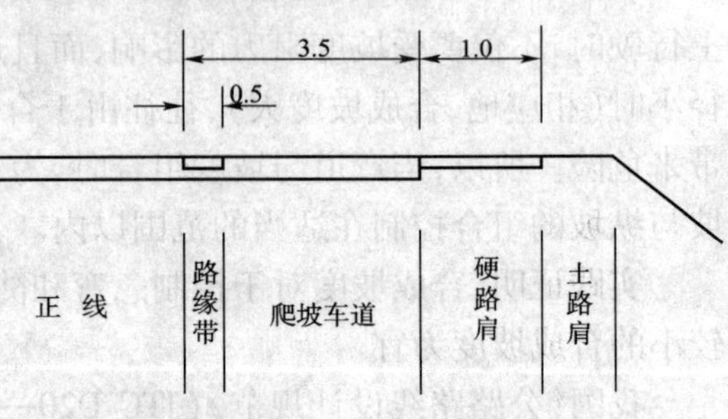

图 3-5　爬坡车道横断面组成(尺寸单位:m)

爬坡车道宽度一般情况下为3.5m,困难路段,可适当减窄,但不得小于3.0m。爬坡车道外应设有路肩,见图3-5。

爬坡车道的超高值规定见表3-9。超高坡度的旋转轴为爬坡车道内侧边缘线。

爬坡车道的超高值 表 3-9

主线的超高坡度(%)	10	9	8	7	6	5	4	3	2
爬坡车道超高坡度(%)	5		4					3	2

爬坡车道的曲线加宽与行车道曲线加宽相同。

长而连续的爬坡车道,其右侧应按规定设置紧急停车带。

进行爬坡车道设计时,应综合考虑它同线形设计的关系。其起、终点应设在通视良好、便于辨认和过渡顺适的地点。爬坡车道的长度应与主线相应的纵坡长度一致。爬坡车道起点处渐变段长度为45m,见图3-6。爬坡车道终点处应设置如表3-10规定的附加长度(该附加长度包括终点渐变段长度60m)。

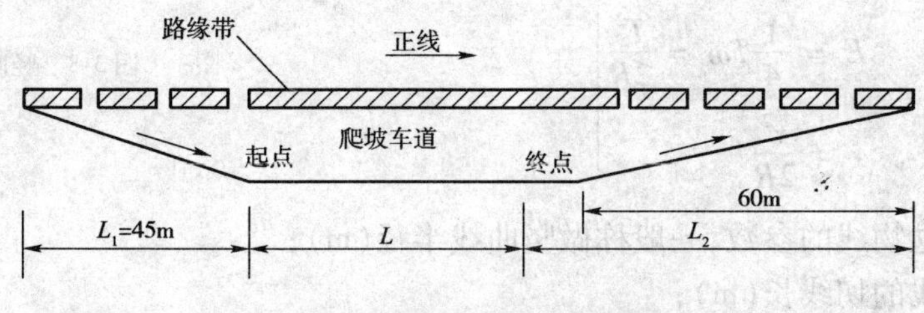

图 3-6 爬坡车道的平面布置

爬坡车道终点附加长度 表 3-10

附加段的纵坡(%)	下坡	平坡	上坡			
			0.5	1.0	1.5	2.0
附加长度(m)	150	200	250	300	350	400

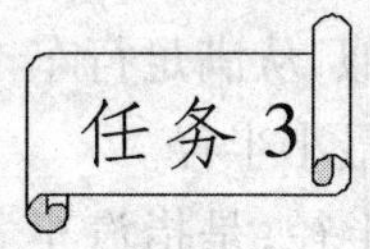

竖曲线设计

一、竖曲线的特点及几何要素计算

纵断面图上的设计线是由直坡段和竖曲线组成的。在两个直坡段的转折处(即变坡点处),为保证行车安全、舒适以及视距的需要而设置的一段曲线,称为竖曲线;相邻两直坡段的交角 ω 称为坡度角,如图3-7。坡度角 ω 的大小近似地等于相邻两纵坡段坡度的代数差,即

$$\omega = i_2 - i_1 \tag{3-3}$$

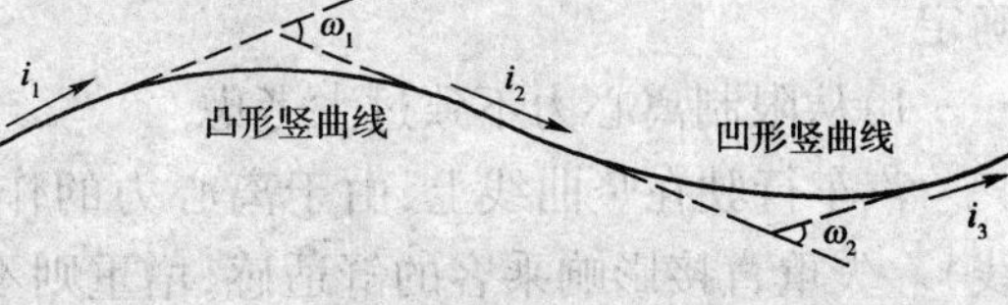

图 3-7 竖曲线示意图

式中:i_2、i_1——分别为相交坡度线的坡度值,上坡为正,下坡为负。

当变坡点在竖曲线的上方,即 ω 为负时,其相应的竖曲线称为凸形竖曲线,反之则称为凹形竖曲线。

竖曲线的线形有用圆曲线的,也有用抛物线的。通常在公路使用范围内,圆弧和抛物线几

乎没有差别，但在设计和计算上，抛物线则比圆曲线方便得多。因此，设计上一般采用二次抛物线作为竖曲线。

由于路线纵坡度 i_1、i_2 的值很小（最大不超过 0.09），而高程变化值与水平距离之比相差甚大，因而在实际生产中均假定竖曲线的切线长度与弧长（曲线长度）等于其在水平面上的投影长度，切线支距是竖直的高程差，在纵断面设计时，竖曲线的几何要素计算公式如式(3-4)（图3-8）：

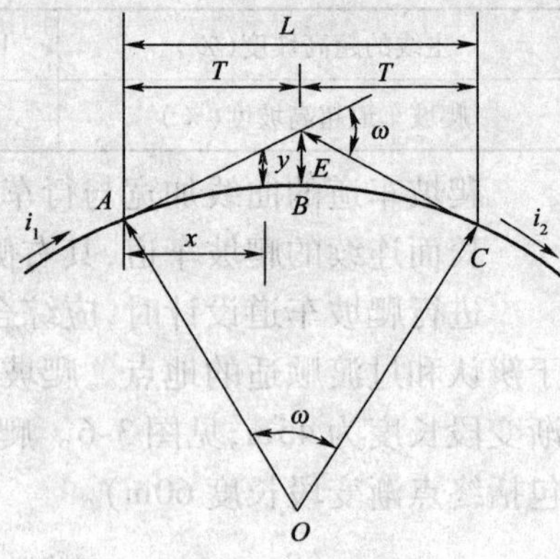

图 3-8　竖曲线几何要素

$$\left.\begin{aligned} \omega &= i_2 - i_1 \\ L &= R\omega \\ T &= \frac{L}{2} = \frac{1}{2}R\omega \\ E &= \frac{1}{4}T\omega = \frac{T^2}{2R} \\ y &= \frac{x^2}{2R} \end{aligned}\right\} \tag{3-4}$$

式中：R——二次抛物线的参数，一般称做竖曲线半径（m）；

T——竖曲线的切线长（m）；

L——竖曲线长度（m）；

E——竖曲线变坡点处的切线支距（纵距）（m）；

x——竖曲线上任意一点距竖曲线起点或终点的水平距离（m）；

y——竖曲线上任意一点距切线的纵距（m）。

二、竖曲线的最小半径与最小长度

进行竖曲线设计，首先要确定其半径。竖曲线半径的选择原则与平曲线相似，从满足行车的要求而言，总是希望半径越大越好，只有在地形困难的路段，不得已时才采用最小半径。

《标准》将竖曲线半径分为极限最小半径和一般最小半径。所谓极限最小半径，是指汽车在纵坡变更处行驶时，为了缓和冲击和保证视距所需的最小半径的计算值，该值只有在受地形等特殊情况约束时方可采用。为了行车的安全和舒适，一般应采用极限最小半径的 1.5 ~ 2.0 倍的数值，即条文中规定的一般最小半径值。

1. 凹形竖曲线极限最小半径

主要从限制离心力、夜间行车前灯照射的影响以及在跨线桥下的视距三个方面计算分析确定。

1）从限制离心力不致过大考虑

汽车行驶在竖曲线上，由于离心力的作用，要产生失重（凸形竖曲线）或增重（凹形竖曲线）。失重直接影响乘客的舒适感，增重则不仅影响乘客的舒适感，还对汽车的悬挂系统产生超载的影响。竖曲线半径的大小直接影响离心力的大小，因此，必须首先从控制离心力不致过大来限制竖曲线的极限最小半径。

汽车在竖曲线上产生的离心力为：

$$F = \frac{Gv'^2}{gR} = \frac{Gv^2}{127R}$$

则 $$R=\frac{v^2}{127(F/G)} \tag{3-5}$$

其中，F/G 是单位车重受到的离心力，根据日本资料，限制为 $F/G=0.028$，代入上式得：

$$R=\frac{v^2}{3.6} \tag{3-6}$$

2）从汽车夜间行驶前照灯照射距离考虑

如图 3-9 所示，若照射距离小于要求的视距长度，则无法保证行车安全。按此条件即可推导出此时凹形竖曲线的最小半径的计算公式。

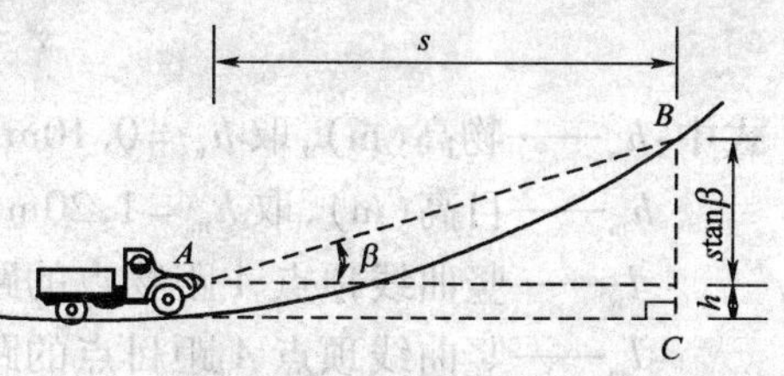

图 3-9 夜间行车前灯照射距离

设汽车前灯高度为 h，汽车前灯照射角为 β，由竖曲线计算公式得：

$$BC\approx\frac{s^2}{2R}$$

由图可知： $$BC=h+s\cdot\tan\beta$$

两式联解得：

$$R=\frac{s^2}{2(h+s\cdot\tan\beta)} \tag{3-7}$$

式中：s——前照灯照射距离（m），按行车视距长度取值；

h——前照灯高度（m），取 $h=0.75\text{m}$；

β——前灯向上的照射角，取 $\beta=1°$。

将 s、h、β 取值代入式（3-7）得：

$$R_{\min}=\frac{s^2}{1.5+0.0349s} \tag{3-8}$$

3）从保证跨线桥下视距考虑

为保证汽车穿过跨线桥时有足够的视距，也应对凹形竖曲线最小半径加以限制。

综合以上三种情况，《标准》以限制凹形竖曲线离心力条件为依据，制定出凹形竖曲线极限最小半径的规定值，如表 3-11。

2. 凸形竖曲线极限最小半径

主要从限制失重不致过大和保证纵面行车视距两个方面计算、分析确定。

1）从失重不致过大考虑

与凹形竖曲线的限制条件和计算公式相同，即

$$R=\frac{v^2}{127(F/G)} \tag{3-9}$$

式中符号意义同前。

2）从保证纵面行车视距考虑

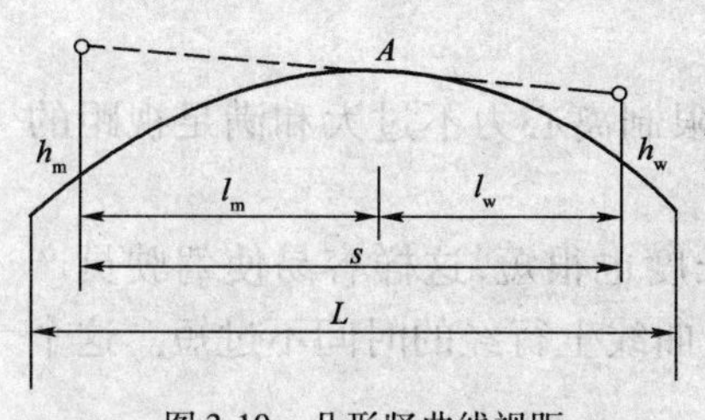

图 3-10 凸形竖曲线视距

凸形竖曲线半径过小，路面上凸直接影响行车视距，按规定的视距控制即可推导出计算极限最小半径的公式。分两种情况：

（1）$s\leqslant L$，如图 3-10。

$$h_w=\frac{l_w^2}{2R}$$

$$h_m = \frac{l_m^2}{2R}$$

由几何条件可知： $s = l_w + l_m$

将上述两式代入得：

$$s = \sqrt{2R}(\sqrt{h_w} + \sqrt{h_m}) \tag{3-10}$$

式中：h_w——物高(m)，取 $h_w = 0.10$m；

h_m——目高(m)，取 $h_m = 1.20$m；

l_w——竖曲线顶点 A 距物点的距离(m)；

l_m——竖曲线顶点 A 距目点的距离(m)；

s——要求的行车视距，按停车视距考虑(m)。

将 h_w、h_m 的值代入式(3-10)并整理得：

$$R_{min} = \frac{s^2}{3.98} \tag{3-11}$$

(2)$s > L$。

经推导：

$$R_{min} = \frac{2s}{\omega} - \frac{3.98}{\omega^2} \tag{3-12}$$

式中：s——要求的视距长度(m)；

ω——纵断面变坡处的坡度角。

经比较，式(3-11)的计算结果比式(3-12)为小，故采用式(3-12)作为标准的制定依据。《标准》规定的各级公路的凸形竖曲线的极限最小半径见表3-11。

公路竖曲线最小半径与最小长度 表3-11

设计速度(km/h)		120	100	80	60	40	30	20
凸形竖曲线最小半径(m)	一般值	17 000	10 000	4 500	2 000	700	400	200
	极限值	11 000	6 500	3 000	1 400	450	250	100
凹形竖曲线最小半径(m)	一般值	6 000	4 500	3 000	1 500	700	400	200
	极限值	4 000	3 000	2 000	1 000	450	250	100
竖曲线长度(m)	一般值	250	210	170	120	90	60	50
	最小值	100	85	70	50	35	25	20

注："一般值"为正常情况下的采用值；"极限值"和"最小值"为条件受限制时可采用的值。

3. 竖曲线最小长度

表示竖曲线大小的方法，一是用竖曲线半径来表示，二是用竖曲线的长度来表示，两者可用竖曲线的几何要素计算公式 $L = R\omega$ 进行互换。因此讨论竖曲线的最小半径问题也就等于讨论了竖曲线的最小长度问题。

前面介绍过的限制竖曲线最小半径的两个主要因素，即限制离心力不过大和满足视距的要求，同样要制约竖曲线最小长度的确定。

当坡度角很小时，即使采用较大的竖曲线半径，竖曲线长度也很短，这样容易使驾驶员产生变坡很急的错觉，乘客也会感到不适，故还应限制车辆在竖曲线上行经的时间不过短。这个限制是以汽车按设计速度行驶3s的时间来进行计算的，即

$$L_{min} = \frac{v}{3.6}t = \frac{v}{1.2}(m)$$

据此确定的竖曲线最小长度,《标准》规定如表 3-12 所列。

表 3-12 所列为城市道路竖曲线最小半径和最小长度。

城市道路竖曲线最小半径和最小长度 表 3-12

项目 \ 计算行车速度(km/h)		80	60	50	45	40	35	30	25	20	15
凸形竖曲线(m)	极限最小半径	3 000	1 200	900	500	400	300	250	150	100	60
	一般最小半径	4 500	1 800	1 350	750	600	450	400	250	150	90
凹形竖曲线(m)	极限最小半径	1 800	1 000	700	550	450	350	250	170	100	60
	一般最小半径	2 700	1 500	1 050	850	700	550	400	250	150	90
竖曲线最小长度(m)		70	50	40	40	35	30	25	20	20	15

注:按竖曲线半径计算竖曲线长度小于表列数值时,应采用本表最小长度。

三、竖曲线设计与计算

1. 一般要求

竖曲线是否平顺,在视觉上往往是构成纵面线形优劣的主要因素。纵面线形不好的主要原因,往往是由于设置过多的竖曲线或竖曲线半径太小。竖曲线设计一般应满足以下要求:

(1)满足《标准》规定的竖曲线最小半径和最小长度要求,在可能情况下,应选用较大的竖曲线半径。

(2)相邻竖曲线之间应保证一定的直坡段,避免重叠,同向竖曲线间应避免出现“断背曲线”,反向曲线间最好设置不小于按设计速度行驶 3s 的行程长度,以使汽车从失重(或增重)过渡到增重(或失重)有一个缓和段。

(3)竖曲线设置应满足排水需要,可能时应尽量考虑竖曲线与平曲线组合设计,以便在纵面排水不畅的地方(如竖曲线顶或底部),能够通过横向(超高)排水来弥补。

(4)在夜间行车交通量较大的路段,考虑到灯光照射方向的改变会使前灯照射的范围受到限制,在选择半径时应适当加大,以使其有较长的照射距离,保证行车安全。

2. 竖曲线设计与计算

1)半径选择

纵坡设计完成后,在各变坡点处需设置合适的竖曲线。竖曲线设计主要是按照《标准》和《公路路线设计规范》(JTG D20—2006)的要求,选择恰当的竖曲线半径(或竖曲线长度)。通常,竖曲线半径的选择可采用外距 E、切线长 T 等控制条件来计算确定(通常取整到 50m)。

(1)按竖曲线外距 E 控制选择半径。

$$R = \frac{8E}{\omega^2}(m)$$

(2)按切线长 T 控制选择半径。

$$R = \frac{2T}{\omega}(m)$$

2)竖曲线几何要素计算

竖曲线的几何要素有坡度差 ω、竖曲线长 L、切线长 T 和纵距 E 等,其计算公式见式(3-4)。

3)竖曲线上任意点纵距 y 的计算

$$y = \frac{x^2}{2R}$$

式中:x——任意点里程桩号减去竖曲线起点或终点桩号。

4)竖曲线上各主要桩点的里程计算

竖曲线起点的里程桩号 = 变坡点桩号 $-T$

竖曲线终点的里程桩号 = 变坡点桩号 $+T$

5)竖曲线上各桩点的设计高程计算

设计高程 = 切线高程 $\pm y$

式中,凸形竖曲线取负,凹形竖曲线取正。

【例题 3-1】 某三级路,有一变坡点桩号为 K5 +032.18,变坡点高程为 258.78m,两相邻坡道的纵坡为 $i_1 = 0.05$,$i_2 = -0.03$,竖曲线半径 $R = 1\,000$m,求:

(1)竖曲线各基本要素;

(2)竖曲线起、终点桩号及设计高程;

(3)K5 +000.00、K5 +032.18、K5 +050.00 各桩号的设计高程。

解:(1)竖曲线要素计算:

$\omega = i_2 - i_1 = -0.03 - 0.05 = -0.08 < 0$ 为凸形竖曲线

$L = R\omega = 1000 \times 0.08 = 80(\text{m})$

$T = L/2 = 40\text{m}$

$E = \frac{1}{4}T\omega = \frac{1}{4} \times 40 \times 0.08 = 0.8(\text{m})$

(2)起点桩号: K5 +032.18 −40 = K4 +992.18

终点桩号: K5 +032.18 +40 = K5 +072.18

起点设计高程: $258.78 - T \cdot i_1 = 258.78 - 40 \times 0.05 = 256.78(\text{m})$

终点设计高程: $258.78 - T \cdot i_2 = 258.78 - 40 \times 0.03 = 257.58(\text{m})$

(3)K5 +000 桩号:

至起点距离 x = (K5 +000) − (K4 +992.18) = 7.82(m)

切线高程 = 起点高程 $+ xi_1 = 256.78 + 7.82 \times 0.05 = 257.17(\text{m})$

$$纵距\ y = \frac{x^2}{2R} = \frac{7.82^2}{2 \times 1000} = 0.03(\text{m})$$

设计高程 = 257.17 − 0.03 = 257.14(m)

K5 +032.18 桩号:

设计高程 = 258.78 − 0.8 = 257.98(m)

K5 +050 桩号:

至终点距离 x = (K5 +072.18) − (K5 +050) = 22.18(m)

切线高程 = 终点高程 $+ xi_2 = 257.58 + 22.18 \times 0.03 = 258.25(\text{m})$

$$纵距\ y = \frac{x^2}{2R} = \frac{22.18^2}{2 \times 1000} = 0.25(\text{m})$$

设计高程 = 258.25 − 0.25 = 258(m)

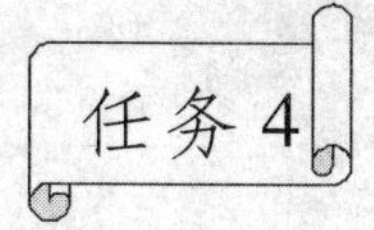

任务 4

道路平、纵线形组合设计

一、线形组合设计的一般要求

平面线形与纵面线形是按照工程建设情况，从不同角度来评价公路构造物空间实际线形的两个要素。实际上，公路的线形，最终是以平面线形和纵面线形所组合成的立体线形映入驾驶员眼帘的。驾驶员在驾驶过程中所选定的实际行驶速度，也是由他对公路立体线形的判断而做出的。公路立体线形的好坏，最后集中反映在汽车的实际行驶速度上。为此，设计时对公路平、纵面线形，除必须分别满足《标准》和《公路路线设计规范》（JTG D20—2006）规定的最小值外，还应从满足视觉心理方面连续、舒适的需要，对平、纵面线形的组合设计提出更高的要求。

高速公路和一级公路以及设计速度≥60km/h 的公路，应注重空间线形设计，尽量做到线形连续、指标均衡、视觉良好、景观协调、安全舒适。设计速度越高，平纵组合设计所考虑的因素越应周全。

平、纵面线形组合设计，是在平面和纵面线形初步确定的基础上，采用公路透视图法或模型法进行视觉分析，研究如何满足驾驶员视觉和心理方面的要求，并以立体线形连续、行车舒适，与周围环境协调和排水良好等为目的，再对平、纵面线形进行修改和优化的过程。

平面线形与纵面线形的组合设计是线形设计的最后阶段，是保证公路成为连续、圆滑、顺适、美观的空间立体线形的重要过程，也是真正实现安全、迅速和舒适营运的重要保障。

平、纵面线形的组合，应综合考虑汽车行驶的安全和舒适性，工程造价、营运的经济性，以及驾驶员视觉心理的需要，并与公路周围的环境相协调。设计时，平面线形和纵面线形的组合一般应满足以下要求：

（1）满足驾驶员视觉和心理上的要求，能在视觉上自然地诱导驾驶员的视线，并保持视觉的连续性。

视觉是连接公路与汽车的媒体，公路的线形、周围的景观、行车标志的表示以及其他有关公路的情报，差不多都是通过驾驶人员的眼为媒体从视觉上感受到的。因此，线形设计要使驾驶人员保持视觉的连续性，并且，具有足够的舒适感和安全感，使视觉与心理反应达到均衡。

（2）除满足汽车行驶力学上的要求外，平面、纵面两种线形的技术指标大小应均衡。

（3）从行驶安全和有利于排水考虑，设计时不要选择形成过大或过小合成坡度的组合。

二、线形组合的形式及设计原则

通过分解立体线形要素，可得出平、纵面线形有以下六种组合形式，如图 3-11 所示。

（1）平面上为直线，纵面上也是直线——构成具有恒等坡度的直线；

（2）平面上为直线，纵面上是凹形竖曲线——构成凹下去的直线；

（3）平面上为直线，纵面上是凸形竖曲线——构成凸起的直线；

(4)平面上为曲线，纵面上为直线——构成具有恒等坡度的平曲线；

(5)平面上为曲线，纵面上为凹形竖曲线——构成凹下去的平曲线；

(6)平面上为曲线，纵面上为凸形竖曲线——构成凸起的平曲线。

平面要素	纵断面要素	立体线形要素
直线	直线	具有恒等坡度的直线
直线	曲线	凹曲线形直线
直线	曲线	凸曲线形直线
曲线	直线	具有恒等坡度的曲线
曲线	曲线	凹曲线形曲线
曲线	曲线	凸曲线形曲线

图 3-11　空间线形要素

上述(1)～(3)是在垂直平面内的线形类，(4)～(6)是立体曲线。从视觉、心理分析来看，它们各有优势和不足。

(1)型组合往往线形单调、枯燥，行车过程中视景缺乏变化，容易使驾驶员产生疲劳和频繁超车。设计时应采用画行车道线、标志、绿化，注意与路侧设施配合等方法来调节单调的视觉，增进视线诱导。

(2)型组合具有较好的视距条件，能给驾驶员以动的视觉效果，行车条件较好。设计时要注意避免采用较短的凹形竖曲线，尤其在两个凹形竖曲线间注意不要插入短的直坡段；在长直线的末端不宜插入小半径的凹形竖曲线。

(3)型组合视距条件差，线形单调，应注意避免，无法避免时应采用较大的竖曲线半径；若与(2)型组合时，应注意克服“驼峰”、“暗凹”和“浪形”等不良视觉现象出现。

(4)型组合，一般说来只要平曲线半径选择适当，纵坡不太陡，即可获得较好的视觉和心理感受，设计时需注意检查合成坡度是否超限。

(5)、(6)型组合设计是一种常见的又比较复杂的组合形式。如果平、纵面线形几何要素的大小适宜，位置适当，平、纵面均衡协调，可以获得视觉舒顺、视线诱导良好的立体线形。相反，则会出现一些不良的后果，设计时应引起特别重视。

为使线形组合设计达到以上要求，并得到较好的效果，除了可采用透视图法检查外，根据经验还应做到以下四点：

（1）当竖曲线与平曲线组合时，竖曲线宜包含在平曲线之内，且平曲线应稍长于竖曲线，如图3-12。

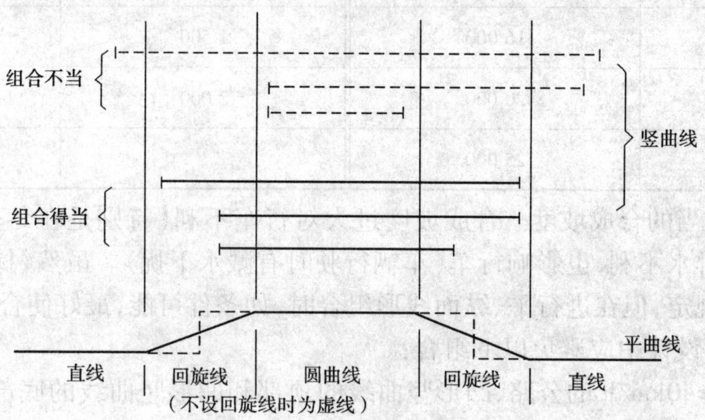

图3-12　平曲线与竖曲线的组合

这种布置通常称为平曲线与竖曲线的对应。其优点是：当车辆驶入凸形竖曲线的顶点之前，即能清楚地看到平曲线的始端，辨明弯道的走向，不致因判断错误而发生事故。

若平、竖曲线的半径都很大，则平、竖曲线的位置可不受上述限制；若做不到竖曲线与平曲线较好的配合，且两者的半径都小于某限度时，宁可把平、竖曲线拉开相当距离，使平曲线位于直坡段上或竖曲线位于直线上。

（2）要保持平曲线与竖曲线大小的均衡。平曲线与竖曲线的大小如果不均衡，会给人以不愉快的感觉，失去了视觉上的均衡性。平曲线和竖曲线其中一方大而平缓，那么另一方就不要形成多而小。一个长的平曲线内有两个以上竖曲线，或一个大的竖曲线含有两个以上平曲线，看上去非常别扭。如图3-13。

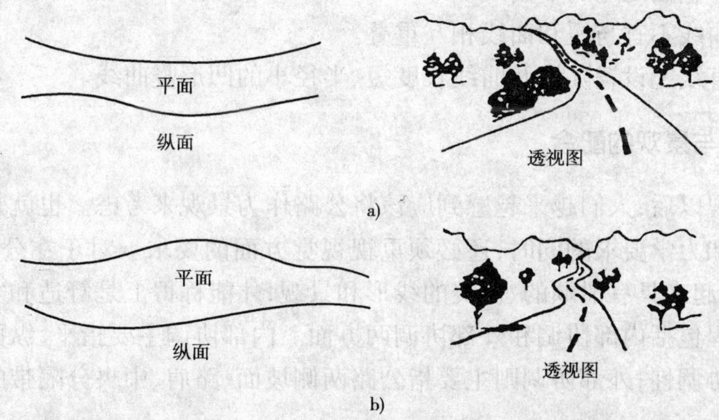

图3-13　平、竖曲线不均衡的情况

a）平曲线内含有多个竖曲线；b）连续的短平曲线

根据经验，平曲线半径如果不大于1 000m，竖曲线的半径大约为平曲线的10～20倍，便可达到线形的均衡性。表3-13为德国的经验值，可供设计时参考。

平、竖曲线半径的均衡　　表 3-13

平曲线半径（m）	竖曲线半径（m）	平曲线半径（m）	竖曲线半径（m）
500	10 000	1 100	30 000
700	12 000	1 200	40 000
800	16 000	1 500	60 000
900	20 000	2 000	100 000
1 000	25 000		

（3）要选择适当的合成坡度。合成坡度过大对行车不利（特别是在冬季结冰期更危险），合成坡度过小对排水不利，也影响行车（车辆行驶时有溅水干扰）。虽然《标准》对合成坡度的最大允许值做了规定，但在进行平、纵面线形组合时，如条件可能，最好使合成坡度小于 8%。

（4）平纵线形设计中应避免以下组合：

①设计速度≥40km/h 的公路，凸形竖曲线的顶部和凹形竖曲线的底部，不得插入小半径平曲线。如果在凹形竖曲线的顶部有小半径的平曲线，不仅不能引导视线而且要急转转向盘致使行车危险。在凹形竖曲线的底部有小半径的平曲线，便会出现汽车加速时急转弯，同样可能发生危险。

②凸形竖曲线的顶部或凹形竖曲线的底部，不得与反向平曲线的拐点重合。

③直线上的纵面线形应避免出现驼峰、暗凹、跳跃等使驾驶员视线中断的线形（图 3-14）。

纵断面

图 3-14　公路暗凹

④直线段内不宜插入短的竖曲线。

⑤小半径竖曲线不宜与缓和曲线相互重叠。

⑥避免在长直线上设置陡坡及曲线长度短、半径小的凹形竖曲线。

三、公路线形与景观的配合

高速公路出现以后，人们越来越感到应该将公路作为景观来考虑。也就是说，公路设计在满足汽车运动学和力学要求的同时，还必须重视视觉方面的要求。对于在公路上行车的驾驶员来说，只有眺望起来具有滑顺的、优美的线形和景观，才能称得上是舒适和安全的公路。

公路景观工程包括内部协调和外部协调两方面。内部协调主要指平、纵面线形方面，视觉的连续性和立体协调性；外部协调则主要指公路两侧坡面、路肩、中央分隔带的协调设置，以及宏观的路线位置。

经过人们多年来的摸索与总结，对公路与周围景物的关系有了一些较为成熟的看法，这些看法是：

（1）公路设线时，应能提供视野的多样性，利用最佳的风景特征引人入胜，避免单调。

（2）公路路线在满足《标准》的前提下，应当“适应地形”，不要大挖大填，力求尽量与周围风景自然地融为一体，而不要露出施工痕迹，不可避免时应迅速予以恢复其自然外观。

(3)公路应具有优美的三维空间外观，应当是顺畅连续和可以预知的，而且还应与周围环境保持适当的比例。

(4)为了适应公路外观和结构整体性的需要，在公路用地范围内应当进行综合绿化处理，既美化路容又防止冲刷。

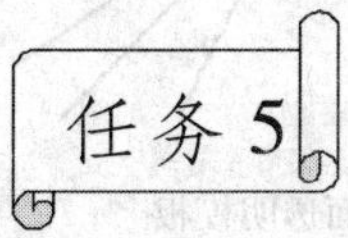

纵断面综合设计

路线纵断面设计主要是指纵坡设计和竖曲线设计。由于公路路线是一条空间带状曲线，路线的平面、纵断面和横断面相互影响，因而在纵断面设计之前的选(定)线阶段，设计人员实际上已对纵坡设计的部分内容进行过考虑。在室内进行纵断面设计时，设计人员一般要根据实地选(定)线时的意图，以及桥涵、地质等方面对路线纵断面设计的要求，综合考虑工程技术与工程经济因素，定出路线的纵坡，再选择合适的竖曲线半径，最后才计算出各桩号的设计高程和填挖值。其方法和步骤可归纳为以下几点。

1. 拉坡前的准备工作

内业设计人员在熟悉有关设计标准的基础上，首先在纵断面图上点绘出每个中桩的位置、平曲线示意图(弯道起、讫点位置和平曲线半径等)，写出每个中桩的地面高程，并绘出地面线。

2. 标注控制点位置

所谓控制点，是指影响路线纵坡设计的高程控制点，如路线起、讫点的接线高程，越岭垭口、大中桥涵、地质不良地段的最小填土高度和最大挖方深度，沿溪线的洪水位，隧道进、出口，路线交叉点，重要城镇通过点，以及其他路线高程必须通过的控制点位等，都应作为纵断面设计的控制依据。

此外，对于山区公路，还有根据路基填挖平衡要求来选择控制路中心处填挖值的高程点，称之为"经济控制点"，如图 3-15。其含义是：如果纵坡设计线刚好通过该点，则在相应的横断面上将形成填挖面积大致相等的纵坡设计，此时最为经济。

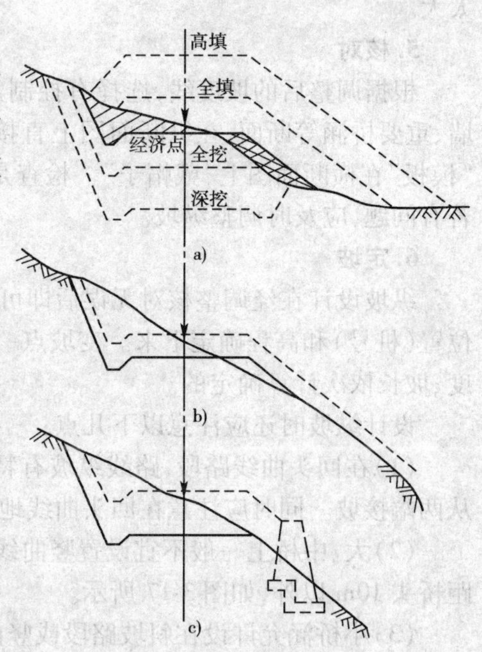

图 3-15　横断面上的经济点

a)半填半挖；b)多挖少填；c)全挖路基

"经济点"通常可用路基断面透明模板在绘有地面线的横断面图上确定出来。图 3-16 是这种自制"路基断面透明模板"的样式。

"模板"可用透明描图纸或透明胶片制成。其上按横断面测图的比例绘出路基宽度 B(挖方地段还要包括两侧边沟所占宽度)和各种不同坡度的边坡线。使用时将"模板"扣在有关中桩的横断面上，使两者的中线重合，然后上下移动"模板"，直到能使填、挖面积大致相等时，则停止移动。此时“模板”上的路基顶面与该中桩的地面高之间的差值就是经济填、挖值，再将此差值的大小按比例点绘到纵断面图的相应中桩位置上，即为该断面经济点的位置。

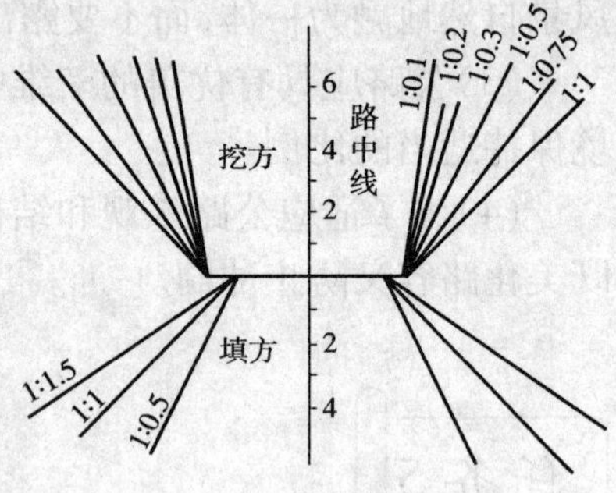

图 3-16　路基断面透明模板

3. 试坡

试坡主要是在已标出“控制点”和“经济点”的纵断面图上，根据技术标准、选线意图，结合地面起伏情况，本着以“控制点”为依据，照顾多数“经济点”的原则，在这些点位间进行穿插和裁弯取直，试定出若干坡度线。经过对各种可能的坡度线方案进行反复比较，最后选出既符合技术标准，又能满足控制点要求，而且土石方数量较省的设计线作为初定坡度线，再将前后坡度线延长交会，即可定出各变坡点的初步位置。

4. 调整

试定纵坡后，首先将所定的坡度与选定线时考虑的坡度进行比较，两者应基本符合。若有较大差异，则应全面分析，找出原因，然后对照《标准》检查设计的最大纵坡、合成坡度、坡长限制等是否超过规定限值，以及平面线形与纵面线形的配合是否适宜等。若发现有问题，应立即调整。调整时应以少脱离控制点、少变动填挖值为原则，以使调整后的纵坡与试定纵坡变化不太大。

5. 核对

根据调整后的坡度线，选择有控制意义的重点横断面，如高填深挖、陡峭山坡路基、挡土墙、重要桥涵等断面，在纵断面图上直接读出对应中桩的填(挖)高度，然后按该填(挖)值用“模板”在横断面图上“戴帽子”。检查是否有填挖过大、坡脚落空或挡土墙工程过大等情况。若有问题，应及时调整纵坡。

6. 定坡

纵坡设计在经调整核对无误后即可定坡。所谓定坡，就是逐段把坡度线的坡度值、变坡点位置(桩号)和高程确定下来。变坡点一般要调整到 10m 整桩位上，变坡点的高程则是根据坡度、坡长依次计算确定的。

设计纵坡时还应注意以下几点：

(1)在回头曲线路段，路线纵坡有特殊规定，因此应先定出回头曲线部分的纵坡，然后再从两端接坡。同时应注意在回头曲线地段不宜设竖曲线。

(2)大、中桥上一般不宜设置竖曲线，桥头两端在不得已设置竖曲线时，其起、终点应设在距桥头 10m 以外，如图 3-17 所示。

(3)小桥涵允许设在斜坡路段或竖曲线上，但为了保证路线的平顺性，应尽量避免在小桥涵处出现急变的“驼峰式”纵坡，如图 3-18。

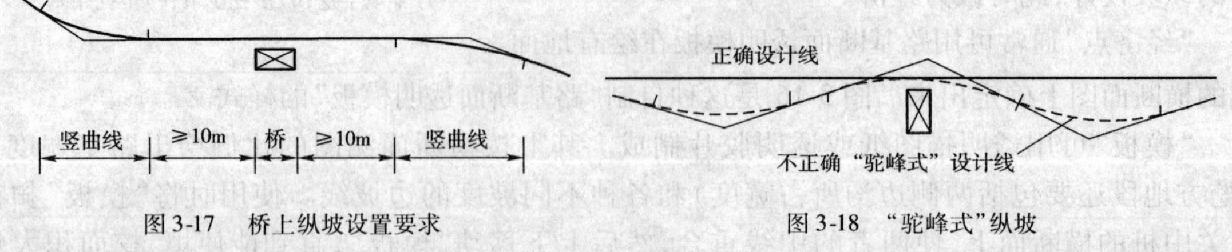

图 3-17　桥上纵坡设置要求

图 3-18　“驼峰式”纵坡

（4）纵坡设计应注意交叉口处的纵坡衔接。公路与公路平面交叉，一般宜设在水平坡段，水平坡度最小长度应不小于《标准》规定，紧接水平坡段的纵坡应不大于3%，山区工程艰巨地段应不大于5%。

7. 设置竖曲线

设计坡线已定，可按竖曲线设计方法确定各转坡点的竖曲线半径 R，并计算曲线要素，按要求绘于纵断面图上。

8. 高程计算

（1）设计高程计算，坡线高程和不在竖曲线内的坡线的设计高程可按下式计算：

$$坡线高程 = 变坡点高程 \pm xi$$

式中：x——计算点到变坡点的距离（m）。

i——坡线的纵坡（%）；升坡段取正，降坡段取负。

（2）竖曲线设计高程计算，见“竖曲线计算”所述。

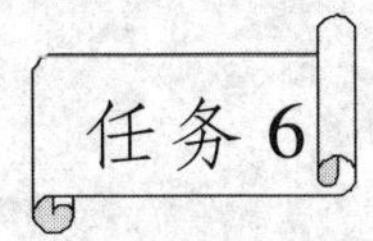

任务6

道路纵断面外业勘测

一、水准点的设置

水准点的高程应引用国家水准点，并争取沿线联测，形成闭合导线。采用假定高程时，假定高程应尽量与实际接近，可借助于1∶10 000或1∶50 000军用地图进行假定。

水准点沿线布设，应有足够的数量，平原微丘区间距为1～2km；山岭重丘区间距为0.5～1.0km。在大桥、隧道、垭口及其大型构造物所在处应增设水准点。水准点应设在测设方便、牢固可靠的地点。设置的水准点应在记录本上绘出草图，并记录位置及所对应的路线的桩号，以便编制“水准点表”。

二、中桩高程测量

纵断面外业勘测的任务主要是由水平组来完成的，水平组的任务是对中线各中桩高程进行测量，并沿线设置临时水准点，为路线纵断面和横断面设计和施工提供高程资料。

（1）采用水准测量、三角高程测量或GPS-RTK方法，对路线、桥梁、隧道、立交等处所放中桩进行高程测量，进行高程测量时应起闭于路线高程控制点。

（2）高程应测至桩志处的地面，读数取位至毫米（mm），其测量的精度指标应符合表3-14的规定。

中桩高程测量精度 表3-14

公路等级	闭合差（mm）	两次测量之差（mm）
高速公路，一、二级公路	$\leq 30\sqrt{L}$	≤50
三级及以下公路	$\leq 50\sqrt{L}$	≤100

注：L为高程测量的路线长度，单位为km。

(3)三角高程测定中桩高程的方法主要应用于山丘地带以及沼泽、水网地区。采用三角高程测定中桩高程时,每一次距离应观测一测回两个读数,垂直角应观测一测回。

(4)采用 GPS-RTK 方法时,求解转换参数采用的高程控制点不应少于 4 个且应涵盖整个中桩高程测量区域,流动站至最近高程控制点的距离不应大于 2km,并应利用另外一个控制点进行检查,检查点的观测高程与理论值之差应小于表 3-14 两次测量之差的 0.7 倍。

(5)沿线需要特殊控制的建筑物、管线、铁路轨顶等,应按规定测出其高程,其两次测量之差应小于 20mm。

三、GPS-RTK 中平测量

采用 GPS-RTK 方法进行中平测量一般与中桩放样同时进行,当采用 GPS-RTK 方法放出中桩位置后,应立即采用 GPS-RTK 的数据采集模式,采集所放中桩的平面坐标和高程,所测量记录的高程值即为中桩高程。

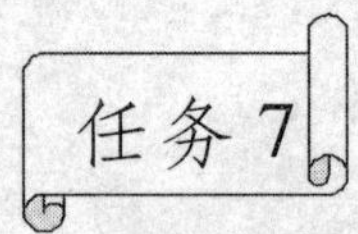

用计算机程序进行道路纵断面设计

Hard 系统在纵断面设计中提供交互式拉坡和竖曲线设计功能,动态显示设计中的控制参数,并可通过“航空视图”纵观全局和放大局部,使纵断面设计方便、直观、准确、合理。根据用户要求自动生成纵断面图,并可任意选择栏项、栏序及作分幅处理;根据高程设计线的位置和超高方式、加宽方式等自动生成各种路基形式的路基设计表、纵坡竖曲线表、平纵缩图、水准点表、超高计算表以及主要经济技术指标表,并且可以对工程可行性研究阶段的财务评价提供数据表格的自动计算输出等。

一、输入地面高文件

功能:利用操作界面,交互输入地面高,用户可以先调入 ＊. ZBB 文件,这样可以不必输桩号,为录入原始数据减少一个环节,用户可以通过“显示图形按钮”随时看一看输入的数据对应的图形,可以在输入数据的过程中任意修改和插入一个桩号及其高程。通过保存得到文件扩展名为＊. DMG 的文件。

操作:如果有＊. ZBB 文件,系统会自动调入桩号,这时只需输入对应的高程值,按“回车”键,系统会自动跳到下一个桩号,依次输入相应的高程,如果要插入一个桩点,就将当前的桩号改成要插入的桩号并输入高程,按“回车”即可插入。全部输完后按“确定”按钮,得到地面高文件(＊. DMG)。

二、地面高文件检查

通过此条命令检查地面高文件中有没有输错的地方,系统规定两个相临的桩号高程之差相差大于 30m 时提示为错误,当然这只是提示,你有理由认为是正确的。对于系统检查有错误的桩号,用户可查看错误报告文件,并可依据报告提示的信息,通过地面高输入加以修正,修正后按“回车”确定输入,并可通过“显示”按钮浏览结果。

三、交互拉坡

输入拉坡所需要的资料。

Hard 系统提供动态交互式拉坡,用户可以自由拉坡,也可以通过命令行的提示直接输入已经确定的参数。比如,坡度一定,系统将沿着定坡方向拉坡;或者高程一定,系统将沿着定高程方向拉坡等。

系统在屏幕左下角的窗口位置,动态地显示由于鼠标拖动而引起的所有参数的变化,用户可以依据系统的动态提示进行交互式的拉坡,对拉坡过程做到心中有数。

当进行交互拉坡时由于计算机的屏幕较小使用户无法准确地进行拉坡,这时用户可以打开“航空视图”,通过它可以放大任意局部并可纵观全局,这样就会使拉坡工作变得轻松自如(图 3-19)。

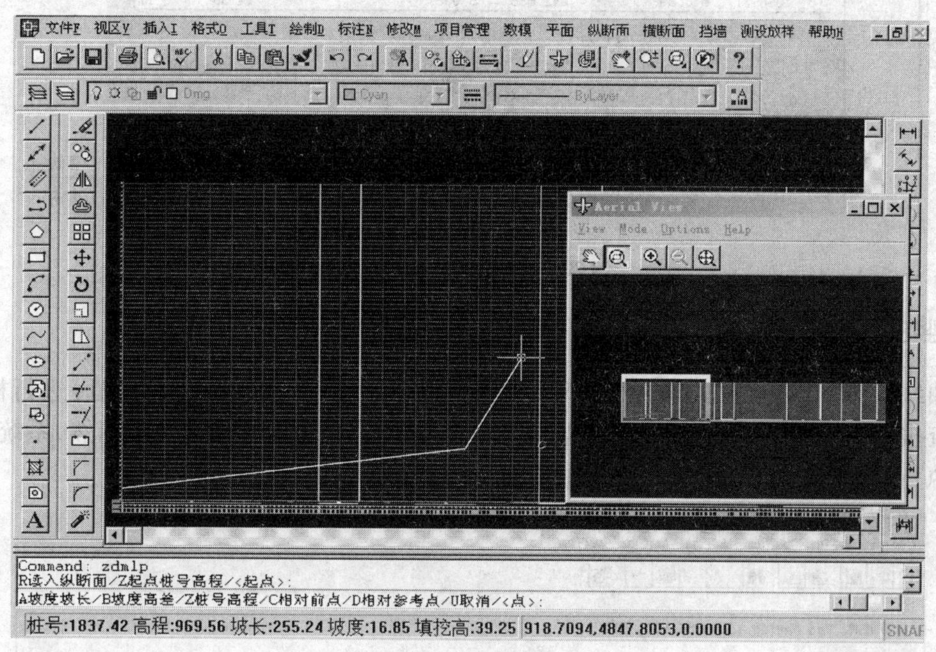

图 3-19　交互拉坡

拉坡过程可以随时进行保存(＊.ZDM),当一次不能完成整条路的拉坡,用户可以通过保存将拉好的坡保存起来,下次拉坡时,可以通过“读入纵断面”将前一次保存的拉坡文件打开,然后通过命令行的提示,输入 C(前点),即可接着上次拉的坡继续工作了。

用户可以通过输入前后的直坡长数据来控制相邻竖曲线间的直线长指标。

系统对所设计的拉坡线可以进行动态的交互修改,命令行下面的信息窗口会动态地提示鼠标的移动所引起的参数变化,使修改过程一目了然。

四、竖曲线设计

对拉坡线的各个变坡点进行曲线设计,系统动态显示所有设计参数,用户可以通过给定的任何已知参数进行竖曲线的设计,系统在信息窗口时时显示反算结果,以供设计参考。如:

R——给定半径反算 *E*、*T*；

T——给定切线长反算 *E*、*R*；

E——给定外距反算 *R*、*T*。

变坡点的选择：用户可以通过鼠标直接点取要设计的变坡点，也可以输入变坡点的号码（系统自动对变坡点逐个编排号码）。

在设计过程中用户可以通过点字母“S”随时保存设计，输出纵断面文件（ *. ZDM），保存设计成果。当设计完成后，点“回车”键或点鼠标右键，系统自动弹出纵断面所有的设计参数（图 3-20），供用户编辑修改，按“确定”自动保存。

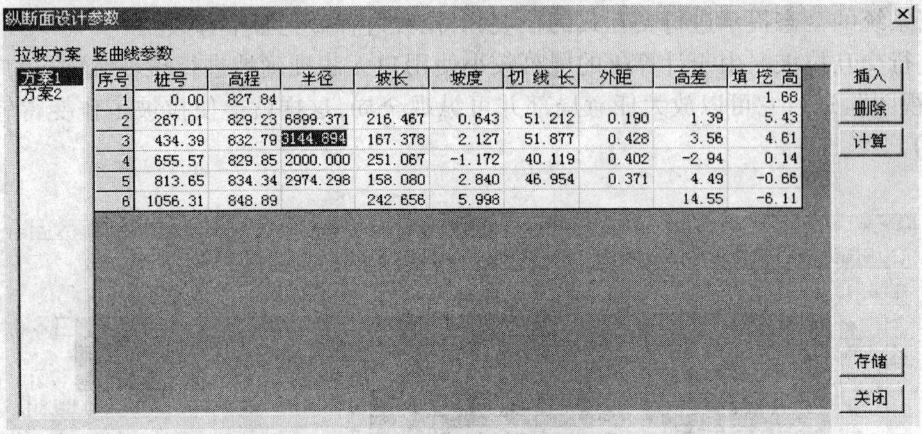

纵断面设计参数
拉坡方案 竖曲线参数
方案1
方案2
序号 桩号 高程 半径 坡长 坡度 切线长 外距 高差 填挖高
1 0.00 827.84 1.68
2 267.01 829.23 6899.371 216.467 0.643 51.212 0.190 1.39 5.43
3 434.39 832.79 3144.894 167.378 2.127 51.877 0.428 3.56 4.61
4 655.57 829.85 2000.000 251.067 -1.172 40.119 0.402 -2.94 0.14
5 813.65 834.34 2974.298 158.080 2.840 46.954 0.371 4.49 -0.66
6 1056.31 848.89 242.656 5.998 14.55 -6.11
插入
删除
计算
存储
关闭

图 3-20　纵断面所有的设计参数

五、竖曲线检查

竖曲线检查如同单位总工的工作，对纵断面设计参数严格把关，依据《规范》进行检查，并提交检查报告（图 3-21）。用户可以依据检查报告对纵断面参数进行修改。当然，系统并不强行要求执行《规范》，对于特殊的地段，由用户自行把握。

竖曲线检查结果 - 写字板
文件(F) 编辑(E) 查看(V) 插入(I) 格式(O) 帮助(H)
计算时间: Wed Nov 06 13:08:56.502 2002
竖曲线坡度检查:
竖曲线坡度符合规范要求。
竖曲线坡长检查:
竖曲线坡长符合规范要求。
竖曲线半径检查:
竖曲线半径符合规范要求。
竖曲线曲线长度检查:
竖曲线曲线长度符合规范要求。
竖曲线合成坡度检查:
在(DK0+813.65~DK0+834.46)间的合成坡度(9.998%)(横坡:8.000% 纵坡:5.997%)大于规范中规定的最大合成坡度(9.500%)
在(DK0+834.46~DK0+837.11)间的合成坡度(9.998%)(横坡:8.000% 纵坡:5.997%)大于规范中规定的最大合成坡度(9.500%)

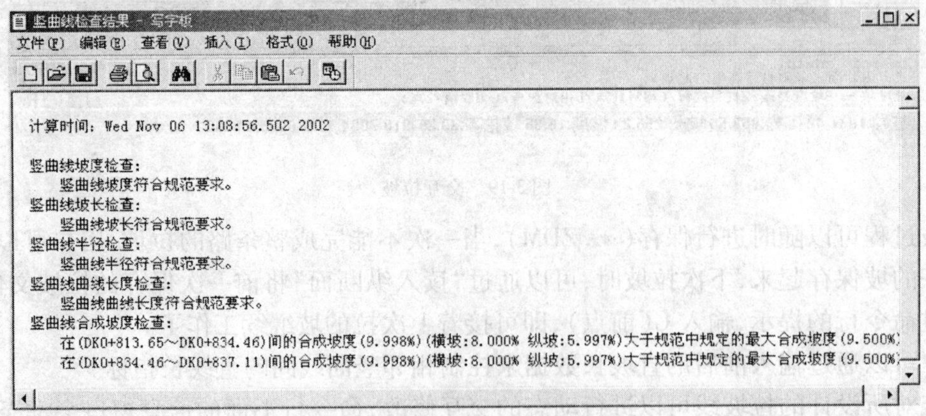

图 3-21　竖曲线检查结果

六、设计高程计算

计算给定的批量桩点的设计高程，批量桩点可以通过“输入文件”或“输入桩号”两个按钮给出（图 3-22），“修正高差”是指相对设计高程进行修正，比如面层厚 20cm，要计算面层底面高程，修正高差输入 -0.2 即可。按“确定”钮，可输出逐桩高程。

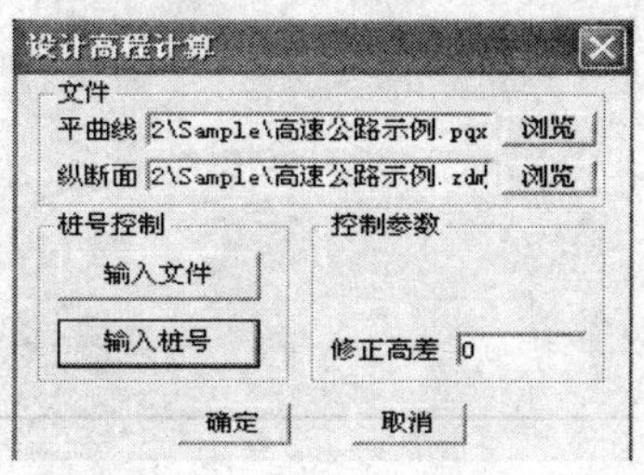

图 3-22 批量桩点设计高程的计算

七、生成纵断面图

通过设定纵断面图的标注内容及图纸范围、格式等，生成纵断面设计成果图(图 3-23)。

(1)通过“标注栏设定”用户可以自由地选择装配在纵断面图上要输出的栏目和顺序，并可以通过保存将装配方案保存下来，以便于以后调用。

(2)系统默认按 A3 图框布图，纵比例为 1∶2 000，横比例为 1∶200，每页 700m。用户可以自由定义首页图的终点桩号，这样对于首页有零头桩的可以通过首页的终点桩号进行凑整。

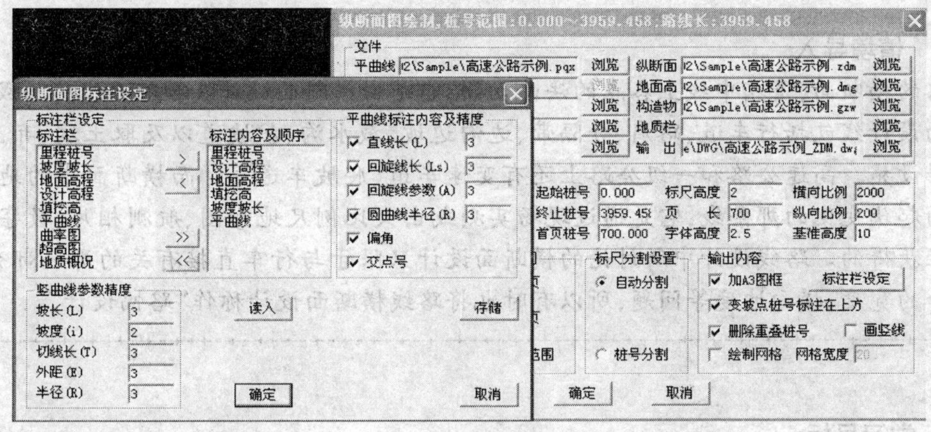

图 3-23 生成纵断面设计成果图

(3)出图比例由用户自由定义，如果使用 A3 的标准图框，系统将自动依据比例计算每页的出图长度，比如纵横比例为 1∶1 000 和 1∶100，那么每页长度为 350m；当纵横比例为 1∶4 000 和 1∶400，那么每页长度为 14 000m。

(4)图纸各参数精度的控制通过“标注栏设定”进行定义，对标注栏中平曲线的有关内容，可以通过“√”控制是否输出。

生成的纵断面图如图 3-2 所示。

学习情境 4

道路横断面设计

情境导入

道路的横断面，是指中线上各点的法向切面，它是由横断面设计线和地面线所构成的。其中横断面设计线包括行车道、路肩、分隔带、边沟边坡、截水沟、护坡道以及取土坑、弃土堆、环境保护等设施。高速公路和一级公路上还有变速车道、爬坡车道等。而横断面中的地面线是表征地面起伏变化的那条线，它是通过现场实测或由大比例尺地形图、航测相片、数字地面模型等途径获得的。路线设计中所讨论的横断面设计只限于与行车直接有关的那一部分，即各组成部分的宽度、横向坡度等问题，所以有时也将路线横断面设计称作“路幅设计”。

学习目标

【知识目标】 掌握横断面设计的方法；熟练掌握横断面设计的外业工作；能通过计算机软件进行横断面的内业设计及土石方调配；形成横断面设计文件。

【能力目标】 学生能够进行横断面外业、内业设计。

认识道路横断面

一般地说,道路横断面是中线上各点的法向切面,其范围包括路面、路基(边坡)、路肩、中央分隔带、人行道以及在用地范围内设置的标志、照明灯柱、防护栅和专门设计的取土坑、弃土堆、边沟、植树等的整个断面。

道路横断面设计,应根据其交通性质、交通量(包括人流量)、行车速度,结合地形、气候、土壤等条件进行道路车行道、中央分隔带、人行道、路肩等的布置,以确定其横向几何尺寸,并进行必要的结构设计以保证它们的强度和稳定性。

一、道路横断面的组成

1. 公路路基横断面组成

公路路基顶面两路肩外侧边缘之间的部分称为路幅。等级高、交通量大的公路(如高速公路,一级公路),通常是将上、下行车辆分开。分隔的方式有两种:一种是用分隔带分隔,另一种是将上、下行车道放在不同的平面上加以分隔。前者称作整体式断面,后者称作分离式断面。

1)一般组成

(1)行车道　公路上供各种车辆行驶部分的总称,包括快车行车道和慢车行车道。

(2)路肩　位于行车道外缘至路基边缘,具有一定宽度的带状结构部分。

(3)边坡　为保证路基稳定,在路基两侧做成的具有一定坡度的坡面。

(4)边沟　为汇集和排除路面、路肩及边坡的流水,在路基两侧设置的纵向水沟。

(5)中间带　高速公路及一级公路用于分隔对向车辆的路幅组成部分,通常设于车道中间。

高速公路与一级公路的横断面组成如图4-1所示,二级公路、三级公路、四级公路的横断面组成如图4-2所示。

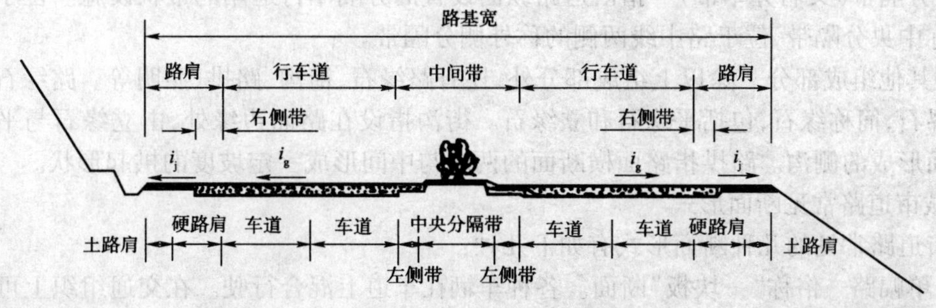

图4-1　高速公路、一级公路横断面

2)特殊组成

(1)护坡道　当路堤较高时,为保证边坡稳定,在边沟与坡脚之间,沿原地面纵向保留的有一定宽度的平台为护坡道。

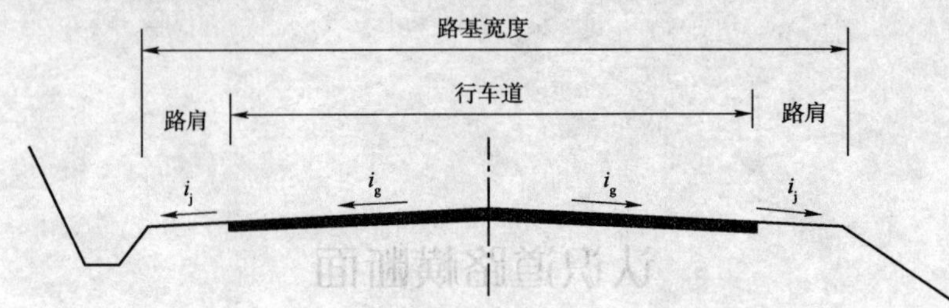

图 4-2　二、三、四级公路的横断面

(2)碎落台　在路堑边坡坡脚与边沟外侧边缘之间或边坡上,为防止碎落物落入边沟而设置的有一定宽度的纵向平台为碎落台。

(3)截水沟　为拦截山坡上流向路基的水,在路堑坡顶以外设置的水沟为截水沟。

(4)爬坡车道　设置在高速公路的上坡路段,供慢速上坡车辆行驶用的车道为爬坡车道。

(5)加减速车道　在高速公路互通式立体交叉、服务区等处设置的,供车辆驶入(离)高速车流之前(后)加速(减速)用的车道。

(6)错车道　在四级公路单车道道路上,当采用 4.5m 的单车道路基时,在适当的可通视的一定距离内,供车辆交错避让用的一段加宽车道为错车道。

(7)紧急停车带　在高速公路和一级公路上,供车辆临时发生故障或其他原因紧急停车使用的临时停车地带为紧急停车带。

2. 城市道路横断面组成

1)城市道路横断面的组成部分

城市道路的横断面是由车行道、人行道、绿化带和分隔带及其他部分组成。

(1)车行道　在城市道路上供各种车辆行驶的路面部分,统称为车行道。供汽车、无轨电车、摩托车等机动车行驶的部分称为机动车道;供自行车、三轮车、板车等非机动车行驶的部分称为非机动车道。按车道在行车方向上的不同位置,又可分为内侧车道、中间车道和外侧车道。按车道的不同性质分,有变速车道、超车车道、爬坡车道、停车道、错车道、会车道、专用车道等。

(2)人行道　在城市道路上用路缘石或护栏及其他类似设施加以分隔的专门供人行走的部分为人行道。

(3)绿化带　指在道路用地范围内供绿化的条形地带。

(4)分隔带(又名分车带)　指沿道路纵向设置的分隔车行道用的带状设施。位于路中线位置的称中央分隔带,位于路中线两侧的称外侧分隔带。

(5)其他组成部分　除以上组成部分外,还有路缘石、街沟、路拱、照明等。路缘石指设在路边的界石,简称缘石,包括平缘石和立缘石。街沟指设在路面边缘处,由立缘石与平缘石或铺装路面形成的侧沟。路拱指路面横断面的两端与中间形成一定坡度的拱起形状。

2)城市道路常见断面形式

城市道路常见的几种断面形式有如下几种:

(1)单幅路　俗称"一块板"断面。各种车辆在车道上混合行驶。在交通组织上可以有以下几种方式:

①画出快、慢车行驶分车线,快车和机动车辆在中间行驶,慢车和非机动车靠两侧行驶。

②不划分车线,车道的使用可以在不影响安全的条件下予以调整。如只允许机动车辆沿

同一方向行驶的“单行道”；限制载货汽车和非机动车行驶，只允许小客车和公共汽车通行的街道；限制各种机动车辆、只允许行人通行的“步行道”等。上述措施，可以是相对不变的，也可以是按规定的周期变换的。

单幅路占地少，投资省，但各种车辆混合行驶，于交通安全不利，仅适用于机动车交通量大、非机动车较少的次干路、支路以及用地不足拆迁困难的旧城改建的城市道路。

(2)双幅路　俗称“两块板”断面。在车道中心用分隔带或分隔墩将车行道分为两半，上、下行车辆分向行驶。各自再根据需要决定是否划分快、慢车道。

双幅路断面将对向行驶的车辆分开，减少了行车干扰，提高了车速，分隔带上还可以绿化、布置照明和敷设管线等。主要用于各向两条机动车道以上，非机动车较少的道路。有平行道路可供非机动车通行的快速路和郊区道路以及横向高差大或地形特殊的路段亦可采用。

(3)三幅路　俗称“三块板”断面。中间为双向行驶的机动车车道，两侧为靠右侧行驶的非机动车车道。

三幅路将机动车与非机动车分开，对交通安全有利；在分隔带上布置绿带，有利于夏天遮阴防晒、减少噪声和布置照明等。对于机动车交通量大、非机动车多的城市道路上宜优先考虑采用。但三幅式断面占地较多，只有当红线宽度等于或大于40m时才能满足车道布置的要求。

(4)四幅路　俗称“四块板”断面，在三幅路的基础上，再将中间机动车车道分隔为二，分向行驶。

四幅路不但将机动车和非机动车分开，还将对向行驶的机动车分开，于安全和车速较三幅式路更为有利。适用于机动车辆车速较高、各向两条机动车道以上、非机动车多的快速路与主干路。

上述四种横断面布置形式见图4-3。

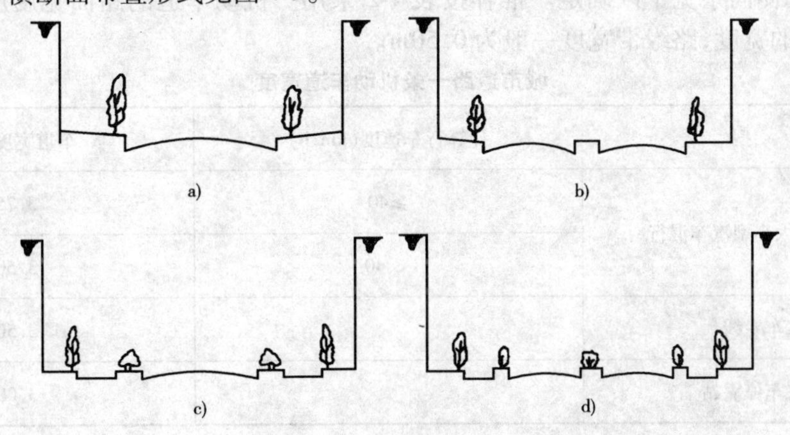

图4-3　城市道路横断面形式

a)单幅路(一块板)；b)双幅路(两块板)；c)三幅路(三块板)；d)四幅路(四块板)

一条道路宜采用相同形式的横断面。当道路横断面形式或横断面各组成部分的宽度变化时，应设过渡段。过渡段的起、止点宜选择在交叉口或结构物处。

二、行车道宽度

1.机动车道路面宽度

行车道宽度直接影响道路的通行能力、行车速度、行车安全、工程造价等。行车道宽度必须有能满足对向车辆错车、超车或并列行驶以及车辆与路肩之间所必需的余宽。

路面宽度主要决定于车道数和每一车道的宽度，而车道数则依远景年的设计小时交通量和一条车道的设计通行能力而定。即

$$车道数=\frac{远景年单向设计小时交通量}{每一车道的设计通行能力}\times 2$$

当交通组织方案是各类机动车分流行驶时，应分别计算以确定机动车道路面宽度。

路面宽度应是在保证要求车速及道路通行能力的情况下，安全行车所必需的宽度。路面宽度取决于设计车辆的几何尺寸、汽车行驶速度、交通量以及车辆之间或车辆与路肩之间的安全间隙。我国设计车辆宽度规定为2.5m。余宽分同向车之间的余宽、对向车之间的余宽和车辆与行车道边缘所需的余宽三种情况，根据行车调查及测定资料确定，一般采用1~1.25m。

我国《标准》中各级公路行车道宽度按设计速度规定如表4-1。

车 道 宽 度 表4-1

设计速度(km/h)	120	100	80	60	40	30	20
车道宽度(m)	3.75	3.75	3.75	3.50	3.50	3.25	3.00

注：①设计速度为20km/h且为单车道时，车道宽度应采用3.50m；

②高速公路为八车道时，内侧车道宽度可采用3.50m。

二级公路当混合交通量大，并且将慢行车道分开困难时，其车行道宽度可加宽到14m，并应画线分快、慢车道。

城市道路机动车道宽度包括几条车道宽度。每条机动车道宽度应根据汽车车型及计算行车速度，并考虑侧向余宽予以确定。推荐按表4-2采用。机动车道的路面宽度应计入分隔带及两侧路缘带的宽度，路缘带宽度一般为0.50m。

城市道路一条机动车道宽度 表4-2

车　　型	计算行车速度(km/h)	车道宽度(m)
大型汽车或大小型汽车混行	≥40	3.75
	<40	3.50
小客车专线		3.50
公共汽车停靠站		3.00

注：小型汽车包括2t以下载货车、小型旅行车。

根据我国城市道路的实际经验，一般认为如下行车道宽度数值可供设计参考采用：双车道7.50~8.0m；三车道10.0~11.0m；四车道13.0~15.0m；六车道19.0~22.0m。

对于汽车与同向行驶非机动车之间的安全间隙，根据调查及观测，自行车与汽车并行时的横向距离约为1.3~1.5m(至少1m)；三轮车与汽车并行时的横向距离约为1.0m。因此，建议以汽车车厢右侧1m作为划分快、慢车分道线的位置。

2. 非机动车道宽度

城市中行驶的非机动车包括自行车、三轮车、兽力车、板车等。兽力车在一些大中城市

中已受到限制，并有消失的趋势，而自行车作为一种短途出行的代步工具，在我国具有很大的市场。所以，有的城市认为非机动车道主要是供自行车行驶，可适当照顾其他非机动车的行驶。

设计时应根据自行车设计交通量与每条自行车道的设计通行能力来计算自行车车道数，而非机动车道宽度即为所有自行车车道宽度之和。

自行车道的通行能力是以单车安全行驶所需宽度划分车道线，以高峰时间各车道线平均的通行量作为一条自行车道的设计通行能力。根据观测及研究，推荐一条自行车道线（宽1m）的设计通行能力（单纯为自行车行驶，无人力三轮车等）为：

采用分车线与机动车分隔的自行车道为850 辆/h；

采用分车带与机动车分隔的自行车道为1 100 辆/h；

当有信号灯交通管制的路口时，因受路口条件、间距及路段行车密度的影响，设计时平均可按750 辆/h 采用。

自行车道的宽度，根据北京市调查资料推荐为：

一条自行车道宽度为1.5m；

两条自行车道宽度为2.5m；

三条自行车道宽度为3.5m。

并以此类推。

依据各种非机动车辆自身的几何宽度以及平均行车速度，考虑到非机动车之间行驶的横向安全间隙，规范规定不同非机动车的车道宽度：自行车为1.0m；三轮车2.0m；兽力车2.5m；板车1.5～2.0m。

按照我国各城市对非机动车道的使用经验，非机动车道的基本宽度可采用5.0m、6.5m、8.0m 三种。

三、路肩

各级公路都要设置路肩。路肩的作用是：

(1)由于路肩紧靠在路面的两侧设置，具有保护及支承路面结构的作用。

(2)供发生故障的车辆临时停放之用，有利于防止交通事故和避免交通紊乱。

(3)作为侧向余宽的一部分，能增进驾驶的安全和舒适感，这对保证设计速度是必要的，尤其在挖方路段，还可以增加弯道视距，减小行车事故。

(4)提供道路养护作业、埋设地下管线的场地。对未设人行道的道路，可供行人及非机动车等使用。

(5)精心养护的路肩，能增加公路的美观。

根据上述路肩的功能，从构造上又可分为硬路肩、土路肩。硬路肩是指进行了铺装的路肩，他可以承受汽车荷载的作用力，在混合交通的公路上便于非机动车、行人通行。在填方路段，为使路肩能汇集路面积水，在路肩边缘应设置缘石。土路肩是指不加铺装的土质路肩，他起保护路面和路基的作用，并提供侧向余宽。

各级公路的路肩宽度应符合表4-3 的规定。

高速公路、一级公路应在右侧硬路肩宽度内设右侧路缘带，其宽度为0.50m。高速公路、一级公路采用分离式断面时，应设置左侧硬路肩。八车道高速公路宜设置左侧硬路肩，其宽度应为2.50m。左侧硬路肩宽度内含左侧路缘带宽度。

路　肩　宽　度

表 4-3

设计速度(km/h)		高速公路、一级公路				二级公路、三级公路、四级公路				
		120	100	80	60	80	60	40	30	20
右侧硬路肩宽度(m)	一般值	3.00或3.50	3.00	2.50	2.50	1.50	0.75	—	—	—
	最小值	3.00	2.50	1.50	1.50	0.75	0.25			
土路肩宽度(m)	一般值	0.75	0.75	0.75	0.50	0.75	0.75	0.75	0.50	0.25(双车道)
	最小值	0.75	0.75	0.75	0.50	0.50	0.50			0.50(单车道)

注:①“一般值”为正常情况下的采用值;“最小值”为条件受限制时可采用的值。

②设计速度为120km/h的四车道高速公路,宜采用3.50m的右侧硬路肩;六车道、八车道高速公路,宜采用3.00m的右侧硬路肩。

四、中间带

1. 组成及作用

1)中间带

中间带由两条左侧路缘带和中央分隔带组成。

中间带的作用主要是分隔对向车流,防止对向车流互撞,减少事故,保证车速,并可作为设置沿线设施如交通标志、护栏、防眩网和绿化之用。

2)分隔带

城市道路因机动车、非机动车混合行驶设置非机动车道时,除设有中间分隔带外,还有设置在同向行驶的机动车与非机动车之间的两侧分隔带。其作用是分隔同向行驶的机动车与非机动车,防止其相互干扰,减少事故,保证车速,并可作为设置沿线设施之用。

2. 宽度

高速公路、一级公路整体式断面必须设置中间带,其宽度应符合表4-4的规定。

中 间 带 宽 度

表 4-4

设计速度(km/h)		120	100	80	60
中央分隔带宽度(m)	一般值	3.00	2.00	2.00	2.00
	最小值	1.00	1.00	1.00	1.00
左侧路缘带宽度(m)	一般值	0.75	0.75	0.50	0.50
	最小值	0.75	0.50	0.50	0.50
中间带宽度(m)	一般值	4.50	3.50	3.00	3.00
	最小值	2.50	2.00	2.00	2.00

注:“一般值”为正常情况下的采用值;“最小值”为条件受限制时可采用的值。

五、路基宽度

各级公路路基宽度为车道宽度与路肩宽度之和,当设有中间带、加(减)速车道、爬坡车道、紧急停车带、错车道等时,应计入这些部分的宽度。

各级公路整体式路基宽度如表4-5。

整体式路基宽度 表4-5

公路等级		高速公路、一级公路								
设计速度(km/h)		120			100			80		60
车道数		8	6	4	8	6	4	6	4	4
路基宽度(m)	一般值	42.00	34.50	28.00	41.00	33.50	26.00	32.0	24.50	23.0
	最小值	40.00	—	25.00	38.50	—	23.50	—	21.50	20.0

公路等级		二级公路、三级公路、四级公路					
设计速度(km/h)		80	60	40	30	20	
车道数		2	2	2	2	2或1	
路基宽度(m)	一般值	12.00	10.00	8.50	7.50	6.50(双车道)	4.50(单车道)
	最小值	10.00	8.50	—	—	—	

注:“一般值”为正常情况下的采用值;“最小值”为条件受限制时可采用的值。

六、人行道

人行道的首要功能是供行人步行交通之用,其次是供植树、立杆等,地下空间还可用来埋设地下管线。

人行道的总宽度应由行人步行道宽度和种植绿化、布设地面杆柱、设置橱窗报栏、沿街房基散水宽等用地宽度所组成,此外还应考虑在人行道底下埋设地下管线所需要的宽度。

为了使街道各部分的宽度协调起见,一般认为,街道总宽度与单侧人行道宽度之比在5:1 ~7:1的范围内是比较合适的。

人行道的横坡为单向坡,一般为1.5% ~2.0%,向路缘石一侧倾斜,高出车行道0.10 ~0.20m。

七、路缘石

路缘石是设置在路面与其他构造物之间的标石。在分隔带与路面之间,人行道与路面之间一般都需要设置路缘石。

路缘石的形状有立式、斜式和曲线式等几种(图4-4)。

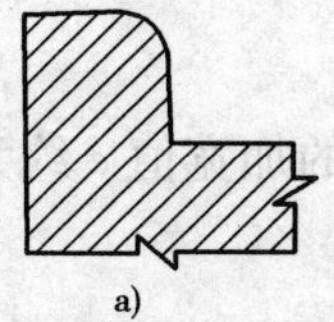
a)

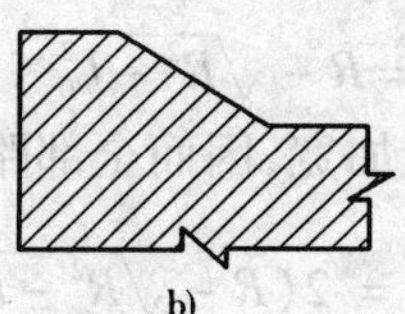
b)

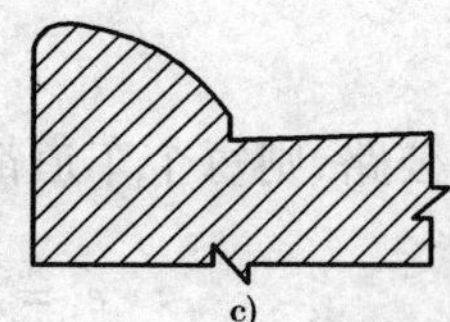
c)

图4-4 路缘石

a)立式;b)斜式;c)曲线式

高速公路和一级公路中央分隔带上的路缘石起导向、连接和便于排水的作用，高度不宜太高，因为高的路缘石（高度 >20cm）会使高速行驶的汽车一旦驶入将产生飞跃甚至翻车的副作用。所以高速公路的分隔带因排水必须设置路缘石时，应使用低矮光滑的斜式或曲线式的，高度宜小于 12cm。

城市道路的人行道及人行横道宽度范围内缘石宜做成为低矮的，而且坡面是较为平缓的斜式，便于儿童车、轮椅及残疾人通行。在分隔带端头或交叉口的小半径处，缘石宜做成曲线式。

缘石宜高出路面 10 ~ 20cm，隧道内线形弯曲线段或陡峻路段等处，可高出 25 ~ 40cm，并应有足够的埋置深度，以保证稳定。缘石宽度宜为 10 ~ 15cm。

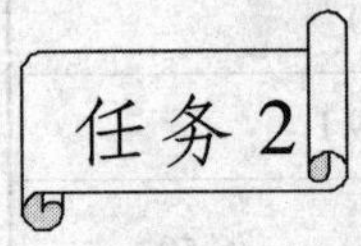

道路加宽设计

通过对行车状态的观测与行车轨迹理论分析得知，汽车在弯道行驶时，需要比直线段上更大的行车道宽度。这是因为车辆在曲线上行驶时，每一个车轮都以不同的半径绕圆心运动，汽车前后轮的轨迹不重合，而汽车在直线段上行驶时，前后轮的行驶轨迹是一致的。因此，汽车在曲线上行驶所占路面宽度就比在直线上的大，其增宽值即图 4-5 中的 e_1。另外，由于曲线行车受横向力系数 μ 的影响，汽车会出现不同程度的摆动（摆动大小与实际行驶速度有关）。因此，为保证行车的安全，曲线段的路面应做适当的加宽。

一、路面加宽值的计算

1. 加宽值的计算

当汽车进入圆曲线后，汽车前轮的转向角是保持不变的，因此，汽车的行驶轨迹也是圆曲线，并且各部分的轨迹都与公路中心线平行（均为同心圆）。

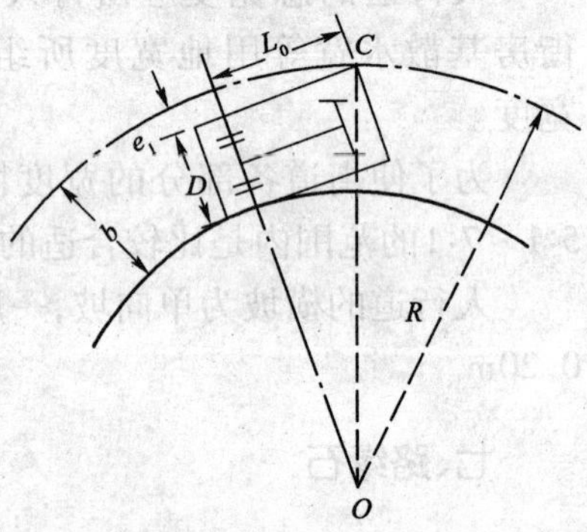

图 4-5　曲线上的路面加宽

在图 4-5 中，R 为平曲线半径，L_0 为汽车后轴至车身前边缘的长度（等于汽车轴距加前悬），D 为车辆宽度，b 为一辆车实际占路面宽度，e_1 为一个车道的加宽值。

由直角三角形得出下列关系：

$$L_0^2 + (R - e_1)^2 = R^2$$

展开得

$$e_1 = R - \sqrt{R^2 - L_0^2}$$

如果为双车道公路，则每个车道都应加宽，因而全部路面的加宽值 e 约为：

$$e = 2e_1 = 2(R - \sqrt{R^2 - L_0^2})$$

而

$$R^2 - L_0^2 = (R - e/2)^2 = R^2 - eR + e^2/4$$

$e^2/4$ 与 R 比很小，略去。

所以 $$e = \frac{L_0^2}{R}$$

由上式可知，加宽值与平曲线半径、设计车辆的轴距有关，轴距越大，加宽值就越大。

加宽值还与车速有关，尚需考虑由于车速而产生的汽车摆动宽度值。根据国外经验，其值为$\frac{0.1v}{\sqrt{R}}$。因此，平曲线上双车道路面加宽值应按下式计算：

$$B_j = \frac{L_0^2}{R} + \frac{0.1v}{\sqrt{R}} \tag{4-1}$$

式中：B_j——双车道路面加宽值(m)；

L_0——汽车轴距加前悬(m)；

v——设计速度(km/h)；

R——圆曲线半径(m)。

2. 加宽标准

现行《标准》规定，平曲线半径等于或小于250m时，公路曲线部分的路面根据圆曲线的半径、交通组成等情况应设置相应的加宽。半径大，相应的加宽值就小；同一半径的圆曲线段内加宽值保持不变。

路面加宽值的大小可由式(4-1)计算。我国《标准》对各种车辆组成情况下的不同半径的加宽值作了统一规定，见表4-6。

单车道路面加宽值按表4-6所列数值减半。由三条以上车道构成的行车道，其路面加宽值应另行计算。

路面加宽标准按交通组成情况确定。二级公路及设计速度为40km/h的三级公路应采用第3类加宽值。对不经常通行集装箱运输半挂车的公路，可采用第2类加宽值。四级公路和设计速度30km/h的三级公路可采用第1类加宽值。

双车道路面加宽值 表4-6

加宽类别	加宽值(m) 圆曲线半径(m) / 汽车轴距加前悬(m)	250～200	<200～150	<150～100	<100～70	<70～50	<50～30	<30～25	<25～20	<20～15
1	5	0.4	0.6	0.8	1.0	1.2	1.4	1.8	2.2	2.5
2	8	0.6	0.7	0.9	1.2	1.5	2.0	—	—	—
3	5.2+8.8	0.8	1.0	1.5	2.0	2.5	—	—	—	—

路基宽度为4.5m的四级公路以及其他各级公路，其路面加宽后，路基也应作相同的加宽。

四级公路路基宽度采用6.5m以上时，若路面加宽后剩余的路肩宽度不小于0.5m时，则路基可不予加宽；若小于0.5m，则应加宽路基以保证路肩宽度不小于0.5m。

分道行驶的公路，若圆曲线半径较小，其内侧车道的加宽值应大于外侧车道加宽值。设计时应通过计算确定其差值。

《城规》规定，圆曲线半径小于或等于250m时，应在圆曲线内侧加宽，每条车道加宽值见表4-7。

城市道路圆曲线每条车道的加宽值 表 4-7

车型 \ 圆曲线半径（m）	200 < R ≤ 250	150 < R ≤ 200	100 < R ≤ 150	60 < R ≤ 100	50 < R ≤ 60	40 < R ≤ 50	30 < R ≤ 40	20 < R ≤ 30	15 < R ≤ 20
小型汽车	0.28	0.30	0.32	0.35	0.39	0.40	0.45	0.60	0.70
普通汽车	0.40	0.45	0.60	0.70	0.90	1.00	1.30	1.80	2.40
半挂车	0.45	0.55	0.75	0.95	1.25	1.50	1.90	2.80	3.50

二、加宽的过渡

1. 加宽缓和段长度的确定

路面在圆曲线段上设置加宽时，其宽度比直线段上大，在直线与圆曲线连接处路面宽度会出现突变，这既影响路容的美观，又给行车安全带来威胁。因此。为避免路面宽度从直线段上的正常宽度到圆曲线段的加宽断面的突变，在直线和圆曲线之间应设置一段路面宽度的渐变段，这一渐变段称为加宽缓和段。为保证缓和效果，该缓和段长度不宜太短，应满足下列要求：

（1）路线设置缓和曲线或超高缓和段时，加宽缓和段长度采用与缓和曲线或超高缓和段长度相同的值，即加宽缓和段应与缓和曲线或超高缓和段重合，以尽量减少公路几何形状的变更次数。

（2）不设缓和曲线或超高缓和段时，加宽缓和段长度应按渐变率为 1∶15 且长度不小于 10m 的要求设置，并布置在圆曲线之前的直线段上，即

$$L_j = 15E_j \quad \text{且} \quad L_j \geqslant 10\text{m} \tag{4-2}$$

式中：L_j——加宽缓和段长度（m）；

E_j——路面加宽值（m）。

2. 加宽的布置方式

圆曲线上的路面加宽一般设置在曲线内侧，这是因为汽车在曲线上行驶时，后轮轨迹一般位于前轮轨迹内侧。另外在曲线内侧加宽比在外侧加宽的路容美观些，面且内侧加宽工程量也较外侧小。若地形特殊有困难时，也可两侧各加一半。圆曲线段内的加宽值保持不变，缓和段上的加宽值由零渐变到要求的加宽值。

3. 加宽过渡方式

1）比例过渡（图 4-6）

二级公路、三级公路、四级公路的加宽缓和段的设置，采用在相应的缓和曲线、超高或加宽缓和段全长范围内按其长度成比例增加的方法。即加宽缓和段上任一点的加宽值 B_{jx}，与该点到加宽缓和段起点的距离 L_x 同加宽缓和段全长 L_j 的比值成正比，即

$$B_{jx} = \frac{L_x}{L_j} B_j \tag{4-3}$$

式中：B_{jx}——加宽缓和段上任一点的加宽值（m）；

B_j——圆曲线加宽值（m）；

L_x——加宽缓和段上任一点到缓和段起点的距离

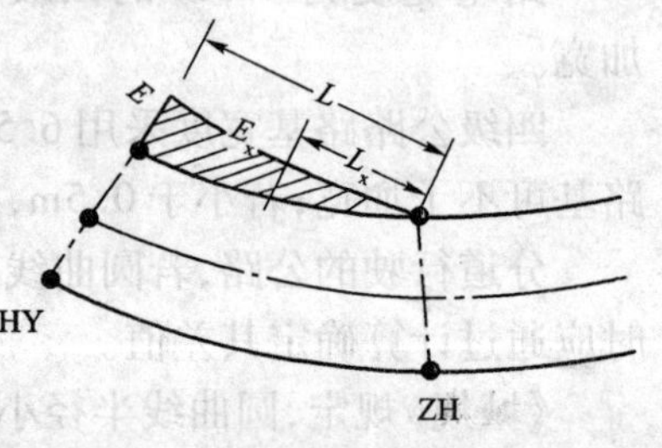

图 4-6 比例加宽过渡

(m);

L_j——加宽缓和段长度(m)。

2)高次抛物线的过渡(图4-7)

高速公路、一级公路以及对路容有要求的二级公路,设置加宽缓和段时,为使路面加宽后的边缘线圆滑、顺适,一般情况下应采用高次抛物线的形式过渡,即采用下式计算加宽缓和段上任一点的加宽值 B_{jx}:

$$B_{jx} = (4K^3 - 3K^4) \times B_j \tag{4-4}$$

$$K = L_x / L_j$$

其他符号意义同前。

3)插入回旋线的过渡(图4-7)

在位于大城市近郊的路段,桥梁、高架桥、挡土墙、隧道等构造物处以及设置各种安全防护设施的路段,可插入回旋线进行过渡。

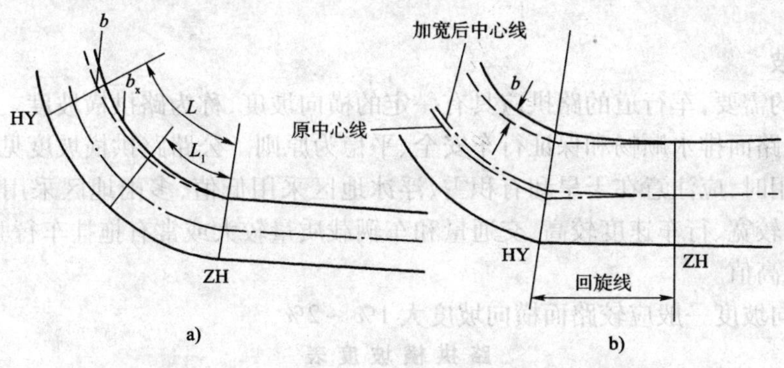

图4-7　两种加宽过渡形式

a)高次抛物线加宽形式;b)回旋线加宽形式

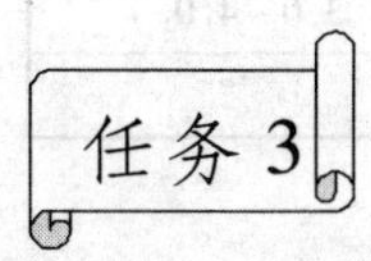

路拱及超高设计

一、路拱

为了迅速排除路面上的雨水,路面表面做成中间高两边低的拱形,称为路拱。

1. 基本形式

路拱的基本形式有抛物线形、直线形和折线形三种。

1)抛物线形路拱

抛物线形路拱比较圆顺,造型美观,没有路中尖峰,路面中间部分坡度较小,两旁坡度较大,有利于雨水的排除。但抛物线形路拱车行道中间部分横坡过于平缓,行车易集中,使中央部分路面易损坏,并且车行道上各部分横坡度不同,施工较难。为改进这些缺点,就出现了其他各种形式的抛物线形路拱。

2）直线形路拱

这种形式的路拱两旁是倾斜直线，在车行道的中心线附近加设竖曲线或缓和曲线，通常用在高级路面宽度超过20m的城市道路上。它的优点是汽车轮胎和路面接触较为平均，路面磨耗也较小，缺点是排水效果不及抛物线流畅。它的主要形式有倾斜直线形路拱、圆顶直线形路拱。

3）折线形路拱

适用于多种车道的城市道路上。优点是用折线形的直线段比用圆顶形的直线段为短，施工时容易摊压得平顺，也可在车行道最多的着力点处选择为转折点，如行车后路面稍有沉陷，雨水亦可排除，较符合设计、施工和养护的要求。缺点是在转折处有尖峰凸出，但可在施工时用压路机碾压平顺。一般适用于道路较宽的黑色路面上。

路拱的形式很多，各有特点。在设计道路横断面时，应根据车行道宽度、横坡度、路面结构类型、排水和交通等要求来选择。

城市道路的非机动车道，以及地形适合、宽度不大于9m的车行道上，可采用单向横坡的形式。当次要道路或地形适宜、路面两侧高程不等时，也可采用不对称路拱，但测设、施工较麻烦。

2. 路拱横坡

为了排水的需要，车行道的路拱应具有一定的横向坡度，称为路拱横坡度。路拱横坡的确定，应以有利于路面排水顺畅和保证行车安全、平稳为原则。公路路拱横坡度见表4-8。

在具体选用时，应注意在干旱和有积雪、浮冰地区采用低值，多雨地区采用高值。当道路纵坡较大、路面较宽、行车速度较高、交通量和车辆载质量较大或常有拖挂车行驶时，应采用低值，反之则采用高值。

路肩的横向坡度一般应较路面横向坡度大1%～2%。

路拱横坡度表　　表4-8

路面类型	路拱横坡度(%)	路面类型	路拱横坡度(%)
水泥混凝土路面、沥青混凝土路面	1.0～2.0	碎、砾石等粒料路面	2.5～3.5
其他黑色路面、整齐石块	1.5～2.5	低级路面	3.0～4.0
半整齐石块、不整齐石块	2.0～3.0		

二、超高及超高横坡度

在弯道上，当汽车在双向横坡的车道外侧行驶时，车重的水平分力将增大横向侧滑力，所以，当采用的圆曲线半径小于不设超高的最小半径时，为抵消车辆在曲线路段上行驶时所产生的离心力，将曲线段的外侧路面横坡做成与内侧路面同坡度的单坡横断面，这样的设置称为超高。其作用是为了使汽车在平曲线上行驶时能获得一个指向内侧的横向分力，用以克服离心力，以减小横向分力，从而保证汽车行驶的稳定性及乘客的舒适性。

由式(2-4)可知超高的计算公式如下：

$$i_c = \frac{v^2}{127R} - \mu \tag{4-5}$$

式中：v——设计速度(km/h)；

R——圆曲线半径(m)；

μ——横向力系数，当为极限最小半径时，取0.15，当为不设超高的最小半径时，取0.035。

因此，超高横坡度应按设计速度、半径大小，结合路面种类、自然条件和车辆组成等情况综合确定。一般来说，平曲线半径小，超高坡度就应大一些，反之，超高坡度就可小些。而当平曲线半径大于或等于不设超高最小半径时就可以不设超高。在路面有积雪或结冰情况的地区，超高坡度应比一般地区的小一些，以防止出现汽车向内侧滑动的危险。

由表4-9可以看出，各级公路圆曲线部分最大可采用的超高值是有所限制的。这是因为当超高横坡度太大时，会导致车辆沿超高横坡向内侧下滑的危险，特别是当路面上有积雪或结冰时，低速行车或停车时就更为危险。因此，各级公路的最大超高值应符合表4-9的规定。城市道路的最大超高值应符合表4-10的规定。

各级公路圆曲线部分最大超高值 表4-9

公路等级	高速公路	一级公路	二级公路	三级公路	四级公路
一般地区(%)	10或8		8		
积雪冰冻地区(%)	6				

注：正常情况下，高速公路、一级公路采用8%；交通组成中小客车比例高时可采用10%。

城市道路最大超高值 表4-10

计算行车速度(km/h)	80	60,50	40,30,20
最大超高横坡度(%)	6	4	2

当超高横坡度的计算值小于路拱横坡度时，应设置等于路拱坡度的超高横坡。

各级公路位于曲线上的行车道、中间带和路肩，以及爬坡车道、加减速车道等的超高横坡值，均应根据圆曲线半径的大小、自然条件等按表4-11的规定选取，也可按式(4-5)计算得出。

三、超高的过渡

从直线段上的路拱双坡断面过渡到圆曲线上具有超高横坡的单坡断面，要有一个逐渐变化的区段，这一变化段称为超高缓和段。

1. 超高缓和段的过渡形式

超高的过渡方式，应根据地形状况、车道数、中间带宽度、超高度、便于排水、路容美观等因素决定。

1)无中间带道路的过渡

无中间带的道路行车道，无论是双车道还是单车道，在直线路段的横断面均为以中线为脊向两侧倾斜的路拱。路面要由双向倾斜的路拱形式过渡到具有超高的单向倾斜的超高形式，可分别采用以下三种过渡方式(图4-8)：

(1)绕内边缘旋转　在缓和段起点之前将路肩的横坡逐渐变为路拱横坡，再以路中线为旋转轴，逐渐抬高外侧路面与路肩，使之达到与路拱坡度一致的单向横坡后，整个断面再绕未加宽前的内侧车道边缘旋转，直至达到超高横坡度为止。一般新建公路多采用此种方式。

(2)绕中线旋转　在超高缓和段之前，先将路肩横坡逐渐变为路拱横坡，再以路中线为旋转轴，使外侧车道和内侧车道变为单向的横坡度后，整个断面一同绕中线旋转，使单坡横断面直至达到超高横坡度为止。一般改建公路常采用此种方式。

圆曲线半径与超高坡度值 表4-11

超高(%) \ 半径(m) \ 公路等级	高速公路、一级公路								二、三、四级公路									
	v=120(km/h)		v=100(km/h)		v=80(km/h)		v=60(km/h)		v=80(km/h)		v=60(km/h)		v=40(km/h)		v=30(km/h)		v=20(km/h)	
	一般情况	积雪冰冻地区	一般情况	积雪冰冻地区	一般情况	积雪冰冻地区	一般情况	积雪冰冻地区	一般情况	积雪冰冻地区	一般情况	积雪冰冻地区	一般情况	积雪冰冻地区	一般情况	积雪冰冻地区	一般情况	积雪冰冻地区
1	<5 500 ~3 240	<5 500 ~1 940	<4 000 ~1 710	<4 000 ~1 550	<2 500 ~1 240	<2 500 ~1 130	<1 500 ~810	<1 500 ~720	<2 500 ~1 210	<2 500 ~1 130	<1 500 ~780	<1 500 ~720	<600 ~390	<600 ~360	<350 ~230	<350 ~210	<150 ~105	<150 ~95
2	<3 240 ~2 160	<1 940 ~1 290	<1 710 ~1 220	<1 550 ~1 050	<1 240 ~830	<1130 ~750	<810 ~570	<720 ~460	<1 210 ~840	<1 130 ~750	<780 ~530	<720 ~460	<390 ~270	<360 ~230	<230 ~150	<210 ~130	<105 ~70	<95 ~60
3	<2 160 ~1 620	<1 290 ~970	<1 220 ~950	<1 050 ~760	<830 ~620	<750 ~520	<570 ~430	<460 ~300	<840 ~630	<750 ~520	<530 ~390	<460 ~300	<270 ~200	<230 ~150	<150 ~110	<130 ~80	<70 ~55	<60 ~40
4	<1 620 ~1 300	<970 ~780	<950 ~770	<760 ~550	<620 ~500	<520 ~360	<430 ~340	<300 ~190	<630 ~500	<520 ~360	<390 ~300	<300 ~190	<200 ~150	<150 ~90	<110 ~80	<80 ~50	<55 ~40	<40 ~25
5	<1 300 ~1 080	<780 ~650	<770 ~650	<550 ~400	<500 ~410	<360 ~250	<340 ~280	<190 ~125	<500 ~410	<360 ~250	<300 ~230	<190 ~125	<150 ~120	<90 ~60	<80 ~60	<50 ~30	<40 ~30	<25 ~15
6	<1 080 ~930		<650 ~560		<410 ~350		<280 ~230		<410 ~320		<230 ~170		<120 ~90		<60 ~50		<30 ~20	
7	<930 ~810		<560 ~500		<350 ~310		<230 ~200		<320 ~250		<170 ~125		<90 ~60		<50 ~30		<20 ~15	
8	<810 ~720		<500 ~440		<310 ~280		<200 ~160											
9	<720 ~650		<440 ~400		<280 ~250		<160 ~125											

（3）绕外边缘旋转　先将外侧车道绕外边缘旋转，与此同时，内侧车道随中线的降低而相应降坡，待达到单向横坡后，整个断面仍绕外侧车道边缘旋转，直至达到超高横坡为止。此种方法仅在特殊设计时采用（如强调路容美观、外侧因受条件限制不能抬高等）。

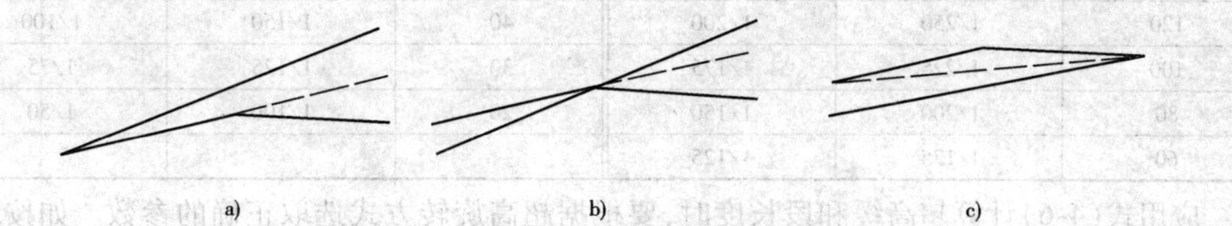

图 4-8　无中间带道路超高的过渡方式

a）绕内侧边缘旋转；b）绕中线旋转；c）绕外侧边缘旋转

2）有中间带道路的过渡（图 4-9）

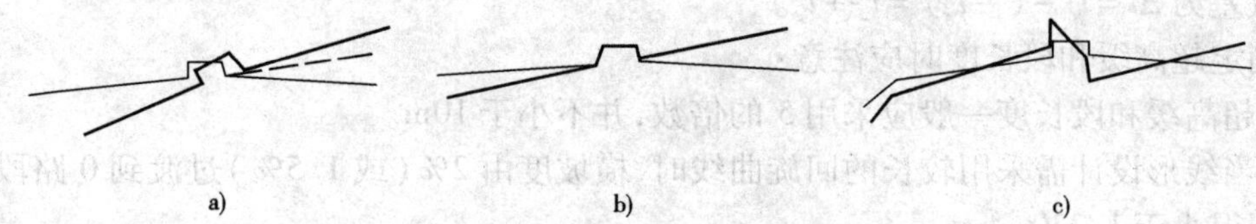

图 4-9　有中间带道路超高的过渡方式

a）绕中间带的中心线旋转；b）绕中央分隔带边缘旋转；c）绕各自行车道中线旋转

（1）绕中间带的中心线旋转　先将外侧行车道绕中间带的中心旋转，待达到与内侧行车道构成单向横坡后，整个断面一同绕中心线旋转，直至超高横坡值。此时，中央分隔带呈倾斜状。采用窄中间带的公路可选用此方式。

（2）绕中央分隔带边缘旋转　将两侧行车道分别绕中央分隔带边缘旋转，使之各自成为独立的单向超高断面，此时中央分隔带维持原水平状态。各种宽度不同的中间带均可选用此种方式。

（3）绕各自行车道中线旋转　将两侧行车道分别绕各自的中线旋转，使之各自成为独立的单向超高断面。此时中央分隔带边缘分别升高与降低而成为倾斜断面。单向车道数大于四条的公路可采用此种方式。

2. 超高缓和段的长度

设置超高缓和段的主要目的就是使路面从双坡断面逐渐变为单向横坡即超高断面，因此，这一缓和段的长度不能太短，否则就起不到缓和作用。但缓和段如果太长，则会给测设施工以及路面排水等方面带来一些问题。为了行车舒适性和排水，对超高缓和段的长度必须加以规定。通常按控制设超高后行车道外边缘的渐变率来计算。

双车道公路的超高缓和段长度按下式计算：

$$L_c = \frac{B \cdot \Delta i}{p} \tag{4-6}$$

式中：L_c——超高缓和段长度（m）；

B——旋转轴至行车道（设路缘带时为路缘带）外侧边缘的宽度（m）；

Δi——超高横坡与路拱坡度的代数差（%）；

p——超高渐变率，即旋转轴线与行车道（设路缘带时为路缘带）外侧边缘线之间相对升降的比率，其值规定如表 4-12。

超高渐变率 表 4-12

设计速度 (km/h)	超高旋转轴位置		设计速度 (km/h)	超高旋转轴位置	
	中轴	边轴		中轴	边轴
120	1/250	1/200	40	1/150	1/100
100	1/225	1/175	30	1/125	1/75
80	1/200	1/150	20	1/100	1/50
60	1/175	1/125			

应用式(4-6)计算超高缓和段长度时,要根据超高旋转方式选取正确的参数。如按绕内边缘线旋转时,$B=b$(行车道宽),$\Delta i=i_c$(超高横坡度),因为这时旋转轴外侧有两个路拱,使旋转轴与路面外边缘在同一水平线上,因而可认为路拱为零,所以$\Delta i=i_c$。如按绕路面中线旋转时,$B=b/2$,$\Delta i=i_c+i_g$,因为旋转轴外侧有一向外倾斜的路拱"$-i_g$",则超高横坡与路拱坡度的代数差为$\Delta i=i_c-(-i_g)=i_c+i_g$。

在确定超高缓和段长度时应注意:

(1)超高缓和段长度一般应采用5的倍数,并不小于10m。

(2)当线形设计需采用较长的回旋曲线时,横坡度由2%(或1.5%)过渡到0路段的超高渐变率不得小于1/330。

(3)超高的过渡应在回旋线全长范围内进行,但当超高渐变率过小时(为保证排水),而只设在该回旋线的某一区段范围之内。四级公路超高的过渡应在超高缓和段的全长范围内进行。

对于多车道公路的超高缓和段长度,视车道数将按式(4-6)计算的值乘以下列系数:

①四车道公路:1.5;

②六车道公路:2.0。

四、超高值的计算

在公路工程施工中,路面的超高横坡及正常路拱横坡不便于用坡度值来控制,而是用路中线及路基、路面边缘相对于路基设计高程的相对高差控制的。因此,在设计中为便于施工,应计算出路线上任意位置的路基设计高程与路肩及路中线的高差。所谓超高值,就是指设置超高后路中线、路面边缘及路肩边缘对路基设计高程的高差。

超高值的计算如表4-13、表4-14所列公式,超高过渡如图4-10、图4-11所示。

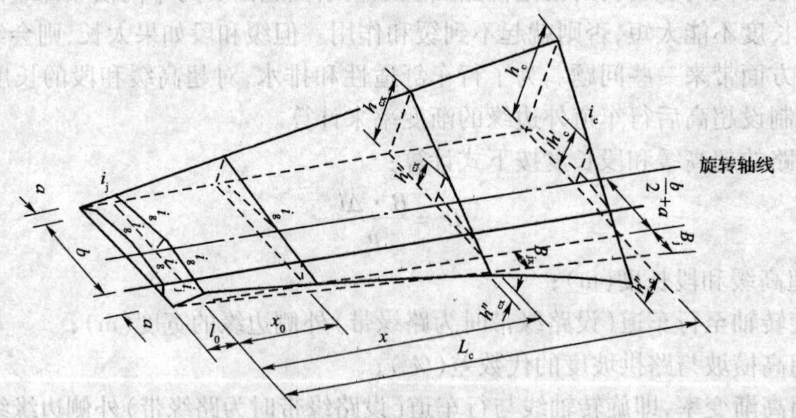

图4-10 超高过渡(边轴旋转)

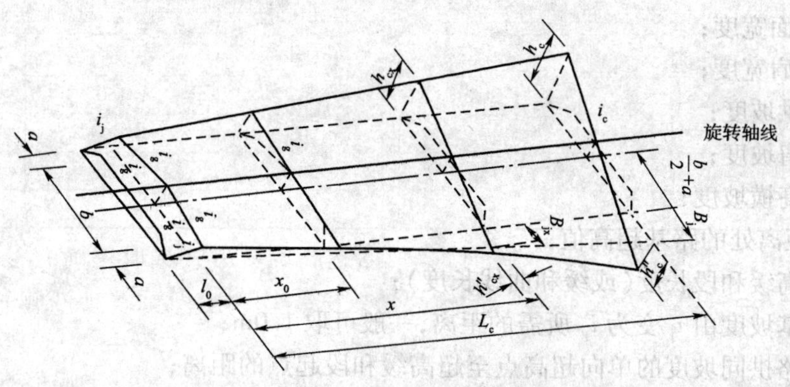

图 4-11 超高过渡(中轴旋转)

绕边线旋转超高值计算公式 表 4-13

超高位置		计算公式 $x \leqslant x_0$	计算公式 $x > x_0$	备注
圆曲线上	外缘 h_c	$ai_j+(a+b)i_c$		1. 计算结果均为与设计高之高差。 2. 临界断面距缓和段起点的距离： $x_0=\frac{i_g}{i_c}L_c$ 3. x 距离处的加宽值： $B_{jx}=\frac{x}{L_c}B_j$ 4. x 距离处的超高值： $i_x=\frac{x}{L_c}i_c$
	中线 h'_c	$ai_j+\frac{b}{2}i_c$		
	内缘 h''_c	$ai_j-(a+B_j)i_c$		
过渡段上	外缘 h_{cx}	$(2a+b)i_g\frac{x}{x_0}+a(i_j-i_g)$	$ai_j+(a+b)\frac{x}{L_c}i_c$	
	中线 h'_{cx}	$ai_j+\frac{b}{2}i_g$	$ai_j+\frac{b}{2}\frac{x}{L_c}i_c$	
	内缘 h''_{cx}	$ai_j-(a+B_{jx})i_g$	$ai_j-(a+B_{jx})\frac{x}{L_c}i_c$	

绕中线旋转超高值计算公式 表 4-14

超高位置		计算公式 $x \leqslant x_0$	计算公式 $x > x_0$	备注
圆曲线上	外缘 h_c	$a(i_j-i_g)+(a+\frac{b}{2})(i_g+i_c)$		1. 计算结果均为与设计高之高差。 2. 临界断面距缓和段起点的距离： $x_0=\frac{2i_g}{i_g+i_c}L_c$ 3. x 距离处的加宽值： $B_{jx}=\frac{x}{L_c}B_j$ 4. x 距离处的超高值： $i_x=\frac{x}{L_c}i_c$
	中线 h'_c	$ai_j+\frac{b}{2}i_g$		
	内缘 h''_c	$ai_j+\frac{b}{2}i_g-(a+\frac{b}{2}+B_j)i_c$		
过渡段上	外缘 h_{cx}	$(2a+b)i_g\frac{x}{x_0}+a(i_j-i_g)$	$(ai_j+\frac{b}{2}i_g)+(a+\frac{b}{2})i_x$	
	中线 h'_{cx}	$ai_j+\frac{b}{2}i_g$		
	内缘 h''_{cx}	$ai_j-(a+B_{jx})i_g$	$ai_j+\frac{b}{2}i_g-(a+\frac{b}{2}+B_{jx})i_x$	

在表 4-13 和表 4-14 中（以上长度单位均为 m）：

b ——路面宽度；

a ——路肩宽度；

i_g——路拱坡度；

i_j——路肩坡度；

i_c——超高横坡度；

i_x——x 距离处的路基超高值；

L_c——超高缓和段长度（或缓和曲线长度）；

l_0——路基坡度由 i_j 变为 i_g 所需的距离，一般可取 1.0m；

x_0——与路拱同坡度的单向超高点至超高缓和段起点的距离；

x——超高缓和段中任一点至起点的距离；

h_c——路肩外缘最大超高值；

h'_c——路中线最大超高值；

h''_c——路基内缘最大降低值；

h_{cx}——x 距离处路基外缘超高值；

h'_{cx}——x 距离处路中线超高值；

h''_{cx}——x 距离处路基内缘降低值；

B_j——路基加宽值；

B_{jx}——x 距离处路基加宽值。

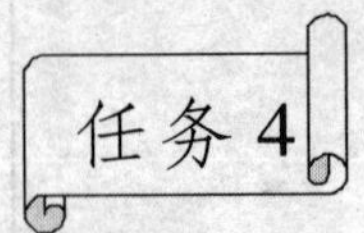

行车视距设计

一、行车视距的类型

所谓视距就是指驾驶员在行驶过程中的通视距离。为了保证行车安全，驾驶员应能看到前方一定距离的公路以及公路上的障碍物或迎面的来车，以便及时制动绕过。汽车在这段时间里沿公路路面行驶的必要安全距离，称为行车视距。无论在道路的平面上或纵断面上，都应保证必要的行车视距。在平面上，平曲线部分往往会有视线受阻的情况（如处于挖方路段的曲线段或内侧有障碍物的弯道），如图 4-12a）所示。另外，路线平面交叉口处也存在视距问题。从纵断面上看，路线在凸形变坡处［图 4-12b）］及下穿式立体交叉处［4-12c）］都可能有视距不足的情况。由此可知，不论是平面上还是纵断面上都有视线不畅的情况，在设计时必须采取适当的措施，使其满足行车要求。本节只研究路线在平面上的视距问题，即平面视距，其他情况将在以后的学习情境中加以介绍。

行车视距根据通视的要求不同，分为停车视距、会车视距和超车视距三种。

1. 停车视距

当汽车在单车道或有明显分隔带的双车道公路上行驶时，如前方遇到障碍物或路面破坏处，不可能驶入邻近车道去绕过它时，只有采取制动措施，使汽车在障碍物前完全停住，以保证安全。这样，当驾驶员发现前方有障碍物后，立即采取制动措施，至汽车在障碍物前停下来所需要的最短距离称为停车视距。此时驾驶员视线高度取1.2m，障碍物高出路面0.1m。

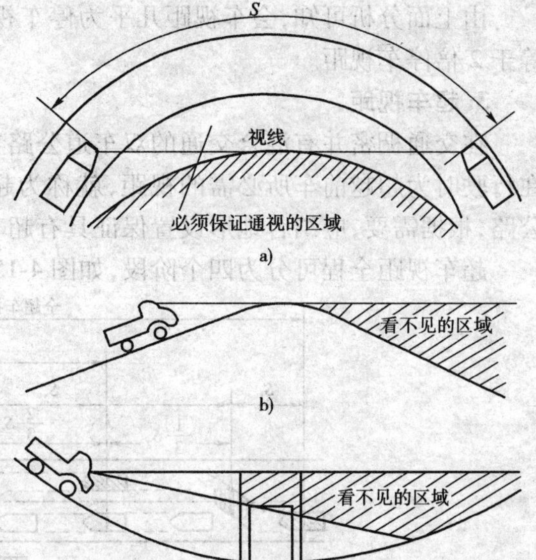

图4-12　影响行车视距的地点

a）平面视距；b）纵断面视距；c）桥下视距

停车视距由三部分组成，见图4-13，即

$$S_T = S_1 + S_z + S_0 \tag{4-7}$$

式中：S_T——停车视距（m）；

S_1——驾驶员反应时间内行驶的距离（m）；

S_z——制动距离，即驾驶员开始制动到完全停止时所行驶的距离（m）；

S_0——安全距离，一般可取5～10 m。

从驾驶员发现障碍物开始，经判断采取制动措施，到制动生效的时间 t 秒（s），称为驾驶员的反应时间。这实际上包括两段时间，即驾驶员的反应判断时间和制动生效时间。前者一般与驾驶员的机敏程度和障碍物的颜色、大小有关，后者是指从开始制动到闸瓦完全抱死车轮，车轮处于滑动状态时的时间。目前美国和日本规定判断时间采用1.5s，制动生效时间为1.0s，则反应时间共计为2.5s。我国采用1.2s，则汽车在这一时间内所行驶的距离为：

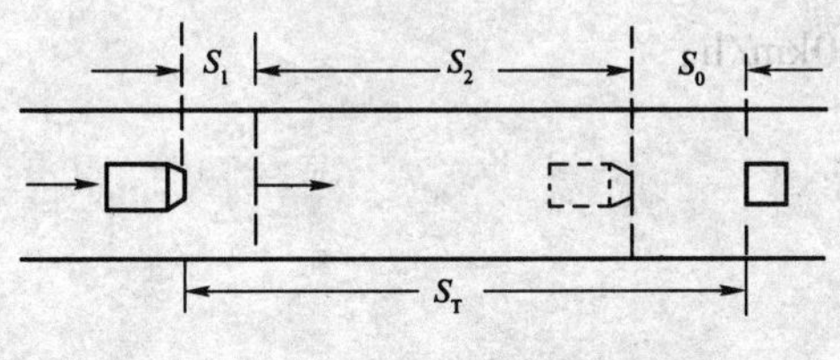

图4-13　停车视距

$$S_1 = v't = \frac{v}{3.6} \times 1.2 = \frac{v}{3}\ (\text{m}) \tag{4-8}$$

汽车从制动生效到完全停止，这段时间所行驶的距离叫制动距离，它取决于车辆的制动性能和行驶速度的大小，其值根据汽车的行驶理论为：

$$S_z = \frac{Kv^2}{254(\varphi + \psi)} \tag{4-9}$$

综上所述，停车视距 S_T 为：

$$S_T = S_1 + S_z + S_0 = \frac{v}{3} + \frac{Kv^2}{254(\varphi + \psi)} + S_0 \tag{4-10}$$

2. 会车视距

对于不设分隔带的双车道公路，车辆在行驶中，驾驶员趋向于沿路面中心行驶，一旦发现前方来车，双方驾驶员各自把车辆驶回到自己的车道上，使两车安全交会。为保证双向行驶的双车道公路的行车安全，公路平面应能保证会车视距要求，即满足双向行驶的汽车能在同一车道上及时制动所需的最短距离。

如图4-14所示，会车视距也由三部分组成：①双方驾驶员反应时间内汽车所行驶的距离 $2S_1$；②双方汽车的制动距离 $S_{z1} + S_{z2}$；③安全距离 S_0。

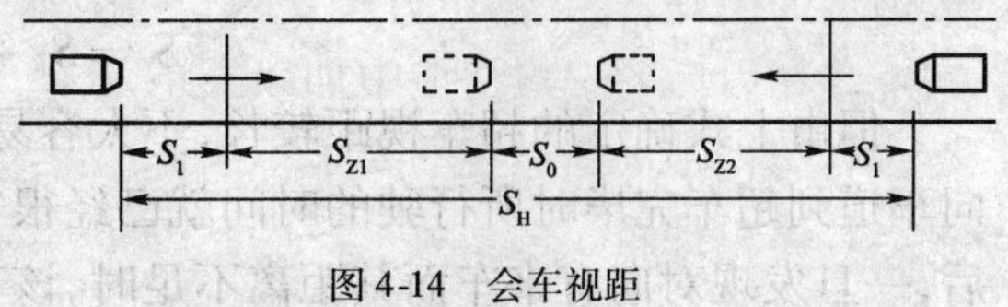

图4-14　会车视距

由上面分析可知，会车视距几乎为停车视距的两倍，为简化计算，《标准》规定，会车视距等于2倍停车视距。

3. 超车视距

在交通稠密并有混合交通的双车道公路上，经常会出现高速车超越低速车的情况，则汽车在行驶时为超越前车所必需的视距，就称为超车视距。《标准》规定，对于双向行驶的双车道公路，根据需要，应结合地形设置保证具有超车视距的路段，以使汽车行驶时安全超越前车。

超车视距全程可分为四个阶段，如图4-15所示。

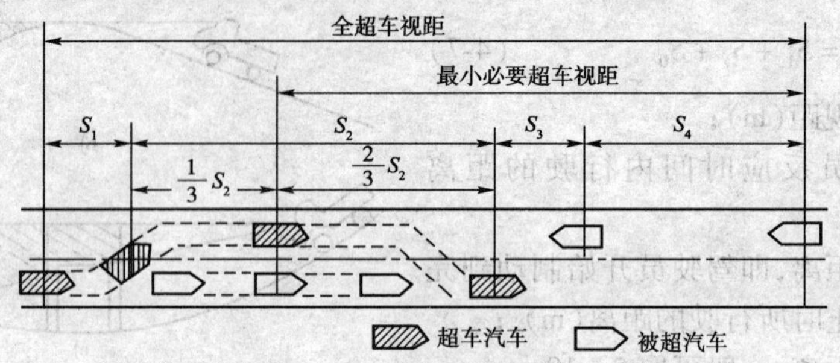

图4-15 超车视距

1）加速行驶距离 S_1

当高速车赶上低速车时，首先应尾随在低速车后行驶一段距离，经判断认为有超车可能时，加速行驶移向对向车道，在进入该车道之前行驶的距离为 S_1：

$$S_1 = \frac{v_0}{3.6}t_1 + \frac{1}{2}at_1^2 \tag{4-11}$$

式中：v_0——被超汽车的速度，一般较设计速度低10～20km/h；

t_1——加速时间，一般取 $t_1 = 2.9 \sim 4.5$s；

a——平均加速度（m/s^2）。

2）超车汽车在对向车道上行驶的距离 S_2

$$S_2 = \frac{v}{3.6}t_2 \tag{4-12}$$

式中：v——超车汽车的速度，一般采用设计速度（km/h）；

t_2——在对向车道上行驶的时间，一般取 $t_2 = 9.3 \sim 10.4$s。

3）超车汽车从开始加速到超车完成的时间内，对向车道汽车的行驶距离 S_4

$$S_4 = \frac{v}{3.6}(t_1 + t_2) \tag{4-13}$$

式中符号意义同上。

4）超车完成时，超车汽车与对向汽车之间的安全距离 S_3

$$S_3 = 15 \sim 100\text{m}$$

以上四个距离之和就是全超车视距 S_C，即

$$S_C = S_1 + S_2 + S_3 + S_4 \tag{4-14}$$

但由上式确定的超车视距较长，不太容易满足。实际上只要考虑超车汽车从完全进入对向车道到超车完毕时所行驶的时间就已经很安全了。因为当汽车在对向车道上追上被超汽车后，一旦发现对向有来车而其距离不足时，该车还可以回到原来的车道上。一般汽车从对向车

道赶上前车的时间为 $t_2/3$，那么从这时开始到超车完成的时间则为 $2t_2/3$，即其行驶距离为 $2S_2/3$，而对向车道汽车的行驶时间也为 $2t_2/3$，即

$$S'_4 = \frac{v}{3.6} \times \frac{2}{3} t_2$$

于是，最小必要超车视距 S_{Cmin} 为：

$$S_{Cmin} = \frac{2}{3} S_2 + S_3 + S'_4 \tag{4-15}$$

二、行车视距的标准

《公路路线设计规范》（JTG D20—2006）规定，各级公路的每一条车道均应保证有大于表 4-15 中规定的停车视距。

停车视距计算中的眼高和物高规定为：眼高 1.2m，物高 0.1m。

停 车 视 距（m） 表 4-15

设计速度（km/h）	120	100	80	60	40	30	20
停车视距（m）	210	160	110	75	40	30	20

注：积雪冰冻路段的停车视距宜适当增长。

高速公路、一级公路的视距采用停车视距。二、三、四级公路的视距应满足会车视距要求，其长度应不小于停车视距的 2 倍。工程特殊困难或受其他条件限制采取分道行驶措施的地段，可采用停车视距。

以大型车为主的公路，应按货车停车视距进行检验。平坡段货车停车视距规定如表 4-16，下坡段的货车停车视距经坡度修正后规定如表 4-17。

货车停车视距计算中的眼高和物高规定为：眼高 2.0m，物高 0.1m。

平坡段货车停车视距（m） 表 4-16

设计速度（km/h）	120	100	80	60	40	30	20
货车停车视距（m）	245	180	125	85	50	35	20

下坡段货车停车视距（m） 表 4-17

设 计 速 度（km/h）		120	100	80	60	40	30	20
纵坡坡度（%）	0	245	180	125	85	50	35	20
	3	265	190	130	89	50	35	20
	4	273	195	132	91	50	35	20
	5	—	200	136	93	50	35	20
	6	—	—	139	95	50	35	20
	7	—	—	—	97	50	35	20
	8	—	—	—	—	—	35	20
	9	—	—	—	—	—	—	20

二、三、四级公路还应在适当间隔内设置满足表 4-18 中所列超车视距“一般值”的超车路段。当地形及其他原因不得已时，超车视距长度可适当缩减，最小不应小于表 4-18 中所列“最小值”。

超车视距（m） 表 4-18

设计速度(km/h)	80	60	40	30	20
一般值	550	350	200	150	100
最小值	350	250	150	100	70

二级公路宜在 3 ~ 4min 的行驶时间内，提供一次满足超车视距要求的超车路段。一般情况下，不小于路线总长度的 20% 左右。超车路段的设置应结合地形并力求均匀。

三、平面视距的保证

汽车在弯道上行驶时，弯道内侧行车视线有可能被树木、建筑物、路堑边坡或其他障碍物遮挡。因此，在路线设计时必须检查平曲线上的视距是否能得到保证，如有遮挡时，则必须采取措施消除阻碍视线的障碍物，如图 4-16 所示。图中阴影部分是阻碍驾驶员视线的范围，范围以内的障碍物都应加以清除。

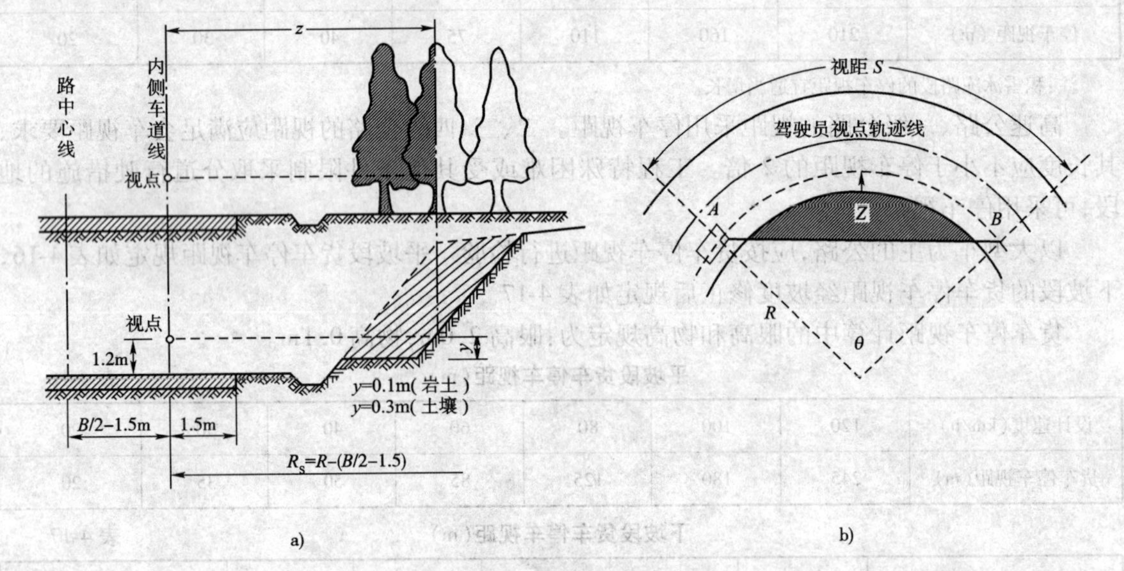

图 4-16 视线障碍与视距

a)横净距立面图；b)横净距平面图

平曲线上的视距检查有两种方法，一是最大横净距法；另一是视距包络图法。现分别加以介绍。

1. 最大横净距法检查平曲线视距

如图 4-16b) 所示为一双车道公路平曲线段，虚线为驾驶员的眼睛位置沿曲线移动形成的轨迹线，称为驾驶员视点轨迹线。设 A、B 为驾驶员视点轨迹线上的两点，其间的轨迹线长度等于行车视距 S，则 AB 连线称为视距线，即驾驶员视点轨迹线上长度等于视距的任意两点的连线称为视距线。在视距线与视点轨迹线间不应有任何障碍物，否则就会妨碍视线。所谓横净距就是指驾驶员的视点轨迹线到视距线的最大距离，也就是说离开视点轨迹线距离为横净距值的范围内应该是无障碍物的。在曲线段内不同位置的横净距是不相等的，所有横净距中的最大值称为最大横净距。它一般出现在曲线顶点处或顶点附近的一段范围内。

驾驶员的视点位置如图 4-16a）所示。

横向：距路面内边缘（未加宽前）1.5m，或距路面中心线 $B/2-1.5$m（B 为路面宽度）；

竖向：视线高为 1.2m。

检查一个平曲线是否满足行车视距要求，是通过检查任一障碍物到驾驶员的视点位置（或视点轨迹线）的距离 h_0 是否大于该处要求的横净距 h（一般都采用该平曲线的最大横净距值）来进行的。若 $h_0 \geqslant h$，则该障碍物不影响视线；若 $h_0 < h$，则该障碍物阻挡视线，必须予以清除或采取其他补救措施。

2. 最大横净距 h 的计算方法

由于驾驶员视点轨迹线是与公路中线平行的曲线（半径小于中线半径），因此，最大横净距 h 可根据轨迹线的线形及行车视距长度通过计算得到（表 4-19）。

最大横净距计算公式 表 4-19

不设回旋线	$L>S$（见图 4-17） $h=R_S\left(1-\cos\frac{\gamma}{2}\right)$	$\gamma=\frac{180°S}{\pi R_S}$
	$L<S$（见图 4-18） $h=R_S\left(1-\cos\frac{\gamma}{2}\right)+\frac{1}{2}(S-L_S)\sin\frac{\alpha}{2}$	$L_S=\frac{\pi}{180°}\alpha R_S$
设回旋线	$L'>S$（见图 4-17） $h=R_S\left(1-\cos\frac{\gamma}{2}\right)$	$\gamma=\frac{180°S}{\pi R_S}$
	$L>S>L'$（见图 4-19） $h=R_S\left(1-\cos\frac{\alpha-2\beta}{2}\right)+$ $\frac{1}{2}(l-l')\sin\left(\frac{\alpha}{2}-\delta\right)$	$\delta=\arctan\frac{l}{6R_S}\left(1+\frac{l'}{l}+\frac{l'^2}{l}\right)$ $l'=\frac{1}{2}(L_S-S)$
	$L<S$（见图 4-20） $h=R_S\left(1-\cos\frac{\alpha-2\beta}{2}\right)+$ $l\sin\left(\frac{\alpha}{2}-\delta\right)+\frac{S-L_S}{2}\sin\frac{\alpha}{2}$	$\delta=\arctan\frac{1}{6R_S}$

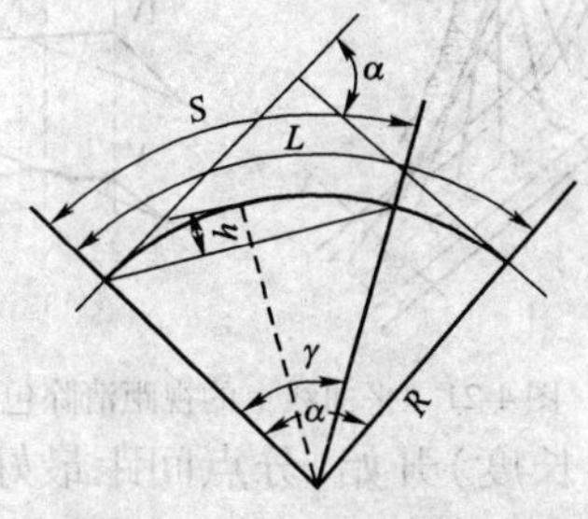

图 4-17 不设回旋线时横净距计算图（$L>S$）

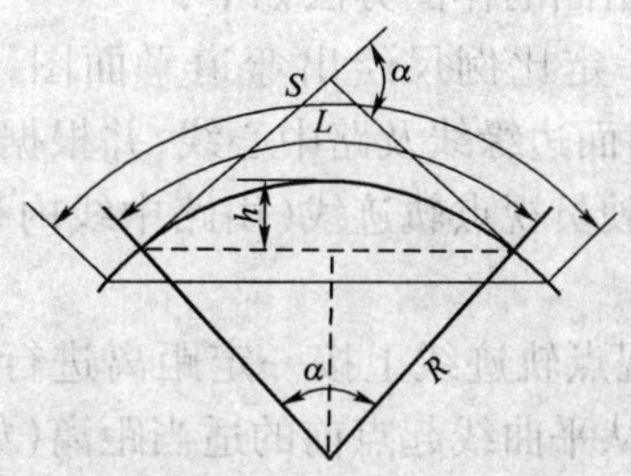

图 4-18 不设回旋线时横净距计算图（$L<S$）

表中：h——最大横净距（m）；

S——视距（m）；

L——平曲线长度（m）；

L'——圆曲线长度（m）；

l——回旋线长度（m）；

R_S——曲线内侧行驶轨迹的半径（m），其值为未加宽前路面内缘的半径加上 1.5m；

L_S——曲线内侧行驶轨迹的长度（m）；

α——公路转角（°）；

γ——视距线所对的圆心角（°）；

β——回旋转角（°）。

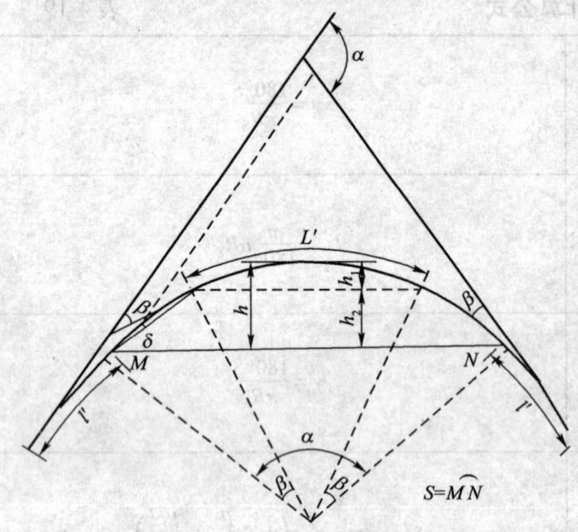

图 4-19　设回旋线时横净距计算图（$L>S>L'$）

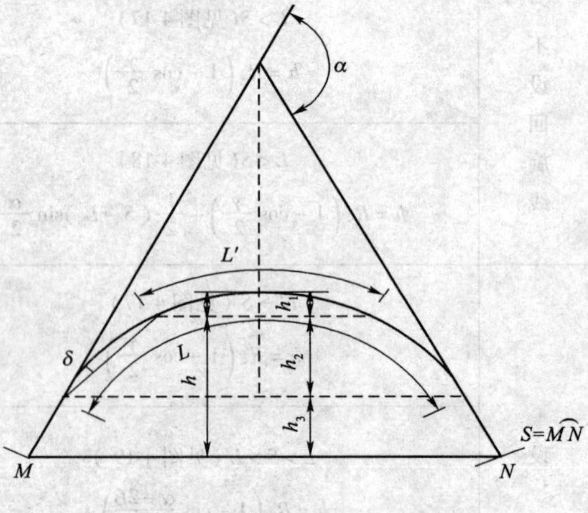

图 4-20　设回旋线时横净距计算图（$L<S$）

3. 视距包络图

前述的方法是用计算出的最大横净距，来确定影响视线的障碍物范围。现在介绍一种图解法确定清除障碍物的边界的方法，即视距包络图法。所谓视距包络图就是在驾驶员视点轨迹线上每隔一定间隔绘出的一系列的视距线相交出的外边缘线，如图 4-21 所示。

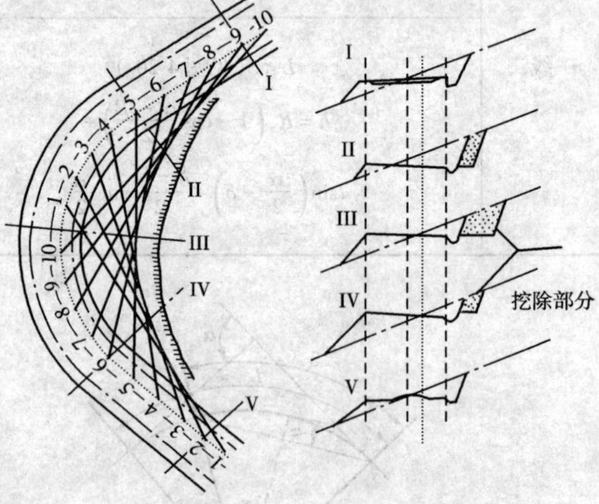

图 4-21　平曲线上的视距清除包络线

视距包络图的作图方法如下：

（1）按一定比例尺绘出弯道平面图，图上绘出路基、路面边缘线及路中心线，并根据路面宽度绘出驾驶员视点轨迹线（由路中线内移 $B/2-1.5$m）。

（2）在视点轨迹线上按一定距离进行量距分点。一般从平曲线起点前的适当距离（如视距的一半长度）开始，分点间距最好是要求的视距的 n 等分（如 $n=10$），即用 S/n 的间距用分规对视点轨迹线分点，并用 0、1、…、n 的数字连续编号,使相同两个号码间的轨迹线长度等于视距 S,直到平曲线结束后一定距离(也可取视距的一半)为止。

(3)分别用直线连接编号相同的两点,即得到一系列视距线,这些视距线相互交叉,形成一条外切边缘轮廓线,即为视距包络线,或称视距包络图。

由图 4-21 可以看出,在视距包络线与视点轨迹线之间的任何物体(高度超过 1.2m)都会影响公路的通视条件,而位于包络线内侧的物体则不会阻挡驾驶员的视线。因此,视距包络图能够更加直观地反映出弯道处的视距问题。

根据中线上各桩位置,在横断面方向上便可量出视点轨迹线到视距包络线之间的距离 Z,该值就是本断面所需的横净距值。由图 4-21 可以看出,在曲线顶点处的横净距值是最大的,其他各点随离开顶点的距离的增大,其横净距逐渐减小。因此,前面介绍的采用最大横净距检查弯道的视距实际上是偏于安全的。一般来说,检查孤立障碍物采用最大横净距法较为方便,而检查连续障碍物(如路堑边坡等)时,则采用视距包络图法更为合理。

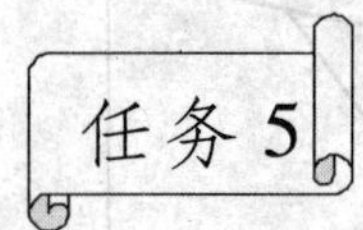

横断面综合设计

路基横断面设计应充分考虑当地的气象、地形、土壤、地质、环境、土地利用、材料供应等自然条件和社会条件,设计出适合路基稳定和经济的横断面。

一、横断面设计步骤

(1)点绘横断面地面线。地面线是现场测绘的,若是纸上定线,则从大比例尺的地形图上内插获得。在计算机辅助设计中,可向计算机输入横断面各变化点相对于中桩的坐标,由计算机自动绘制。

(2)根据路线和路基资料,将横断面的填挖值及有关资料(如路基宽度、加宽值、超高坡度、缓和段长度、平曲线半径等)抄于相应桩号的断面上。

(3)根据现场调查的土壤地质资料,示出土石界线,确定边坡坡度以及边沟的形状与尺寸。

(4)绘横断面的设计线,俗称“戴帽子”。

设计线应包括路基、边沟、截水沟、加固及防护工程、护坡道、碎落台、视距台等。在弯道上的断面还应示出超高、加宽。一般直线段的断面可不示出路拱坡度。

(5)计算横断面的填挖面积,上墨完成全图。

二、横断面设计成果

路基横断面设计的主要成果是“两图两表”,即路基横断面设计图,路基标准横断面图,路基设计表与路基土石方计算表。

1. 路基横断面设计图

路基横断面设计图(图 4-22)是路基每一个中桩的法向剖面图,它反映每个桩位处横断面的尺寸及结构，是路基施工及横断面面积计算的依据，图中应给出地面线与设计线，并标注桩号、施工高度与断面面积。相同的边坡坡度可只在一个断面上标注，挡墙等圬工构造物可只绘出形状不标注尺寸，边沟也只需绘出形状。横断面设计图应按从下到上，从左到右的方式进行布置，一般采用1∶200的比例。

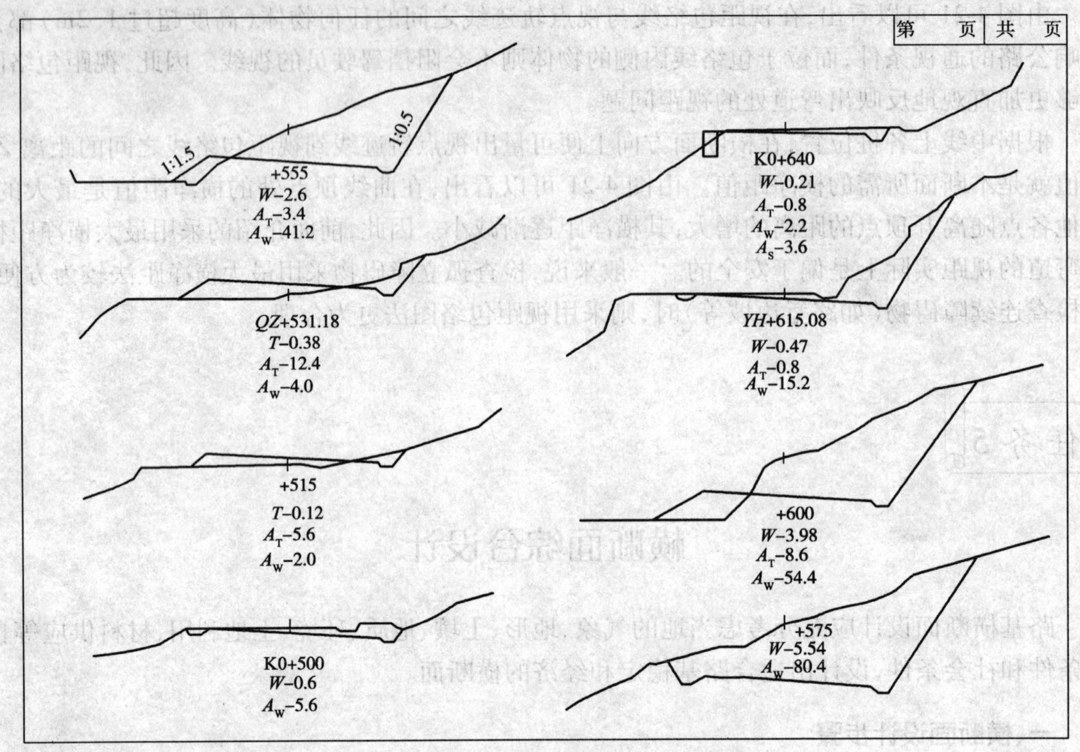

图4-22 路基横断面设计图

2. 路基标准横断面图

路基标准横断面图是路基横断面设计图中所出现的所有路基形式的汇总。它示出了所有设计线（包括边坡、边沟、挡墙、护肩等）的形状、比例及尺寸，用以指导施工。这样路基横断面设计图就不必对每一个断面都进行详细的标注（其中很多断面的比例、尺寸都是相同的），避免了工作的重复与烦琐；也使横断面设计图比较简洁。常见典型的路基如图4-23所示。

3. 路基设计表

路基设计表严格地说不能只作为横断面设计的成果，它是路线设计成果的一个汇总，其前半部分是平面与纵断面设计的成果。横断面设计完成后，再将"边坡"、"边沟"等栏填上。

其中"边沟"一栏的"坡度"如不填写，表明沟底纵坡与道路纵坡一致，如果不一致，则需另外填写。其表格形式参见表4-20a）、表4-20b）。

4. 路基土石方计算表

路基土石方是公路工程的一项主要工程量，所以，在公路设计和路线方案比较中，路基土石方数量的多少是评价公路测设质量的主要技术经济指标之一，也是编制公路施工组织计划和工程概、预算的主要依据。其表格形式参见表4-21。

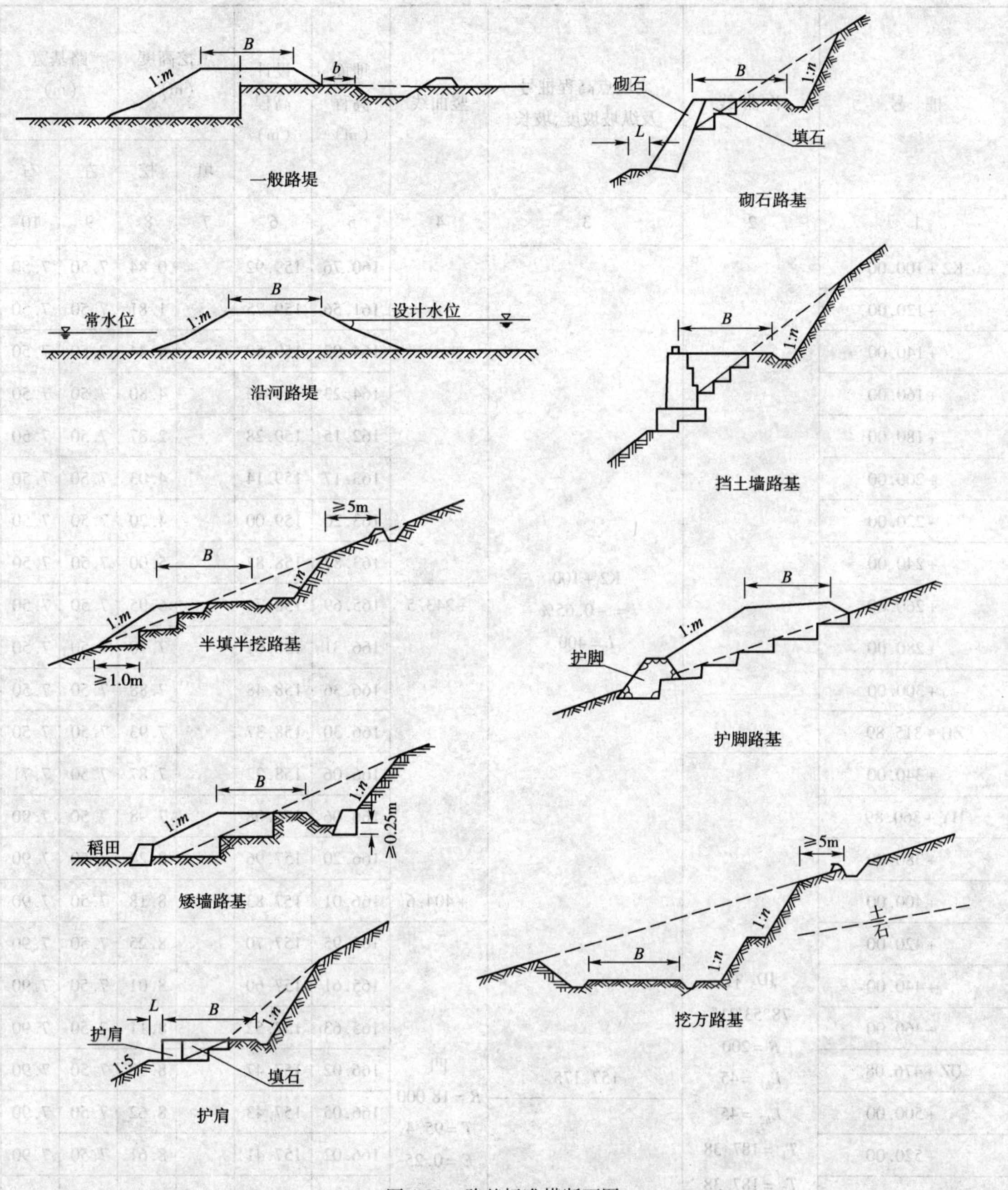

图 4-23　路基标准横断面图

5. 其他成果

对于特殊情况下的路基(如高填深挖路基、侵河路基、不良地质地段路基等)应单独设计,并绘制特殊路基设计图。图中应示出地质、各种防护工程设施及构造物布置大样图。比例尺用 1∶100 ~ 1∶500,必要时加绘比例尺为 1∶200 ~ 1∶2 000 的平面图及水平比例 1∶200 ~ 1∶2 000、垂直比例 1∶20 ~ 1∶200 的纵断面图。对于高等级公路还应绘制超高方式图,详细示出超高方式、布置及主要尺寸。设有中间带的公路还应绘出中间带设计图,图中应示出缘石大样、中央分隔带开口设计图等。

某公路某段

桩　号	平曲线	变坡点高程桩号及纵坡坡度、坡长	竖曲线	地面高程（m）	设计高程（m）	填挖高度（m）		路基宽（m）	
						填	挖	左	右
1	2	3	4	5	6	7	8	9	10
K2 + 100.00				160.76	159.92		0.84	7.50	7.50
+ 120.00				161.56	159.75		1.81	7.50	7.50
+ 140.00				164.03	159.59		4.44	7.50	7.50
+ 160.00				164.23	159.43		4.80	7.50	7.50
+ 180.00				162.15	159.28		2.87	7.50	7.50
+ 200.00				163.17	159.14		4.03	7.50	7.50
+ 220.00				163.20	159.00		4.20	7.50	7.50
+ 240.00				163.87	158.87		5.00	7.50	7.50
+ 260.00		K2 + 100 $i = -0.65\%$ $L = 400$	+ 243.5	165.69	158.74		6.95	7.50	7.50
+ 280.00				166.31	158.61		7.70	7.50	7.50
+ 300.00				166.36	158.48		7.88	7.50	7.50
ZH + 315.89				166.30	158.37		7.93	7.50	7.50
+ 340.00				166.06	158.22		7.87	7.50	7.71
HY + 360.89				166.06	158.08		7.98	7.50	7.90
+ 380.00				166.20	157.96		8.24	7.50	7.90
+ 400.00			+ 404.6	166.01	157.83		8.18	7.50	7.90
+ 420.00				165.95	157.70		8.25	7.50	7.90
+ 440.00	JD_5 右 78°53′21″ $R = 200$ $L_{h1} = 45$ $L_{h2} = 45$ $T_1 = 187.38$ $T_2 = 187.38$ $L = 320.375$ $E = 59.533$			165.61	157.60		8.01	7.50	7.90
+ 460.00				165.63	157.52		8.11	7.50	7.90
QZ + 476.08		157.175	凹 $R = 18\ 000$ $T = 95.4$ $E = 0.25$	166.02	157.47		8.55	7.50	7.90
+ 500.00				166.05	157.43		8.62	7.50	7.90
+ 520.00				166.02	157.41		8.61	7.50	7.90
+ 540.00				165.43	157.42		8.01	7.50	7.90
+ 560.00				165.89	157.46		8.43	7.50	7.90
+ 580.00		K2 + 500 $i = 0.41\%$ $L = 400$		163.21	157.51		5.70	7.50	7.90
YH + 591.27				164.13	157.55		6.58	7.50	7.90
+ 600.00			+ 595.4	163.60	157.59		6.01	7.50	7.82
+ 620.00				162.86	157.67		5.19	7.50	7.64
GQ + 636.27				161.35	157.73		3.62	7.50	7.50

路基设计表　　　　　　　　　　　　　　　　　　　　表 4-20a）

路边及中桩与设计高程之高差（m）			施工时中桩（m）		边坡 1：*m*		护坡道				边沟						坡脚坡口至中桩距离（m）		备注
							护坡道宽（m）		坡度 1：*m*		坡度（%）		形状	底宽（m）	沟深（m）	内坡			
左	中桩	右	填	挖	左	右	左	右	左	右	左	右					左	右	
11	12	13	14	15	16	17	18	19	20	21	22	23	24	25	26	27	28	29	30
0.00	0.15	0.00		0.69															
0.00	0.15	0.00		1.66															
0.00	0.15	0.00		4.29															
0.00	0.15	0.00		4.65															
0.00	0.15	0.00		2.72															
0.00	0.15	0.00		3.88															
0.00	0.15	0.00		4.05															
0.00	0.15	0.00		4.85															
0.00	0.15	0.00		6.80															
0.00	0.15	0.00		7.55															
0.00	0.15	0.00		7.73															
0.00	0.15	0.00		7.78															
0.59	0.29	-0.04		7.55															
1.11	0.51	-0.12		7.47															
1.11	0.51	-0.12		7.73															
1.11	0.51	-0.12		7.67															
1.11	0.51	-0.12		7.74															
1.11	0.51	-0.12		7.50															
1.11	0.51	-0.12		7.60															
1.11	0.51	-0.12		8.04															
1.11	0.51	-0.12		8.11															
1.11	0.51	-0.12		8.10															
1.11	0.51	-0.12		7.50															
1.11	0.51	-0.12		7.92															
1.11	0.51	-0.12		5.19															
1.11	0.51	-0.12		6.07															
0.89	0.42	-0.09		5.59															
0.40	0.20	-0.02		4.99															
0.00	0.15	0.00		3.47															

高速公路 **路 基**

桩　号	平曲线		坡度及竖曲线		地面高程（m）	设计高程 PH（m）	填挖高度（m）		路基宽度（m）						
									左			中央分隔带	右		
	左	右	凹	凸			填	挖	W_3	W_2	W_1	W	W_1	W_2	W_3
1	2	3	4	5	6	7	8	9	10	11	12	13	14	15	16
K0+000					376.222	376.136		0.086	0.75	2.00	8.50	2.00	8.50	2.00	0.75
+020					381.270	376.217		5.053	0.75	2.00	8.50	2.00	8.50	2.00	0.75
+040	R-∞ L-87.455				384.717	376.298		8.419	0.75	2.00	8.50	2.00	8.50	2.00	0.75
+060					386.029	376.378		9.651	0.75	2.00	8.50	2.00	8.50	2.00	0.75
+080					386.602	376.459		10.143	0.75	2.00	8.50	2.00	8.50	2.00	0.75
+100					385.416	376.540		8.876	0.75	2.00	8.50	2.00	8.50	2.00	0.75
+120	A_1-185.203 L_s-70.000			0.403 9% / 267.373	382.163	376.621		5.542	0.75	2.00	8.50	2.00	8.50	2.00	0.75
+140					378.023	376.702		1.322	0.75	2.00	8.50	2.00	8.50	2.00	0.75
+160					375.266	376.782	1.516		0.75	2.00	8.50	2.00	8.50	2.00	0.75
+172.431					374.257	376.833	2.576		0.75	2.00	8.50	2.00	8.50	2.00	0.75
+180	R-490.000 L_y-58.273				373.490	376.863	3.373		0.75	2.00	8.50	2.00	8.50	2.00	0.75
+200					371.633	376.944	5.311		0.75	2.00	8.50	2.00	8.50	2.00	0.75
+220					371.250	377.020	5.770		0.75	2.00	8.50	2.00	8.50	2.00	0.75
+232.431					371.911	377.033	5.122		0.75	2.00	8.50	2.00	8.50	2.00	0.75
+240					372.479	377.022	4.543		0.75	2.00	8.50	2.00	8.50	2.00	0.75
+259.986	A_2-185.203 L_s-70.000				374.392	376.923	2.531		0.75	2.00	8.50	2.00	8.50	2.00	0.75
+280		R-∞ L-0.896		R-4 000.000 T-53.265 E-0.355 377.216 / K0+267.373	372.810	376.724	3.914		0.75	2.00	8.50	2.00	8.50	2.00	0.75
+287.541					396.996	376.623	6.627		0.75	2.00	8.50	2.00	8.50	2.00	0.75
+300					367.719	376.426	8.707		0.75	2.00	8.50	2.00	8.50	2.00	0.75
+320		A_1-156.525 L_s-70.000			365.325	376.027	10.702		0.75	2.00	8.50	2.00	8.50	2.00	0.75
+340					365.397	375.575	10.178		0.75	2.00	8.50	2.00	8.50	2.00	0.75
+347.541					365.910	375.405	9.495		0.75	2.00	8.50	2.00	8.50	2.00	0.75
+360					367.146	375.123	7.977		0.75	2.00	8.50	2.00	8.50	2.00	0.75
+380			-2.259 3% / 155.359		371.758	374.671	2.913		0.75	2.00	8.50	2.00	8.50	2.00	0.75
+397.541		R-350.000 L_y-111.889			374.000	374.275	0.275		0.75	2.00	8.50	2.00	8.50	2.00	0.75
+400					374.400	374.220		0.180	0.75	2.00	8.50	2.00	8.50	2.00	0.75
+418.188					376.530	373.809		2.721	0.75	2.00	8.50	2.00	8.50	2.00	0.75

编制： 复核：

设 计 表 表4-20b)

各点与设计高程(*PH*)之高差(m)						边沟或排水沟						备 注
左			右			左			右			
A_3	A_2	A_1	B_1	B_2	B_3	坡度(%)	底宽(m)	沟底高程(m)	坡度(%)	底宽(m)	沟底高程(m)	
17	18	19	20	21	22	23	24	25	26	27	28	29
-0.233	-0.210	-0.170	-0.170	-0.210	-0.233		0.600	347.891		0.600	370.200	超高旋转轴在中分带边缘
-0.233	-0.210	-0.170	-0.170	-0.210	-0.233		0.600	374.972		0.600	370.964	
-0.232	-0.210	-0.170	-0.170	-0.210	-0.232		0.600	375.053		0.600	375.065	
-0.233	-0.210	-0.170	-0.170	-0.210	-0.233		0.600	375.133		0.600	375.146	
-0.233	-0.210	-0.170	-0.170	-0.210	-0.233		0.600	375.214		0.600	375.227	
-0.233	-0.210	-0.170	-0.048	-0.059	-0.082		0.600	375.295		0.600	375.307	
-0.232	-0.210	-0.170	0.146	0.181	0.158		0.600	375.376		0.600	373.469	
-0.443	-0.421	-0.340	0.340	0.421	0.398		0.600	375.456		0.600	366.977	
-0.652	-0.630	-0.510	0.510	0.630	0.608		0.600	375.537		0.600	365.890	
-0.653	-0.630	-0.510	0.510	0.630	0.607		0.600	375.587		0.600	364.407	
-0.653	-0.630	-0.510	0.510	0.030	0.608		0.600	375.616		0.600	364.300	
-0.652	-0.630	-0.510	0.510	0.630	0.608		0.600	375.677		0.600	364.300	
-0.601	-0.579	-0.468	0.469	0.579	0.556		0.600	375.426		0.600	364.300	
-0.452	-0.430	-0.348	0.348	0.430	0.407		0.600	375.227		0.600	364.538	
-0.361	-0.339	-0.274	0.274	0.339	0.316		0.600	375.216		0.600	365.108	
-0.233	-0.210	-0.170	0.080	0.099	0.076		0.600	375.117		0.600	366.086	
-0.233	-0.210	-0.170	-0.114	-0.141	-0.164		0.600	374.918		0.600	367.307	
-0.220	-0.198	-0.160	-0.170	-0.210	-0.233		0.600	374.817		0.600	366.695	
-0.052	-0.029	-0.024	-0.170	-0.210	-0.233		0.600	374.832		0.600	366.272	
0.218	0.241	0.195	-0.195	-0.241	-0.263		0.600	374.761		0.600	366.672	
0.488	0.511	0.413	-0.413	-0.511	-0.533		0.600	374.328		0.600	365.720	
0.590	0.612	0.496	-0.496	-0.612	-0.635		0.600	374.160		0.600	364.920	
0.713	0.735	0.595	-0.595	-0.735	-0.758		0.600	374.222		0.600	362.769	
0.713	0.735	0.595	-0.595	-0.735	-0.757		0.600	374.275		0.600	358.747	
0.713	0.735	0.595	-0.595	-0.735	-0.757		0.600	374.310		0.600	356.300	
0.713	0.735	0.595	-0.595	-0.735	-0.758		0.600	374.255		0.600	356.300	
0.713	0.735	0.595	-0.595	-0.735	-0.757		0.600	373.844		0.600	356.300	

桩号	横断面面积（或为半面积）（m^2）			平均面积（m^2）			距离（m）	挖方分类及数量（m^3）												
	挖	填		挖	填			总数量	土						石					
									松土		普通土		硬土		软石		次坚石		坚石	
		土	石		土	石			%	数量	%	数量	%	数量	%	数量	%	数量	%	数量
1	2	3	4	5	6	7	8	9	10	11	12	13	14	15	16	17	18	19	20	21
K14 +000	60.0																			
				71.1			17	1 209				242		121				604		242
+017	82.2										20									
				84.3		5.0 ＊2.0	8	674				135	10	67				337	20	135
+025	86.4		10.0 ＊4.0																	
				43.2	39.0	5.0 ＊2.0	12	518				103		52				259		104
+037		78.0																		
					73.8		4													
+041		69.6																		
				39.2	34.8		9	353						71				176		106
+050	78.4																			
				56.4			10	564						113				282		169
+060	34.4																			
				60.6			12	727						145				364		218
+072	86.8																			
				55.9			8	447						89				224		134
+080	25.0																			
				12.5	12.3	27.3	6	75					20	15				37		23
+086		24.6	54.6														50			
					26.3	55.3	8													
+094		28.0	56.0																	
					24.0	56.0	6													
+100		20.0	56.0																	
					22.0	50.0	8												30	
+108		24.0	44.0																	
				12.0	12.0	22.0 ＊1.0	6	72						14				36		22
+114	24.0		＊2.0																	
				35.0		＊1.5	10	350						70				175		105
+124	46.0		＊1.0																	
				31.0	4.0	＊0.5	16	496						99				248		149
+140	16.0	8.0																		
				29.0	7.0		20	580						116				290		174
+160	42.0	6.0																		
				52.0	3.0		20	1 040						208				520		312
+180	62.0																			
				38.0	10.5		10	380						76				190		114
+190	14.0	21.0																		
				7.0	28.5		10	70						14				35		21
+200		36.0																		
小计							200	7 555				480		1 270				3 777		2 028

计算者：

注：①(4)、(7)、(23)栏中＊表示砌石；

②(24)、(30)栏中( )表示以石代土；

③(31)～(34)栏中分子为数量，分母为运距；

④(31)、(32)栏系普通土和次坚石，如有不同，需注明；

⑤(30)～(34)栏中"①、②、③"中的数字为平均超运运距单位数。

数量计算表 表 4-21

填方数量(m³)		利用方数量(m³)及运距(单位)								借方数量(m³)及运距(单位)		废方数量(m³)及运距(单位)		总运量(m³·单位)	
		本桩利用		填缺		挖余		远运利用纵向调配示意							
土	石	土	石	土	石	土	石			土	石	土	石	土	石
22	23	24	25	26	27	28	29	30		31	32	33	34	35	36
						363	846	土：363 石：500 调至上公里					346/③		1 038
	40 *16		56			202	416	土：202 石：(87)					329/③		987
468	60 *24	(279) 155	84	34											
295				295				石：(40)							
313		71 (242)					40								
						113	451						443/②		886
						145	582								
						89	358	①							
74	164	15	60	59	104										
210	442			210	442			土:347 石:882 (66)						347	948
144	336			144	336										
176	400			176	400			①							241
72	132 *6	14	58	58	80			②							
	*15		15			70	265	土：70 石：265							
64	*8	64	8			35	389	215 土：35 石：(129)					45		
140		116 (24)					440						440		
60		60				148	832					148	832		
105		76 (29)					275	石：(215)					60		
285		14 (56)		215											
2 406	1 574 *68	585 (630)	281	1 191	1 362	1 165	4 894	土:654 石:1 362 (537)				148	2 495	347	4 100

复核者：

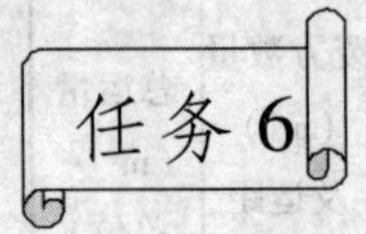

路基土石方计算与调配

路基土石方工程是公路工程的主体工程之一，在公路工程量中占有很大比重。土石方工程数量又是公路方案评价和比选的主要技术经济指标之一。

土石方计算与调配的主要任务是，计算路基土石方工程数量，合理进行土石方调配，并计算土石方的运量。为编制公路概（预）算、公路施工组织、施工计量支付提供依据。

由于自然地面起伏多变，填挖体积不可能是一个简单的几何体，若依实际地面起伏变化情况来进行土石方数量的计算，不仅繁杂，而且实用意义不大。因此，在公路的测设过程中，土石方的计算通常采用近似方法，计算精度按工程的要求而定。一般情况下，横断面的面积以平方米（m^2）为单位，取小数后一位，土石方的体积以立方米（m^3）为单位，取至整数。

一、横断面面积计算

路基填挖的断面积是指断面图中地面线与路基设计线所围成的面积，一般常用的计算方法如下。

1. 积距法

积距法的原理是把断面面积垂直分割成宽度相等的若干条块，由于每一条块的宽度相等，所以在计算面积时，只需量取每一条块的平均高度，然后乘以宽度，即可得出每一条块的面积，如图 4-24。

$$A_1 = b \times h_1 \quad A_2 = b \times h_2 \quad A_3 = b \times h_3 \cdots A_i = b \times h_i$$

总面积

$$A = h_1 \cdot b + h_2 \cdot b + \cdots + h_n \cdot b = b \sum h_i \tag{4-16}$$

式中：A——横断面面积（m^2）；

b——横断面所分成的三角形或梯形条块的宽度，通常用 1m 或 2m；

h_i——横断面所分成的三角形或梯形条块的平均高度（m）。

由此可见，积距法求面积就是在实际操作中转化为量取 h_i 的累加值，这种操作可以用分规按顺序连续量取每一条块的平均高度 h_i，分规最后的累计高就是 $\sum h_i$，将条块宽度乘以累计高度 $\sum h_i$，即为填或挖的面积。积距法也可以用厘米格纸拆成窄条作为量尺，每量一次 h_i 在窄条上画好标记，从开始到最后标记的累计距离就是 $\sum h_i$，然后乘以条块宽度 b，即为所求面积。

2. 坐标法

建立如图 4-25 所示坐标系，给定多边形各顶点的坐标，由解析几何可得多边形面积的计算公式为：

$$A = \frac{1}{2} \sum (x_i y_{i+1} - y_i x_{i+1}) \tag{4-17}$$

式中：x, y——分别为设计线和地面线围成面积的各顶点的坐标（m）。

坐标法精度较高，方法较繁，适用于计算机计算。

3. 几何图形法

当横断面的地面线较规则且横断面面积较大，可将路基横断面分为几个规则的几何图形，分别计算各图形面积后相加得到总面积。

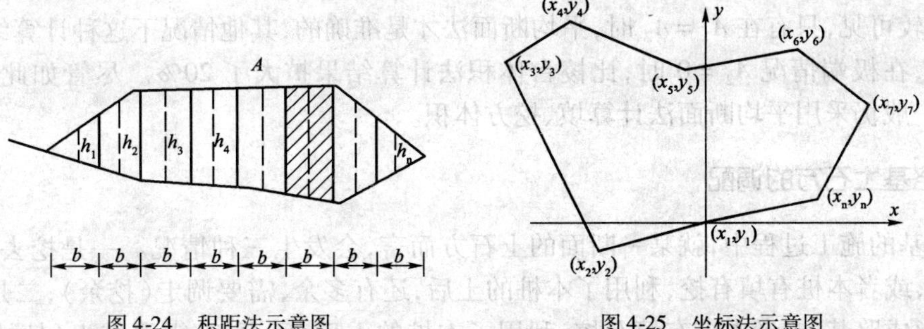

图 4-24　积距法示意图　　　　图 4-25　坐标法示意图

4. 混合法

在一个较大的横断面中，几何图形法和积距法共用，以加快计算速度。

在横断面面积计算中应注意以下几个问题：

(1)填方和挖方的面积应分别计算。

(2)填方或挖方中的土石也应分别计算，因为其工程造价不同。

(3)有些情况下横断面上的某一部分面积可能既是挖方面积，又要算做填方面积，例如，遇淤泥既要挖除，又要回填其他材料。

二、填挖方体积计算

1. 平均断面法

假定两相邻断面组成一棱柱体，如图 4-26，两断面即为棱柱体的上底下底，中线距离（两桩号里程差）即为棱柱的高，其体积为：

$$V = \frac{A_1 + A_2}{2} \cdot L \tag{4-18}$$

式中：V——两断面间的体积（m^3）；

A_1、A_2——横断面填或挖的面积（m^2）；

L——两断面间的中线距离（m）。

2. 棱台体积法

两个横断面面积相差较大时，用棱台体积公式计算误差相对较小，其公式如下：

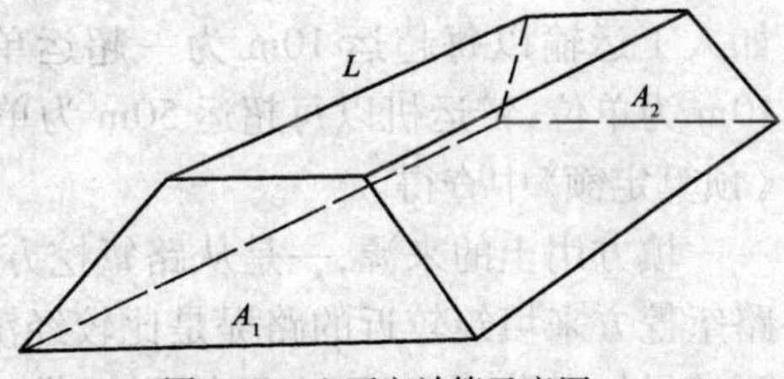

图 4-26　土石方计算示意图

$$V = \frac{1}{3}(A_1 + A_2)L\left(1 + \sqrt{\frac{m}{1+m}}\right) \tag{4-19}$$

式中：$m = A_1/A_2$，且 $A_2 > A_1$。

从式(4-18)与式(4-19)比较可知，当 $A_1 = A_2$ 时，

平均断面法：　$V = \frac{A_1 + A_2}{2} \cdot L = A_1 L$

棱台体积法：　$V = A_1 L$

当 $A_2 = 0$ 时，

平均断面法：　　　　　　　　　$V=\frac{1}{2}A_1L$

棱台体积法：　　　　　　　　　$V=\frac{1}{3}A_1L$

由比较可见，只有在 $A_1=A_2$ 时，平均断面法才是准确的，其他情况下这种计算结果体积比实际偏大，在极端情况 $A_2=0$ 时，比棱台体积法计算结果扩大了 20%。尽管如此，为简化计算，目前一般仍采用平均断面法计算填、挖方体积。

三、路基土石方的调配

在路基的施工过程中，就某一断面的土石方而言，会发生三种情况。一是挖去多余的土，形成路基，或者本桩有填有挖，利用了本桩的土后，还有多余，需要调走（挖余）；二是借其他地方的土，形成路基，或者本桩有填有挖，利用了本桩的土后，还不够，需要借土（填缺）；三是本桩有填有挖，利用本桩的土填挖平衡（本桩利用）。

针对这些情况，"挖余"有两种处理方法：调至其他断面利用或弃土废方。"填缺"也有两种解决办法：从其他断面调土或从路外借土。土方调配就是要解决这些问题。

1. 调配计算中的几个问题

1）免费运距、平均运距、经济运距

根据公路工程概算定额和预算定额，土方作业包括挖、装、运、卸等工序，在某一特定距离内，只按土石方数计价而不另计算运费，这一特定距离称免费运距。显然，施工作业方法不同，其免费运距也不同，如人工作业时，人工运输的免费运距为 20m，轻轨运输的免费运距为 50m；机械作业时，推土机的免费运距为 20m，铲运机的免费运距为 100m。各种作业方法的免费运距，可由《公路工程概算定额》（JTG/T B06-01—2007）和《公路工程预算定额》（JTG/T B06-02—2007）（以下简称《概算定额》和《预算定额》）中查得。

土方调配时，从挖方体积重心到填方体积重心的距离，称平均运距。在路线工程中为简化计算，平均运距通常按挖方断面间距的中心至填方断面间距的中心的距离计。在土方调配时，若平均运距小于或等于免费运距时，可不另计运费；若平均运距大于免费运距时，超出的运距称超运运距，超运运距的运土，应另加计运费。超运运距按运输方式不同，有不同的计算单位，如人工运输以每超运 10m 为一超运单位，轻轨运输以每超运 50m 为单位，推土机以每超运 10m 为单位，铲运机以每超运 50m 为单位。各种运输方式的超运距单位，可从《概算定额》和《预算定额》中查得。

填方用土的来源，一是从路堑挖方纵向调运，一是就近路外借土。一般情况下，纵向调运路堑挖方来填筑较近的路堤是比较经济的，但如果调运的距离较长，以致运费（即上述超运运距的另加运费）超过了在路堤附近借土所需费用时，这种以挖作填就不如在附近借土经济。因此，采取"调"或"借"，有个距离限度问题，这个按费用经济计算的纵向调运的最大限度距离，称经济运距，可按下式计算：

$$L_{经}=\frac{B}{T}+L_{免} \tag{4-20}$$

式中：$L_{经}$——经济运距（km）；

B——借方单价（元/m³）；

T——超运运费单价（元/m³·km）；

$L_{免}$——免费运距(km)。

当调运的距离小于或等于经济运距时,采用纵向调运将路堑挖方调来填筑路堤是经济的,若调运距离超过经济运距时,则应考虑就近借土。

《预算定额》中规定:土石方的运距,第一个 20m(系指人工运输,若为轻轨运输则为 50m)为免费运距,如不足 20m 者亦按 20m 计,此后每增加 10m(若为轻轨运输则为 50m)为一超运距单位,尾数不满 5m 者不计,满 5m 者按 10m 计。

2)运量

土石方运量即平均运距与调配土石方数量的乘积。土石方调配时,超运运距的运土才另加计运费,故运量应按平均超运运距计。

工程定额将人工运输的平均超运运距按每 10m 为一运输单位,称之为“级”,10m 为一级,在路基土石方数量计算表中(表 4-21)记作①;20m 为二级,记作②;其余类推。于是得:

$$W = Q \cdot n \tag{4-21}$$

式中:W——运量(m^3·级);

Q——调配土石方数量(m^3);

n——平均超运运距单位(级),其值为:

$$n = \frac{L - L_{免}}{N} \tag{4-22}$$

L——平均运距(m);

$L_{免}$——免费运距(m);

N——超运运距单位(m)。

3)计价土石方数量

在土石方计算与调配中,所有挖方均应予计价,但填方则应按土的来源决定是否计价。如是路外就近借土就应计价,如是移“挖”作“填”的纵向调配利用方,则不应再计价,否则形成双重计价(即路堑挖方和路堤填方两次计价)。即计价土石方数量为:

$$V_{计} = V_{挖} + V_{借} \tag{4-23}$$

式中:$V_{计}$——计价土石方数量(m^3);

$V_{挖}$——挖方数量(m^3);

$V_{借}$——借方数量(m^3)。

2. 土石方调配的一般要求

(1)土石方调配应先在本桩位内移挖作填(即横向调配),以减少总的运量。

(2)综合考虑不同的施工方法、运输条件、地形情况等因素,选用合理的经济运距。一般情况下,由于施工安排、运输条件等不能合乎理想,故采用的经济运距要较按式(4-20)算的值小一些。

应该指出,在取土或弃土受限制的路段,虽然远距离运输费用高而不经济,但由于少占耕地、少影响农业生产等,这对整体来说也未必是不经济的。换言之,纵向调配必须考虑经济运距,但经济运距不是唯一的指标,还要综合考虑弃方或借方的占地、赔偿青苗损失和对农业生产等的影响问题。

(3)废方要作妥善处理。一般应使废方不占或少占耕地,在可能条件下应将弃土平整为可耕地;防止乱堆乱弃,或堵塞河流、损害农田,也不应因废方堆积而引起积雪、积砂等病害。

填方如需路外借土,应根据借方数量,结合附近的地形、地质及农田排灌等的情况,综合考虑借土还田、整地造田的可能性后,进行调配。

(4)调配土石方时应考虑桥涵位置,一般不作跨沟调运;也应考虑地形情况,一般不宜往上坡方向调运。

(5)不同性质的土石方应分别调配,以做到分层填筑。可以以石代土,但不能以土代石。

(6)回头曲线部分应先作上下线调配。

(7)土石方工程集中的路段,因开挖、运输的施工作业方案与一般路段有所不同,可单独进行调配。

3. 调配方法

土石方调配方法有许多种,公路测设中多用土石方计算表调配法,即在路基土石方数量计算表上作土石方调配,它有方法简捷、调配清晰、精度符合要求的优点,并且可以利用计算机自动调配。其调配的步骤如下(参见表4-21):

(1)在路基土石方数量计算表中的"挖方"、"填方"栏的计算复核无误后,将桥涵位置、陡坡、大沟等标注于表旁,供调配时参考。

(2)计算并填写表中"本桩利用"、"填缺"、"挖余"各栏。当以石作填土时,石方数应填入"土"中,并以符号区别之,如表4-21所示。然后按填挖方分别进行闭合核算,其核算式为:

填方 = 本桩利用 + 填缺

挖方 = 本桩利用 + 挖余

(3)根据"填缺"、"挖余"的分布情况,可以大致看出调运的方向及数量,并按此进行初试调配。调配时应先按施工方法、运输方式来选定经济运距,并以此确定最大调运距离。调配的计价运距(即平均超运运距),即所调运的挖方段断面中心到填方断面中心的距离减去免费运距。经调配后,如有填方不足,不足部分按借方计;如有未调用的挖方,按废方计。

(4)复核初试调配并符合上述要求后,在表中"纵向调配示意"栏上,用箭头线表示调配方向,并标注调运土、石方数量及平均超运运距"级数",如表4-21所示。

(5)调配完成后,应分页进行闭合核算,核算式为:

借方 = 填缺 - 远运利用

废方 = 挖余 - 远运利用

(6)本公里调配完毕,应进行本公里合计,总闭合核算除上式外,尚有:

跨公里调入方 + 挖方 + 借方 = 跨公里调出方 + 填方 + 废方

(7)土石方调配一般在本公里内进行,必要时也可跨公里调配,但需将调配的方向及数量分别注明,以免混淆。

(8)每公里土石方数量计算与调配完成后,需汇总列入"路基每公里土石方数量表",并进行全线总计与核算。至此完成全部土石方计算与调配工作。全线总的调运量复核式为:

挖方 + 借方 = 填方 + 废方

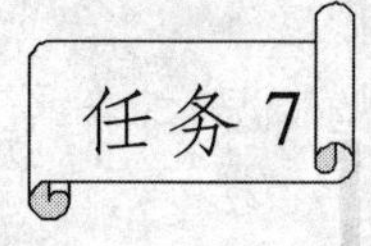

道路横断面外业勘测

一、横断面测量的要求

（1）对路线、桥梁、隧道、立交等处所放中桩进行横断面测量，高速公路，一、二级公路横断面测量应采用水准仪—皮尺法、GPS-RTK 方法、全站仪法、经纬仪视距法、架置式无棱镜激光测距仪法；无构造物及防护工程路段可采用数字地面模型方法、手持式无棱镜激光测距仪法；特殊困难地区和三级及三级以下公路，可采用手水准仪法、数字地面模型方法和手持式无棱镜激光测距仪法、抬杆法。

（2）横断面中的距离、高差的读数取位至 0.1m，检测互差限差应符合表 4-22 的规定。

横断面检测互差限差 表 4-22

路　线	距　离（m）	高　差　（m）
高速公路，一、二级公路	$L/100+0.1$	$h/100+L/200+0.1$
三级及以下公路	$L/50+0.1$	$h/50+L/100+0.1$

注：①L——测点至中桩的水平距离（m）；

②h——测点至中桩的高差（m）。

（3）横断面测量的宽度应满足路基及排水设计、附属物设置等需要。

（4）采用无棱镜激光测距仪法测量时，其距离和高差应观测两次，两次读数之差不应超过表 4-22 的规定，取平均值作为最终观测值。

（5）横断面测量应逐桩施测，其方向应与路线中线切线垂直。

（6）横断面测量除应观测高程变化点之间的距离和高差外，还宜观测最远点到中桩的距离和高差，其与高程变化点之间的距离和高差总和之差不应大于表 4-22 的规定。

（7）高速公路、一级公路的分离式路基和二、三、四级公路的回头弯路段，应测出连通上、下行路线的横断面，并应标注相关关系。

（8）横断面测量应反映地形、地物情况，横断面应在现场点绘成图并及时核对；采用测记法室内点绘时，必须进行现场核对。

二、横断面测量的方法

横断面测量以中线地面点即中桩位置为直角坐标原点，分别沿断面方向向两侧施测地面各地形变化特征点间的相对平距和高差，由此点绘出横断面的地面线。

常用横断面测量方法有以下几种。

1. 抬杆法

如图 4-27 所示，利用花杆直接测得平距和高差。此法简便、易行，所以被经常采用，它适用于横向变化较多、较大的地段，但由于测站较多，测量和积累误差较大。

2. 手水准法

此法原理与抬杆法相同，仅在测高差时用水平花杆测量，量距仍用皮尺，如图 4-28。与抬杆法相比，此法精度较高，但不如抬杆法简便，一般多适用于横坡较缓的地段。

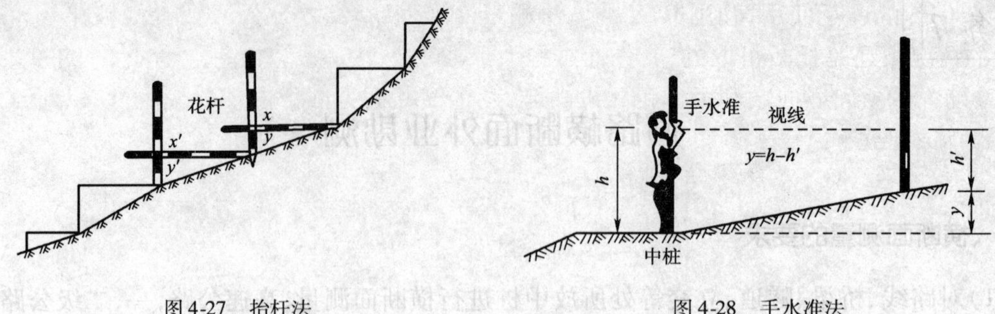

图 4-27　抬杆法　　　　图 4-28　手水准法

3. 交会法

对于不可攀登的陡壁，如图 4-29 的 C 点，可用交会法测量，即在已测定点位 A、B 各用带角水准或经纬仪分别对准 C 点观测仰角，然后在图上定出 C 点。

4. 钓鱼法

在山区经常遇到悬崖或陡峭河岸，如图 4-30，可在皮尺头上系一重物。将皮尺从花杆端头吊至测点，而且使花杆水平，即可读出平距与高差，据以确定各测点的空间位置。

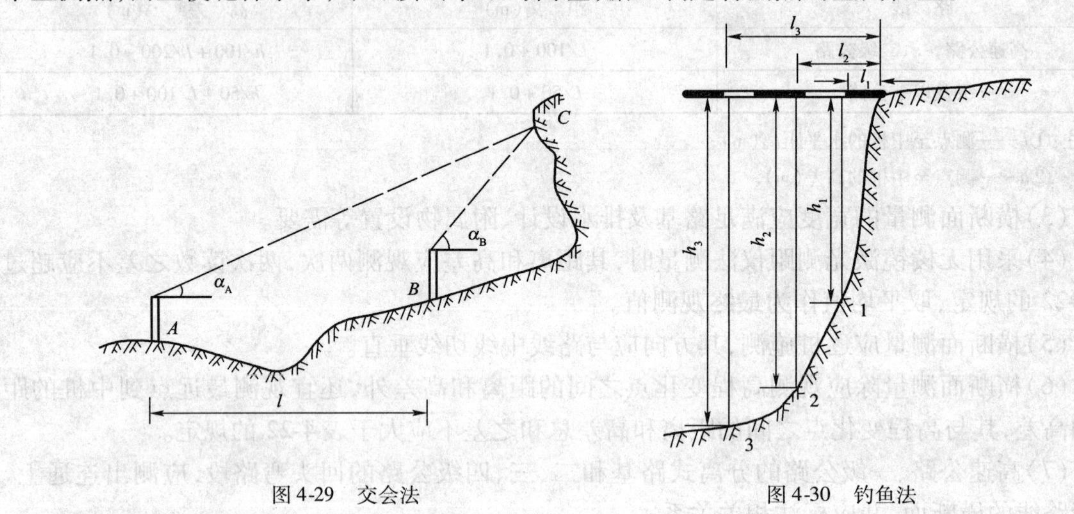

图 4-29　交会法　　　　图 4-30　钓鱼法

5. 花杆皮尺法

如图 4-31，A、B、C 为横断面方向上所选定的变坡点，将花杆立于 A 点，从中桩处地面将尺拉平量出至 A 点的距离，并测出皮尺截于花杆位置的高度，即 A 相对于中桩地面的高差。同法可测得 A 至 B，B 至 C 的距离和高差，直至所需要的宽度为止。中桩一侧测完后再测另一侧。记录时，高差为正表示上坡，为负表示下坡。

6. 经纬仪视距法

仪器置于中线点或横断面方向线上某一合适点，瞄准横断面方向。依次在各地形变化点上立尺，读取视距、竖直角，再换算成相对中桩的高差和水平距离。此法适用于地形变化大、断面大的山区。

7. 斜距法

用倾斜仪或带角手水准，以中桩为测站，分别测出各变坡点间的倾斜角 α，并用皮尺量出斜距 l，据以定出各变坡点的位置，绘出横断面图，如图 4-32。

8. GPS-RTK 横断面测量

随着 GPS 的广泛使用,利用 RTK 的方法测量横断面,在高差比较大或者植被比较密集但不高大的情况下还是比较可取的,其作业过程大致如下:

(1)设置横断面方向。利用偏距测设功能,设定横断面方向上的任一偏距点,以此点与中桩的连线为参照方向。

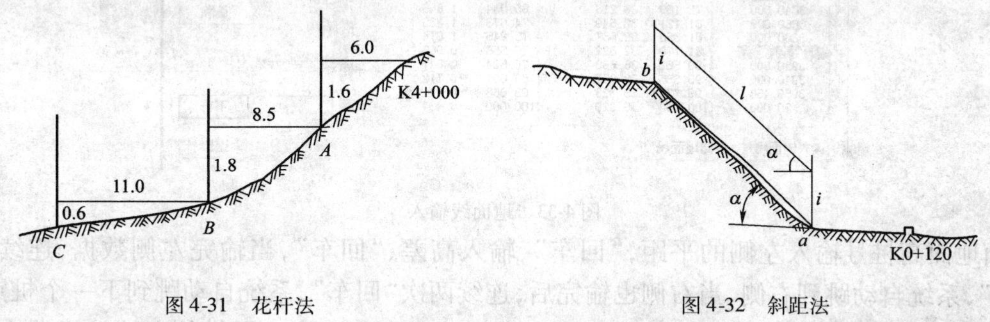

图 4-31 花杆法　　图 4-32 斜距法

(2)变坡点的数据采集。在与参考方向一致的方向线上逐点采集各变坡点的坐标和高程,即可得到横断面的地面线数据。

横断面测量的方法较多,除上述各种方法外,还可以利用地形图截取横断面、利用数字地面模型截取横断面等方法。横断面测量是公路勘测中一项繁重而又十分重要的工作,其成果的质量直接影响公路的工程造价、防护形式等,作业时应根据不同的地形、测设阶段和公路等级选择相应的测量方法。

用计算机程序进行道路横断面设计

Hard 系统的横断面设计适用于各等级公路和城市道路。系统通过交互式的定义方法对路线分段定制路拱、边坡、排水沟、截水沟、挡土墙的形式和尺寸,以及扣除路槽、清理地表的数量、超挖的定制、填方换填的定制以及路基包边土的方量计算,根据设计规则自动完成各桩号的戴帽子工作。系统提供了一系列查询、编辑、修改各桩号的横断面图和设计参数的工具,用户可以方便地浏览各个断面,并对不合理的帽子进行交互式的修改。系统还提供自动布图、自动计算填挖面积、自动进行全线土石方调配、自动生成土石方表、自动生成三维全景模型图以及透视图,并为生成动态仿真图提供数据(三维仿真效果图由 Hard 3D 系统完成)。

一、输入地面线文件

通过操作界面交互输入外业测量所得的横断面资料,在输入之前先要调入 *. DMG 文件,以便于纵横断面资料的配合。

如图 4-33 所示,通过交互式界面输入横断面外业测量资料,用户应首先选择地面线的输入格式,即平距和高差是相对还是绝对。比如,利用抬杆法测量的横断面地面线,其地面线格式为平距相对、高差相对。也就是说,各点的距离和高差值均是相对前一个点而言;然后对应

地面线输入
输入文件
断　链
浏览
地面高
Sample\高速公路示例.dmg
浏览
地面线格式
平距绝对、高差绝对
地面高
3820.000　823.997
3840.000　822.474
3860.000　819.250
3880.000　817.528
3920.000　809.142
3940.000　809.626
地面线桩号
左侧距离高差
右侧距离高差
3800.000
3820.000
3840.000
3860.000
3880.000
3900.000
3920.000
3940.000
3959.458
20.000
62.927　19.876
66.877　22.412
72.139　26.218
81.121　32.549
81.350　32.667
81.770　32.822
90.562　36.638
95.365　38.357
99.773　38.323
100.000　38.320
56.822　3.325
61.314　2.450
66.034　1.845
74.673　1.235
75.245　1.074
75.558　0.988
76.624　0.647
89.801　-3.712
93.668　-5.841
100.000　-8.434
测点位置
左侧
右侧
删除
平距
高差
下桩
读入地面线
存储地面线
退出

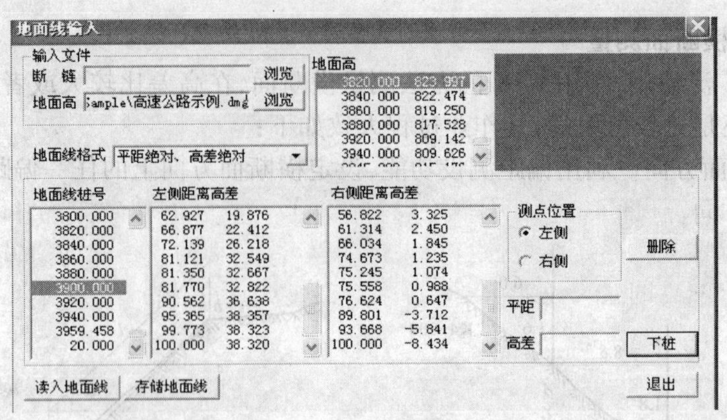

图 4-33　地面线输入

纵断面地面高桩号输入左侧的平距,"回车"、输入高差、"回车",当输完左侧数据,连续两次"回车",系统自动跳到右侧,当右侧也输完后,连续两次"回车",系统自动跳到下一个桩点,全部输完后按"存储地面线"按钮存盘退出。用户也可以在 Windows 提供的文档编辑器中编辑 *. DMX 文件,但要注意文件路径及扩展名的正确性。

检查输入的横断面地面线数据文件是否存在错误,对于平距和高差不成对、地面线文件未被地面高文件包含的桩号,系统将判断并形成错误报告文件,用户可以参考并修正错误。

二、基本资料输入

调入横断面设计所需要的资料。在这里可以输入桩号范围,换句话说,可以分段进行横断面设计。另外,如果路线全线的用地加宽(坡角线以外的用地宽)相同,可以不用填写用地加宽文件,而是直接通过操作界面上的用地加宽窗口直接输入加宽数值(图 4-34)。

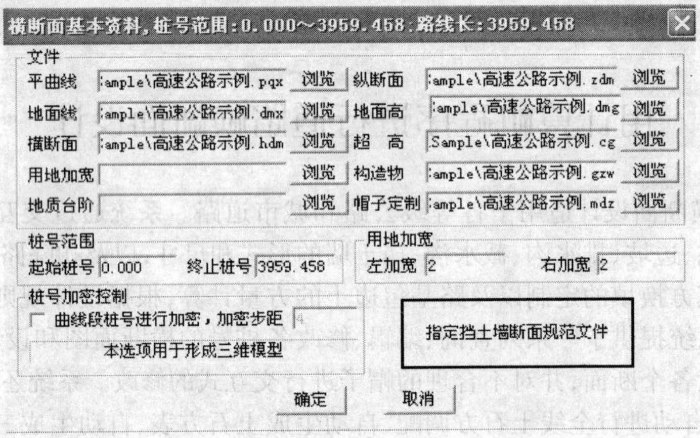

横断面基本资料,桩号范围:0.000~3959.458;路线长:3959.458
文件
平曲线
ample\高速公路示例.pqx
浏览
纵断面
ample\高速公路示例.zdm
浏览
地面线
ample\高速公路示例.dmx
浏览
地面高
ample\高速公路示例.dmg
浏览
横断面
ample\高速公路示例.hdm
浏览
超　高
Sample\高速公路示例.cg
浏览
用地加宽
浏览
构造物
ample\高速公路示例.gzw
浏览
地质台阶
浏览
帽子定制
ample\高速公路示例.mdz
浏览
桩号范围
起始桩号
0.000
终止桩号
3959.458
用地加宽
左加宽
2
右加宽
2
桩号加密控制
曲线段桩号进行加密,加密步距
本选项用于形成三维模型
指定挡土墙断面规范文件
确定
取消

图 4-34　横断面基本资料输入

地质台阶文件一般不是手工填写的,它是在"帽子定制"中定制了"开挖地质台阶",经戴帽子后自动生成的,对于生成的台阶文件,用户可以进行编辑修改,编辑修改后保存,并重复"基本资料输入"后戴帽子。

指定挡土墙规范数据文件,系统提供了四套挡土墙的规范数据,用户也可以自己定义规范数据文件,但其格式必须符合系统指定的格式,用户可以在系统提供的数据的基础上进行修改,并换名存储。

帽子定制文件在项目首次调横断面基本资料时没有,只有进行了"帽子定制"之后才有。

三、路线超高加宽计算

路线超高加宽计算是在平面交点设计完成后，系统依据中华人民共和国行业标准《公路路线设计规范》(JTG D20—2006)，或者根据用户自行编辑好的规范及技术标准，自动进行路线的超高及加宽的计算(图 4-35)。用户可以对系统自动计算的超高加宽值进行编辑修改，完成后按“确定”保存成果。系统会把计算结果自动保存，自动输出横断面文件(*. HDM)、超高文件(*. CG)、超高图(*. CGT) 文件。计算完成后点击超高图，系统会自动绘制超高方式图。

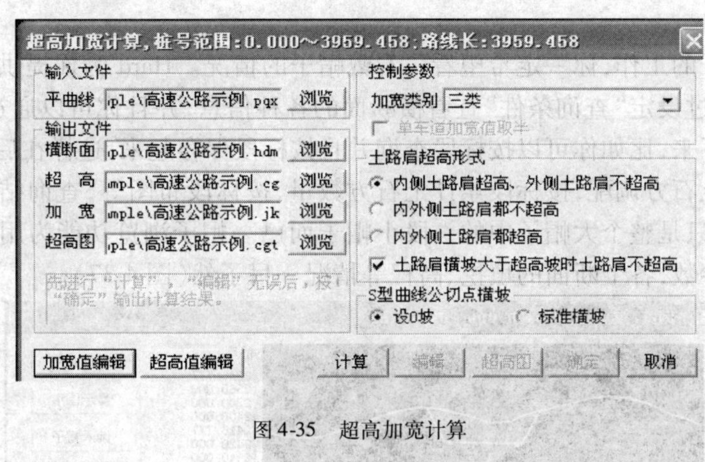

图 4-35　超高加宽计算

四、帽子定制

通过交互方式定义“标准帽子”，可以任意地分段进行定制。

帽子定制的内容共有 9 项，包括路拱定制、扣路槽定制、边坡定制、水沟定制、挡墙定制、清理地表定制、超挖定制、填方包边土定制、填方换填定制，用户根据需要定义其中几项，Hard 会为您的每个分项的定制留下“痕迹”(通过文件将其保存起来)，以便随时调用修改(图 4-36)。对于标准帽子，还有如下 4 个选项需要选择：

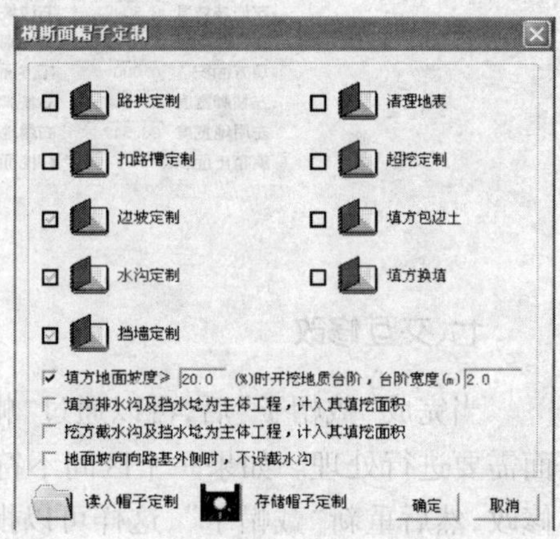

图 4-36　横断面帽子定制

(1)开挖地质台阶的定制，开挖条件是：填方地面的斜度大于 $n\%$ 时，n 值一般为 20。

(2)填方排水沟及挡水埝是否计入主体，也就是说填方排水沟及挡水埝的面积是否计入到路堤里，有些工程项目把填方排水沟及挡水埝当作附属工程，不计入主体。

(3)同上(2)所述。

(4)设置挖方截水沟的条件。一般只有当地面的坡向指向路基，才设置截水沟，反之不设。

当全部定制完成后，保存一个完整的帽子定制，强烈建议你一定要保存帽子定制(*. MDZ)。它将为你以后的工作带来极大的方便，你可以随时将其调入并进行修改。因为戴帽子和帽子定制工作不是一次可以完成的，可能需要多次反复。

五、戴帽子

依照有关设计规则完成帽子和地面线的结合，在此过程中系统会自动计算并生成横断面帽子文件＊.MZ、坡角线文件＊.PJX、占地文件＊.ZD、模型边界文件＊.PLG、沟底高程文件＊.SG 等。Hard 系统将横断面图保存在＊.MZ 中。

戴帽子的过程可以通过“显示帽子”的选项进行选择。

在戴完帽子后务必备份一份＊.MZ 文件，以防数据丢失或造成不必要的麻烦。

六、帽子浏览

当完成戴帽子的工作，你一定希望看一看戴帽子的情况。Hard 为你提供了非常方便的浏览工具，你可以通过设定“查询条件”查看横断面的各种信息，并且你可以通过存储功能，将你的查询结果保存下来，比如你可以按标段查询并且按标段保存起来，这样在后续的工作中你就可以按标段进行土石方调配，按标段累计土石方数量、按标段布图等，查询结果依然是帽子文件（＊.MZ），但这只是整个大帽子中的一段小帽子而已。帽子浏览功能为用户提供了每个横断面所有相关的参数，各个断面的填挖、高程等情况一目了然（图 4-37）。

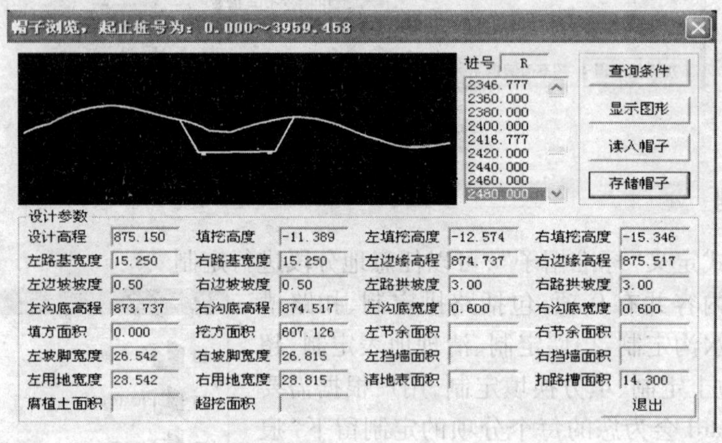

图 4-37　横断面帽子浏览

七、交互修改

当完成“戴帽子”后，可以通过“帽子浏览”对各个断面进行检查，对不符合设计要求的断面需要进行处理。如果一个区间不符合要求，建议用户转回到“帽子定制”，对标准帽子进行修改，然后重新“戴帽子”，这样可以批量完成修改。通过以上的修改，如果还有个别断面依然存在问题，系统提供了“交互修改”功能，这是 Hard 为用户提供的能修改横断面任意位置的工具箱，修改的内容包括边坡、水沟、挡墙、占地宽度、填挖面积等，修改完一个断面后点“重算”，系统将更新这个断面，修改的结果可以通过“图形区”得到浏览，当修改完全部的认为有问题的桩号后按“确定”键，系统将更新与横断面有关的全部数据文件（图 4-38）。

八、横断面布图

如图 4-39 所示。首先应调入＊.MZ 文件，然后设定绘图的比例，Hard 提供任意的绘图比例；设定绘图时的标注内容，其内容可以根据不同地区和单位的设计习惯自由确定，确定绘制图纸网格(网格可以是单个断面网格也可以是整个 A3 幅面的米厘网格)等。当设定了上述的内容后,点击“页数”,系统会根据用户的设置模拟布图并计算出页码数,用户确定输出页码的范围,然后点击“确定”键,系统自动完成图纸的输出,并将图纸保存到项目指定的位置。

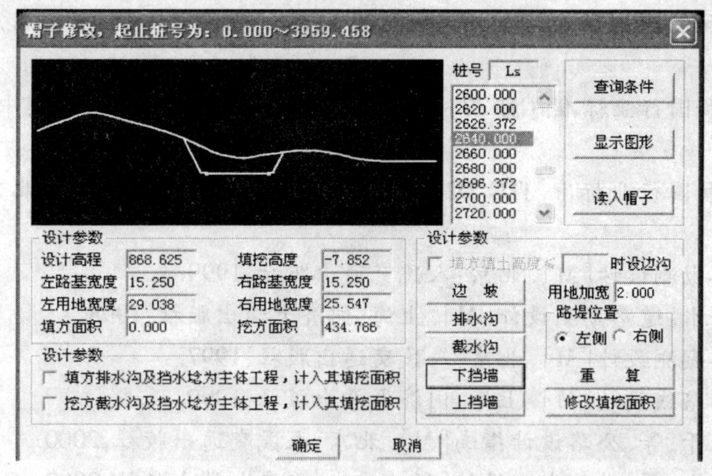

图 4-38 横断面帽子修改

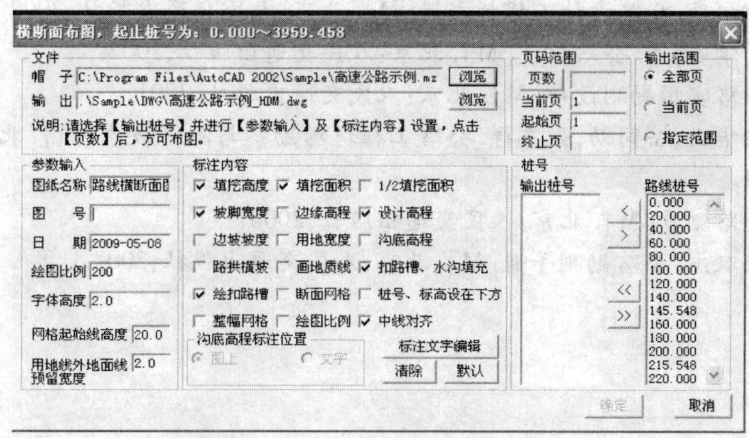

图 4-39 横断面布图

九、土石方计算

Hard 系统提供了完全智能的土石方计算、调配、表格输出功能,系统提供的自动化调配功能可以完全实现各种复杂情况的调配,自动完成运距内的调配以及远运、借方、弃方的调配,调配过程中充分考虑了不可跨越桩以及直线运输等现实存在的问题。

参考文献

[1] 中华人民共和国行业标准. JTG B01—2003 公路工程技术标准[S]. 北京:人民交通出版社,1997.

[2] 中华人民共和国行业标准. CJJ 37—90 城市道路设计规范[S]. 北京:中国建筑工业出版社,1990.

[3] 中华人民共和国行业标准. JTG D20—2006 公路路线设计规范[S]. 北京:人民交通出版社,2006.

[4] 孙家驷. 道路勘测设计[M]. 北京:人民交通出版社,1999.

[5] 张廷楷,张金水. 道路勘测设计[M]. 上海:同济大学出版社,1998.

[6] 张雨化. 道路勘测设计[M]. 北京:人民交通出版社,1997.

[7] 张廷楷. 道路路线设计[M]. 上海:同济大学出版社,1990.

[8] 陈胜营,汪亚干,等. 公路设计指南[M]. 北京:人民交通出版社,2000.

[9] 周亦唐,张维全,等. 道路勘测设计[M]. 重庆:重庆大学出版社,2002.

[10] 刘伯莹,姚祖康. 公路设计工程师手册[M]. 北京:人民交通出版社,2002.

[11] 金仲秋,夏学连,等. 公路设计[M]. 北京:人民交通出版社,2002.

[12] 何景华. 公路实用勘测设计[M]. 北京:人民交通出版社,2001.

[13] 李相然,宋华山,岳同助,姚志祥. 公路工程现场勘察与测量技术[M]. 北京:人民交通出版社,2003.

[14] 周小安. 公路测量[M]. 北京:人民交通出版社,2000.

[15] 黄文元,汉双杰. 公路勘测手册[M]. 北京:人民交通出版社,2007.